PHYSIOLOGIE
DES PASSIONS

PARIS. — TYPOGRAPHIE A. HENNUYER, RUE D'ARCET, 7.

PHYSIOLOGIE
DES PASSIONS

PAR

CH. LETOURNEAU

« La physique, ou la recherche des causes efficientes ou matérielles, produit la mécanique ; mais la métaphysique, ou la recherche des formes, produit la magie ; car la recherche des causes finales est stérile et, pareille à une vierge consacrée à Dieu, elle n'enfante rien. »
(Bacon, *De dignitate et augmentis scientiarum*, III, 5.)

DEUXIÈME ÉDITION

REVUE ET AUGMENTÉE

PARIS

C. REINWALD ET Cⁱᵉ, LIBRAIRES-ÉDITEURS

RUE DES SAINTS-PÈRES, 15.

1878

Tous droits réservés.

PRÉFACE

Une idée générale ressort de ce livre : c'est la grande idée moderne, celle que Lamarck, Darwin et leurs émules ont lancée dans le monde scientifique, l'idée de l'évolution, de l'évolution progressive. En décrivant les passions, nous avons essayé d'indiquer à grands traits, de jalonner la route que suivent l'individu et les sociétés pour s'élever de l'état bestial à l'état vraiment humain. A ce propos, quelques réserves sont à faire, et elles n'ont pu être exposées dans le cours de notre ouvrage, forcément limité.

Il est une manière aussi fausse que dangereuse de concevoir la loi du progrès, c'est d'attribuer à cette loi, partout et toujours, une force irrésistible, fatale. C'est à cette interprétation que se rallient volontiers la paresse, l'apathie, l'égoïsme. En effet, si le progrès est la loi du monde, s'il s'effectue envers et contre tous les obstacles, par la seule force des choses, à quoi bon se fatiguer, s'exténuer à sa poursuite?

« Claquemurons-nous dans notre pays, dans notre province, dans notre maison ; courbons le dos et ne pensons qu'à nous garer, nous et notre progéniture, des coups et des heurts. Laissons faire le temps, la science, dont nous n'avons souci, la vapeur, l'électricité, etc. »

Sans doute, le progrès a quelque chose de nécessaire, d'inéluctable, mais à condition qu'on l'envisage dans l'humanité tout entière. Dans le détail, et si l'on considère seulement un groupe ethnique, il en va tout autrement. Une nation ne saurait progresser et durer qu'à une condition : d'en être digne, c'est-à-dire d'être bien douée et de faire un constant effort ; car elle n'est point seule dans le monde. Cela résulte de la raison même du progrès, de la sélection, qui, à la longue, assure la victoire au meilleur, dans la lutte pour l'existence. Mais la sélection est impartiale, nullement sentimentale. Son effet se borne, un milieu quelconque étant donné, à assurer la survivance du plus apte à vivre dans ce milieu. En dehors de l'humanité, dans le monde végétal et animal, le résultat général de la loi de sélection est incontestablement le triomphe du mieux doué. Mais, là même, il y a parfois exception, sélection régressive. Ainsi, toutes choses égales d'ailleurs, l'insecte ailé est supérieur à l'insecte sans ailes ; pourtant, si l'un et l'autre habitent une île au milieu de l'Océan, l'abeille et le papillon, exposés à être entraînés au large par toute brise un peu forte, auront bien moins de chances de vivre que le carabe, cloué au sol par son organisation même.

C'est aussi la sélection qui règle et décide le succès ou la défaite de tel ou tel groupe humain dans la rivalité ethnique. Mais ici l'influence aveugle des agents naturels n'est plus seule à agir, et le résultat de la compétition est bien autrement varié ; car il dépend en grande partie des idées et des sentiments, des désirs et des caprices de l'homme, toutes choses muables et variables à l'infini.

Sûrement, depuis l'âge de pierre jusqu'à nos jours, le résultat général de la vie de l'humanité a été le développement progressif. Mais ce sont précisément des luttes, des rivalités, des efforts sans trêve qui ont été les facteurs de cette évolution. Partout et à la longue les nations ont succombé ou survécu, suivant qu'elles étaient mal ou bien douées, suivant qu'elles prenaient la mauvaise route ou la bonne. De tout temps et en tout lieu les peuples qui se sont engourdis, endormis dans l'inertie, la mollesse et les plaisirs niais ont disparu de la scène du monde. Le terrain de l'histoire est tout jonché de leurs débris.

Sans doute, la sociologie est loin encore de mériter le nom de *science*; sans doute, les procédés propres à accélérer le développement, l'élevage de l'homme sont imparfaits et mal connus. Pourtant la voie est déjà tracée et frayée dans son ensemble ; dès aujourd'hui on peut, ou la suivre approximativement, ou lui tourner le dos. Nous savons que, pour durer et progresser, un peuple doit se composer en majorité d'individus physiquement robustes, moralement bons, dévoués et énergiques, intellectuellement sagaces et instruits. Nous savons aussi, au moins en gros, comment il faut s'y prendre pour développer l'homme de cette triple manière. Nous n'ignorons pas non plus que, si par malheur un peuple prenait le contrepied de cette loi générale, il marcherait forcément à sa perte.

Supposons, par impossible, qu'il puisse y avoir au monde une nation assez infortunée et assez peu éclairée pour remettre le soin de ses destinées à des guides intellectuellement aveugles, sevrés de toute lumière scientifique, imbus de préjugés homicides et travaillant de toutes leurs forces à entraver le développement de leur pays. Alors, si le malheureux pays que nous supposons était docile et malléable jusqu'au bout, tout y serait bientôt organisé à rebours du sens commun, ou plutôt du sens scientifique. Ce qui devrait être honoré y serait honni ; ce qui mériterait d'être honni y serait honoré. Dès la première enfance, on inculquerait à l'homme des idées fausses sur la nature, sur la condition humaine, sur les sociétés, sur ses devoirs envers ses semblables. Plus tard on s'attacherait à ne lui donner qu'une instruction de mots. On le dresserait non pas à penser, à examiner par lui-même, à faire œuvre de virile initiative, mais à répéter des phrases banales et ronflantes, à se payer de lieux communs usés au lieu des larges données scientifiques, déjà dégagées de l'inconnu au prix d'efforts séculaires ; on lui farcirait le cerveau de sottes et creuses abstractions, décorées du beau nom de philosophie. En même temps, maltraitant le corps du jeune homme comme on aurait géhenné son esprit, on l'étiolerait physiquement en le claustrant pendant des années dans un établissement plus ou moins monastique, où l'air, la lumière, le mouvement lui seraient parcimonieusement mesurés. A l'âge viril, on le lancerait dans la vie aussi mal préparé que possible, ne connaissant rien ou presque rien de la réalité des choses, ignorant de ses vrais devoirs sociaux, tout plein de préjugés d'un autre âge, souvent même ayant pris la vérité en horreur. Supposons que plusieurs générations aient pu être modelées de cette manière ; alors notre jeune homme, déjà étiolé de corps, de cœur et d'esprit, entrerait dans une société où l'énergie, la force de caractère, surtout l'amour passionné de la vérité et de la justice, non-seulement ne seraient pas prisés, mais même seraient des causes de défaveur. Dans ce triste milieu social, force serait, à l'entrée de chaque carrière, de s'humilier, de capter la faveur de tel ou tel souvent par l'hypocrisie et le mensonge ; en résumé, il faudrait subir d'abord l'initiation de la honte. On se figure sans peine quelles seraient les mœurs dominantes dans un tel pays : la masse des classes dirigeantes n'aurait pour idéal que des plaisirs grossiers ou ineptes ; on n'aspirerait qu'aux jouissances sensuelles ou vaniteuses, à l'argent, aux sinécures, aux titres honorifiques, etc. ; le dévouement désintéressé y serait bafoué comme une sottise ; on n'aurait nul horizon sur le passé et sur l'avenir. En résumé, dans un tel pays, on pratiquerait sur une large échelle et avec persistance la sélection du moins digne. Naturellement le plus digne finirait par devenir rare, puis par disparaître et s'éteindre dans l'oubli et la misère. L'hérédité aidant et accélérant la décadence, le groupe ethnique déclinerait, avec une vitesse progressive, en dignité, en force physique et morale, en intelligence.

Mais la malheureuse nation que nous supposons ne serait pas seule dans le monde. A côté d'elle, autour d'elle, des rivaux plus avisés seraient restés plus sains et plus forts, et ils l'emporteraient fatalement dans la concurrence ethnique ; car ils auraient conservé et développé leurs énergies physiques, morales, intellectuelles. Par conséquent, pacifiquement ou non, ils supplanteraient forcément, en vertu de la loi même du progrès, le groupe dévoyé, qui, tôt ou tard, serait rayé de la liste des nations.

Concluons donc que, tout en étant la loi du monde, le progrès ne saurait s'effectuer qu'au prix d'efforts incessants et bien dirigés, de luttes constantes dans lesquelles il ne faut jamais faiblir.

En outre, plaignons les peuples moribonds dont nous avons plus haut tracé le portrait idéal, et que, dans la mesure de ses forces, chacun de nous travaille à éloigner de sa patrie une si lamentable fin.

CH. LETOURNEAU.

Florence, 4 octobre 1877.

ERRATA.

Page 10, ligne 25, *au lieu de :* mélataphores, *lisez :* métaphores.

Page 13, ligne 25, *au lieu de :* ces centres nerveux, *lisez :* les centres nerveux.

Page 213, ligne 8, *au lieu de :* passions effectives, *lisez :* passions affectives.

Page 274, ligne 7, *au lieu de :* empire d'Horatius, *lisez :* empire d'Honorius.

PHYSIOLOGIE
DES PASSIONS

LIVRE I.

DE LA VIE ET DES BESOINS.

> « L'époque n'est pas éloignée, je l'espère, où l'on verra substituer aux causes occultes et mystiques, à l'aide desquelles on explique les phénomènes vitaux, l'exposition des lois physiques auxquelles ils sont dus. »
> (Dutrochet.)

CHAPITRE I.

DE LA VIE.

« Il faudrait, disait le grand Linné, définir la vie avant de raisonner sur l'âme ; mais c'est ce que j'estime impossible. » Les frontières de l'impossible n'ont jamais été fixées ; et qui oserait aujourd'hui jeter à la science le veto par lequel Jéhovah enchaîne les flots, le « Tu n'iras pas plus loin » de la Bible ?

Nous savons maintenant qu'il n'y a nulle différence

essentielle de composition entre ce qui vit et ce qui ne vit plus ou ne vit pas encore. Toute substance étendue, et nous n'en voyons et n'en concevons pas d'autres, est un simple agrégat d'atomes éternels, indestructibles, constamment actifs, s'attirant ou se repoussant mutuellement.

De là résultent des associations atomiques, infiniment variées, des groupes d'atomes appelés molécules, et ces molécules, en se juxtaposant, forment tous les corps vivants ou non vivants, qui impressionnent si diversement nos sens.

Quand ces molécules sont très-riches en atomes, très-complexes, très-carbonées, elles forment des substances organiques peu ou point cristallisables, parfois et fort justement dénommées protéiques, à cause de leur grande instabilité.

Ces substances organiques constituent la trame de tous les êtres vivants; mais, dans l'état de vie, elles se sont incorporé une grande quantité d'eau. Ce sont alors des corps semi-liquides. Aussi les a-t-on, pour cette raison, appelées *colloïdes*, par opposition aux substances minérales ou *cristalloïdes*.

Ces colloïdes vivants, toujours plus ou moins imprégnés de cristalloïdes, sont tantôt amorphes et sans structure, comme le sang et diverses humeurs de l'économie, tantôt modelés en éléments anatomiques, cellules ou fibres. Dans les deux cas, les colloïdes vivants sont le siège d'un perpétuel tourbillon d'atomes empruntés et rendus au monde extérieur. Incessamment les atomes du milieu externe se vitalisent en pénétrant dans la substance des êtres vivants, puis se minéralisent alors qu'ils en sont expulsés. Ce double mouvement s'effectue aussi bien dans les liquides vivants ou plasmas, comme le sang et la lymphe, qu'au sein des éléments figurés, cellules ou fibres. C'est l'essence même de la vie.

Disons donc, en dépit de la prophétie linnéenne, que « la vie est un double mouvement de composition et de décomposition continuelles et simultanées au sein de substances plasmatiques ou d'éléments anatomiques figurés, qui, sous l'influence de ce mouvement atomique, fonctionnent conformément à leur structure (1). »

Si l'on n'envisage la vie que dans un élément isolé ou dans un être organisé unicellulaire, les conditions principales de ce double mouvement d'assimilation et de désassimilation sont presque uniquement régies par les lois de l'endosmose et de l'exosmose.

Au lieu d'une cellule simple, isolée, supposons un groupe de cellules semblables entre elles et juxtaposées, nous aurons un de ces êtres polycellulaires et rudimentaires, qui occupent les plus humbles échelons des règnes organisés. Telles sont les paramécies ; telles sont encore les opalines des intestins de la grenouille, qui sont constituées par un groupe de cellules toutes semblables entre elles, renfermées dans une membrane munie de cils vibratiles, à l'aide desquels se meut l'animal. Ici le lien fédératif est encore très-faible. Chaque cellule emprunte au milieu ambiant les matériaux qui lui conviennent, et restitue à ce même milieu ce qui lui est devenu inutile ou nuisible. Tout au plus y a-t-il un liquide intercellulaire tenant momentanément en dissolution les matériaux alimentaires ou excrémentaires des cellules.

C'est une pure affaire d'endosmose et d'exosmose, un double courant d'échanges matériels à travers la

---

(1) Voir notre *Biologie,* chap. IV.

paroi cellulaire, courant soumis, exactement comme dans un appareil de physique, aux conséquences de la variation des densités.

Rien donc de mystérieux dans ce mouvement nutritif, qui est l'acte vital par excellence. Dutrochet et Graham ont provoqué et étudié cent fois, dans leurs appareils de physique, des faits analogues ; et la seule grande différence entre les phénomènes endosmotiques, qu'étudie la physique, et les actes nutritifs intimes se réduit à des modifications dans la composition chimique des corps en présence.

Le liquide expulsé par la cellule ou la fibre élémentaire diffère chimiquement de celui qu'elle absorbe : ainsi les éléments des tissus propres aux êtres organisés complexes, et dont nous dirons plus loin quelques mots, par exemple la fibre musculaire, organe du mouvement, la cellule cérébrale, organe de la pensée, transforment les matériaux nutritifs, fibrine, albumine ou plasmine, que leur apporte le torrent sanguin, en d'autres produits albuminoïdes, dénommés créatine, créatinine, etc., dus à une oxydation, à une combustion imparfaites.

Quelle simplicité au fond de ce que l'on a si longtemps appelé l'insondable mystère de la vie ! C'est un double mouvement d'assimilation et de désassimilation, soit dans un liquide, soit au sein d'un élément anatomique microscopique, que cet élément soit un globule sans paroi apparente, comme il arrive souvent chez les animaux complexes, ou une simple cavité close, fibre ou cellule, ce qui est presque la règle chez les végétaux.

Le mystérieux n'est que l'inconnu du présent, destiné le plus souvent à être connu dans l'avenir. Mais arrivons à l'examen rapide de la vie chez les êtres supérieurs.

Chez l'être complexe, surtout chez l'animal supérieur et chez l'homme, dont nous devons seulement nous occuper, les phénomènes intimes de la vie sont identiquement les mêmes (1); mais ils ont besoin pour s'effectuer d'appareils organiques spéciaux ; la fédération est plus étroite ; il y a même des tendances monarchiques, et les éléments, doués de formes variées, se groupent pour constituer des tissus, des appareils, des organes, qui tous dépendent les uns des autres, qui tous possèdent les grandes propriétés vitales, sans lesquelles la vie ne peut exister, mais en outre sont spécialement chargés de telle ou telle fonction particulière, utile à la communauté.

Ainsi, pour que chacun des éléments nombreux, dont l'ensemble constitue l'animal supérieur ou l'homme, soit en rapport assez intime avec le monde extérieur, où il doit puiser les matériaux indispensables à son existence, le liquide intercellulaire ne suffit plus, et il est besoin d'un système compliqué de canaux, de vaisseaux ramifiés, reliant ensemble toutes les parties de l'animal, et dont le rôle est de contenir et de faire rapidement circuler un liquide énergiquement appelé par Bordeu *de la chair coulante*, le sang.

Ce précieux liquide est, selon l'heureuse idée de Cl. Bernard, un vrai milieu, un milieu physiologique pour les éléments anatomiques. Il est pour eux ce qu'est pour certains êtres organisés rudimentaires l'eau, dans laquelle ils naissent, vivent et meurent. Sa fonction est d'apporter, soit aux éléments eux-mêmes, soit à leur liquide intercellulaire, les matériaux de la

---

(1) Avec cette différence, selon M. Ch. Robin, que les éléments, au lieu de se reproduire par segmentation ou bourgeonnement, se multiplient par *genèse* spontanée dans le liquide ou blastème intermédiaire aux éléments.

vie, et de reprendre en même temps les résidus inutiles ou nuisibles, que des organes glandulaires spéciaux se chargent d'éliminer hors des frontières de la république.

Deux autres grands systèmes organiques sont les serviteurs de la circulation : ce sont le *système digestif*, qui, après avoir élaboré les futurs matériaux de l'absorption, les aliments, les livre au système circulatoire véhiculaire, et le *système respiratoire*, dont la fonction est de favoriser l'entrée de l'oxygène vivifiant dans le sang, où les globules le boivent, l'emmagasinent et le charrient jusqu'aux tissus. En même temps, et par un mécanisme analogue, ce système sert d'émonctoire gazeux, et il élimine les gaz impropres à la nutrition.

On sait que la peau agit aussi à la manière de la muqueuse pulmonaire, qui n'en est, à vrai dire, qu'un diverticule.

Dans tout cela il n'y a encore que des actes physiques ou chimiques, et rien pour la vie de conscience. Mais, pour former ces grands appareils, la cellule élémentaire a subi bien des métamorphoses ; elle s'est modifiée en tissus multiples, musculaires, fibreux, glandulaires etc., dont les éléments conservent bien encore une vie individuelle, mais entre lesquels il y a aussi une intime solidarité. Car, outre les grands systèmes dont j'ai parlé, il en est un autre exerçant spécialement un pouvoir uniteur, modérateur et régulateur des actes nombreux de la vie : c'est le système nerveux, constitué par un tissu spécial, le tissu nerveux. Ici il n'y a plus seulement, comme dans les systèmes circulatoire, digestif et respiratoire, de grossiers échanges, de purs transports de matériaux ; la fonction du système nerveux est surtout dynamique et gouvernementale. Ce système est, en outre, le théâtre et l'organe de la vie psychologique ; c'est à lui seul que la méthode scientifique nous oblige à rapporter tout ce que les psychologues et les métaphysiciens ont attribué à une entité abstraite, l'âme.

Les principales propriétés du tissu nerveux sont, en dehors de son influence indirecte sur la vie nutritive, la *motilité*, ou propriété de transmettre aux muscles des excitations, puis la *sensibilité*, l'*impressionnabilité* et la *pensée*, dont nous aurons spécialement à nous occuper.

Avec un système nerveux complet, l'être organisé est pourvu de la vie de conscience. Il sent dans une certaine mesure les actes organiques qui s'accomplissent en lui, et il peut intervenir volontairement, soit pour gêner, soit pour favoriser certains d'entre eux.

Sans le système nerveux, l'être organisé n'a que des fonctions s'exerçant fatalement et insciemment sous l'influence des grandes lois de la matière ; avec un système nerveux complet, il a des *besoins*, c'est-à-dire la conscience de certaines tendances organiques nécessaires ; il entend le cri des organes demandant à vivre, et voici la définition du besoin : C'est *une tendance organique sentie*, qui, psychiquement, cérébralement, chez l'homme, se formule en d'inéluctables impulsions, en *désirs*, dont la conséquence est une impression de plaisir ou une impression de douleur, suivant que l'évolution organique nécessaire à la vie est facilitée ou entravée.

De cette définition résulte, que le dénombrement des besoins doit être calqué sur celui des fonctions ; mais comme pour nous le besoin se compose de deux éléments, la tendance organique et son écho dans les centres nerveux sous forme de désir, il y aura besoin là seulement où la conscience et la volonté pourront intervenir.

Si nous avions conscience de tous les actes vitaux, qui s'accomplissent dans notre organisme, si nous pouvions à volonté en modifier le cours, il y aurait autant de besoins que d'organes, que de tissus, que d'éléments, puisque le mouvement, l'action incessante, sont les conditions d'existence de la matière organisée ; mais un grand nombre de ces actes sont en dehors de la vie de conscience, et nous ignorons les actes vitaux les plus intimes. De même qu'avant l'apparition des centres nerveux, les actes vitaux primitifs, cellulaires, s'accomplissent insciemment : ainsi chez l'être complet, muni de l'arbre nerveux, ces phénomènes essentiels, quoiqu'ils soient la base de l'être, ont lieu sans éveiller de perception centrale. Les éléments anatomiques absorbent, sécrètent, se multiplient, vieillissent et meurent ; les hémisphères cérébraux n'en savent rien, et incessamment des milliers d'actes vitaux de valeur primordiale échappent à leur contrôle. Bien-être, mal être, force, faiblesse, voilà les seuls contre-coups cérébraux des actes intimes de la nutrition.

Mais le jeu des appareils spéciaux secondaires, existant chez l'homme et l'animal complet, est en rapport beaucoup plus étroit avec les centres nerveux, et il y a autant de besoins et quelquefois de groupes de besoins que de grandes fonctions physiologiques. De plus, chaque organe, chaque tissu spécial devant nécessairement vivre conformément à son organisation, il en résulte une série de besoins secondaires bien distincts, mais moins tyranniques que les besoins liés à la nutrition. On peut donc diviser les besoins en trois classes :

1° Besoins nutritifs . . . . $\begin{cases} \text{de circulation.} \\ \text{de respiration.} \\ \text{de digestion.} \end{cases}$

2° Besoins sensitifs . . . . $\begin{cases} \text{Besoin voluptueux.} \\ \text{Besoins d'exercer les sens spéciaux.} \end{cases}$

3° Besoins cérébraux proprement dits. $\begin{cases} \text{Affectifs.} \\ \text{Intellectuels.} \end{cases}$

CHAPITRE II.

ÉTUDE ANALYTIQUE DES BESOINS.

I

Tout être organisé, qu'il soit au bas ou au sommet de la hiérarchie des êtres vivants, qu'il soit constitué par un seul élément anatomique, par une cellule plus ou moins bien modelée, comme la monade, l'amibe, etc., ou qu'il soit composé de myriades de cellules et de fibres groupées en tissus et en appareils, comme l'homme ; tout être organisé, disons-nous, est le siége de l'incessant mouvement de composition et de décomposition, que nous avons décrit dans le chapitre précédent. Sous l'apparente fixité de la forme générale, se cache et s'opère une rénovation continue de la substance vivante, qui se rajeunit, sans trêve, molécule à molécule. C'est un vrai courant matériel, filtrant à travers la trame organique, qui l'accueille, l'absorbe, le modifie, puis l'expulse, quand il est devenu impropre à faire sa partie dans le concert physiologique. C'est l'arbre dit à feuilles persistantes, gardant toujours le même aspect, le même port, tandis que chacune de ses feuilles bourgeonne, s'épanouit, se dessèche et tombe à son tour ; c'est le cours d'eau invariable pour nos yeux, coulant toujours de la même manière entre les mêmes rives, mais ne roulant jamais deux fois à la même place le même flot.

Ce travail continu d'assimilation et de désassimilation que nous venons de peindre avec force mélataphores, est le fait fondamental de la nutrition, de la vie ; il est la condition de tout fonctionnement organique, depuis la contractilité de l'actinie jusqu'à la méditation du penseur ; il est surtout, aussi directement que possible la raison, la condition des besoins. En effet, que ce mouvement nutritif intime vienne à être troublé, soit que l'apport des matériaux fasse défaut ou excès, soit que l'élimination du déchet organique soit entravée, soit qu'il survienne des altérations dans la qualité des tissus ou dans celle des matériaux qui les traversent, et aussitôt la bonne harmonie physiologique entre les diverses parties de l'organisme en souffre et, si cet organisme est quelque peu aristocratique, s'il est composé de tissus multiples, d'appareils spécialisés, reliés par un système nerveux centralisé, il en résulte des faits de conscience, que nous appelons besoins. L'organe ou le système d'organes, dont la paix physiologique est altérée, en donne avis aux centres nerveux par l'intermédiaire des nerfs. Il en résulte d'abord une impression modérément énergique, agréable parfois, mais dégénérant vite en malaise, en douleur, en torture et engendrant des désirs de plus en plus impérieux, irrésistibles. De là, pour le pouvoir nerveux central, l'obligation inéluctable de s'élever, de s'ingénier activement à porter secours à la province qui souffre dans la fédération organique. C'est à cet accouplement de malaise et d'appétence, que nous donnons le nom de *besoin*. Le besoin se peut donc définir un trouble organique formulé dans les centres nerveux par une *impression* spéciale et un *désir* spécial aussi.

La perception cérébrale du besoin provoque aussitôt le désir de le satisfaire. Ce désir, que nous étudierons plus au long, est l'impulsion irraisonnée, indomptable dans son essence, d'accomplir un acte ; nous disons indomptable, car, si l'on peut et si l'on doit souvent résister plus ou moins victorieusement au désir, on ne peut ni l'empêcher de naître, ni l'étouffer, quand il a grandi.

Besoins, c'est-à-dire tendance organique éveillant le désir de se satisfaire ; ce sont là les premiers phénomènes de la vie cérébrale consciente chez l'enfant, ce sont aussi les assises, sur lesquelles reposeront les faits cérébraux plus nobles. Après le besoin et sa formule cérébrale, le désir, le fait psychique le plus fondamental, intimement lié d'ailleurs au besoin, c'est l'*impression*, mode d'une importante propriété cérébrale, l'*impressionnabilité*, que nous décrirons ultérieurement.

En effet, quand, obéissant à nos tendances organiques, nous satisfaisons un besoin, un besoin nutritif, par exemple, nous en sommes récompensés par une impression de plaisir et inversement la non-satisfaction du besoin suscite une impression de douleur. La conséquence naturelle est celle-ci : toutes les fois que se fait sentir l'aiguillon du besoin, la trace des impressions que son assouvissement a données à l'être se ranime ; les cellules cérébrales vibrent, si l'on veut, de la même façon, et, si les facultés intellectuelles sont nées, il en résulte une image anticipée, quoiqu'affaiblie, de l'impression qui nous attend, d'où une exagération du désir. C'est la première idée, c'est le premier raisonnement de l'enfant ; il veut faire cesser une impression pénible ; il sait qu'une impression agréable l'attend. Ce fond si simple, nous le retrouverons dans toutes les passions ; il en est la pierre angulaire.

II

La division des besoins que nous avons donnée ci-dessus, leur classification par groupes bien tranchés, à vives arêtes, est bien dans nos habitudes de raisonnement, mais non dans la nature. De même que, dans le spectre solaire, les couleurs fondamentales passent de l'une à l'autre par nuances tellement insensibles, qu'il est impossible de tracer exactement la ligne de démarcation entre le rouge et l'orangé, l'orangé et le jaune, le jaune et le vert, etc., ainsi, dans le monde, même dans le monde des êtres concrets, complets, chaque fait se rapproche du fait voisin, qui cependant en diffère. D'où la difficulté des classifications, même en histoire naturelle et à plus forte raison, quand il s'agit de classer des faits, des actes aussi peu tranchés que les faits cérébraux. Forcément alors nos grossières divisions font abstraction des nuances, qui seules cependant réflètent la vérité.

Ainsi nous avons défini le besoin, une tendance organique sentie, un cri physiologique, dont on a conscience ; mais, si nous cherchons ces deux éléments dans chacun des besoins énumérés dans notre classification, nous ne les y trouverons pas toujours avec une égale évidence, ce qui tient en partie au vague de certains faits cérébraux, en partie à l'imperfection de nos connaissances physiologiques. Sans doute, ces centres nerveux étant l'unique théâtre de toute vie consciente, on peut dire que tout besoin y a son siège psychique, quelle qu'en puisse être l'origine organique. Néanmoins les besoins sont souvent rapportés par le centre nerveux, qui les perçoit, à l'organe chargé de les satisfaire ; ils sont localisés, mais avec plus ou moins de précision.

Le groupe des besoins nutritifs, dont nous avons d'abord à nous occuper, a pour double caractère une spécialisation plus ou moins imparfaite et une excessive énergie. Ces besoins sont mal spécialisés, à cause du rôle très-général rempli par les fonctions qui les provoquent; ils sont tyranniques, à cause de l'extrême importance de ces fonctions. Leur formule cérébrale est d'autant plus vague que leur base organique est plus large.

Le système circulatoire étant, de tous les grands appareils organiques, le plus mal centralisé, le plus immédiatement utile à tous les éléments organiques, qu'il alimente incessamment, c'est lui qui détermine le besoin le plus mal formulé dans le cerveau. C'est lui aussi qui est le moins soumis à la volonté. Depuis les premiers temps de la vie embryonnaire jusqu'à la désagrégation finale, le cœur bat incessamment, sans se lasser, mais le cerveau, dont il est l'indispensable pourvoyeur, n'a sur lui que fort peu d'empire. On serait tenté de croire qu'il n'en a aucun, si l'on ne voyait souvent les troubles fonctionnels, même fugitifs, des centres nerveux, par exemple, les émotions fortes, perturber immédiatement le rhythme des battements cardiaques. En dehors de toute émotion, quelques hommes peuvent à volonté suspendre les palpitations de leur cœur. Un certain colonel Townshend sera, pour ce fait, immortalisé par les traités de physiologie. Il est bien démontré aujourd'hui que cet arrêt volontaire des battements cardiaques ne s'obtient qu'indirectement en arrêtant d'abord les mouvements respiratoires, mais il ne s'en obtient pas moins. Inutile de dire que l'expérience dont nous parlons, ne saurait être de longue durée. Dès que le cœur est immobilisé, le cerveau ne reçoit plus le flot sanguin, oxygéné, nécessaire à son fonctionnement normal, d'où une impression d'insupportable angoisse, bientôt suivie de l'abolition complète de toute sensibilité et de toute pensée. Nous verrons plus loin que tout acte intellectuel a pour contre-coup une contraction des capillaires généraux du corps, tandis qu'au contraire les vaisseaux capillaires du cerveau se dilatent et se congestionnent.

Quoique le tissu du cœur soit constitué par des fibres musculaires striées, des fibres dites de la vie animale, et que son innervation ne soit que partiellement due au système nerveux nutritif, au grand sympathique, pourtant la circulation fait presque entièrement partie de la vie nutritive. Au contraire la respiration, fonction végétative aussi, pour la plus large part, se relie plus manifestement à la vie de relation et de conscience. Sans doute les échanges gazeux, qui sont les phénomènes respiratoires essentiels, s'effectuent fatalement et insciemment dans les tissus, dans le sang et à travers la muqueuse bronchique ; mais les actes mécaniques, qui, chez les vertébrés supérieurs, sont la condition des actes respiratoires plus intimes, jouissent déjà d'une demi-liberté. Ici la vie nutritive et la vie consciente se soudent étroitement. Chez l'homme, les mouvements respiratoires du thorax sont, dans une certaine mesure, indépendants du cerveau, puisqu'ils se produisent au moment de la naissance, quand les hémisphères cérébraux n'ont pas encore secoué le sommeil fatal, puisqu'on les voit même s'exercer dans certains cas tératologiques, chez des nouveau-nés rivés d'hémisphères cérébraux, puisque, chez l'adulte, le sommeil ne suspend pas leur va-et-vient rhythmique.

'autres faits pourtant attestent qu'un lien de vasselage les relie au cerveau. Sans doute l'ascète, l'amant passionné, le philosophe peuvent tout oublier pour songer, le premier aux béatitudes d'un paradis imaginaire ; le second, aux perfections nécessairement absolues de sa maîtresse ; le dernier, à la pensée féconde ou creuse qu'il poursuit. Chez tous trois, pendant ce temps, côtes et diaphragme s'élèvent et s'abaissent insciemment et mécaniquement. Grâce à ces mouvements, un sang incessamment ventilé charrie, entre les cellules cérébrales conscientes, les globules sanguins imprégnés d'oxygène, sans l'aide desquels nos rêveurs ne pourraient pourchasser un instant la chimère ou la vérité qui les captive. Pourtant, durant ce travail de la pensée, qu'il y ait préoccupation simple, passion ou extase, les mouvements respiratoires du thorax se ralentissent, d'où la nécessité de respirer profondément, de soupirer.

Il est bien autrement notoire que tous les hommes peuvent à volonté suspendre complétement les mouvements respiratoires du thorax et du diaphragme, ce qui a pour conséquence cérébrale une impression d'inexprimable anxiété, un irrésistible besoin de respirer promptement suivi de l'abolition de toute vie consciente, s'il n'est satisfait ; car l'intelligence est très-étroitement dépendante des fonctions nutritives.

L'étude analytique des besoins digestifs est plus facile que celle des besoins de circulation et de respiration ; car ils sont intermittents, comme les fonctions auxquelles ils se rapportent. Ce sont véritablement les besoins typiques. Dans tout le règne animal, ce sont les plus puissants mobiles d'activité. Ils ont un nom dans toutes les langues humaines, tandis qu'aucune langue n'a d'expression pour désigner les besoins de circulation et de respiration.

Chez les vertébrés supérieurs et chez l'homme, dont nous avons surtout à nous occuper, le mouvement nutritif intime ne s'arrête jamais. On a pesé les quantités d'azote, de carbone, d'eau, de sel, etc., quotidiennement nécessaires à l'homme pour la rénovation de ses tissus et le fonctionnement de ses organes. Ces aliments, il les faut à l'homme, comme il faut du combustible à une locomotive. Lui font-ils défaut, il se dévore lui-même (1). Quand le bilan nutritif penche quelque peu du côté de la dépense, les organes, et spécialement le système digestif, en donnent avis au moi cérébral, en y suscitant les besoins de la faim et la soif. Ces besoins, presque aussi primordiaux que le besoin de respirer, existent comme lui chez le nouveau-né et chez l'acéphale pourvu seulement d'un bulbe rachidien. Il importe beaucoup de les décrire.

Faim et soif débutent par un désir modéré, accompagné d'une impression point pénible, presque agréable. C'est un premier avertissement. N'en est-il pas tenu compte, le moi conscient subit une pénalité de plus en plus sévère. A l'appétit succède la faim ou la soif. Dans le premier cas, on éprouve à l'épigastre d'abord un sentiment de gêne; puis cette gêne grandit jusqu'à la douleur la plus atroce : « Il me semblait, dit Savigny, qui a fait, dans une thèse célèbre, l'histoire médicale du radeau de *la Méduse*, il me semblait qu'on m'arrachait l'estomac avec des tenailles (2). » En même temps, le besoin de manger, de dévorer des substances plus ou moins alibiles devient irrésistible. M. Roulin, voyageant en Colombie et torturé, ainsi que trois personnes qui l'accompagnaient, par une faim furieuse, raconte que lui et ses compagnons mangèrent cinq paires de sandales de cuir non tanné et un tablier de peau de cerf. Les compagnons du capitaine Franklin, dans les

---

(1) *Biologie*, liv. II, chap. vii, p. 167 (2ᵉ édition).
(2) Savigny, *Observations sur les effets de la faim et de la soif*, thèse de Paris, 1828.

régions arctiques, mangèrent leurs souliers, sucèrent la moelle que les vers avaient laissée dans de vieux os et qui leur excoriait les lèvres. Humboldt raconte, dans ses *Tableaux de la nature*, que, lors du débordement de l'Orénoque, les Otonaques, ne pouvant plus pêcher et par suite manger, apaisent tant bien que mal leur faim, en avalant chaque jour plus d'une livre d'une argile onctueuse, odorante, d'un gris jaunâtre. En temps de famine, les Kamtschadales et les Néo-Calédoniens distendent de même leur estomac, les premiers avec de la sciure de bois ; les seconds, avec une stéatite friable.

La soif est de beaucoup plus intolérable, plus impérieuse que la faim. C'est que l'eau est indispensable à tous les éléments anatomiques du corps humain. Elle les constitue en grande partie et c'est le véhicule nécessaire de tous les matériaux nutritifs solides. L'organisme inanitié trouve encore dans ses propres tissus une réserve d'aliments solides plus ou moins disponible ; mais où prendrait-il les trois kilogrammes d'eau, qu'il expulse quotidiennement par les urines, les sueurs, la perspiration pulmonaire ? Bientôt, par l'inanition, le sang se concentre, et il en est conséquemment de même de tous les liquides sécrétés ou excrétés. Les muqueuses ne sont plus humectées que par des liquides semi-visqueux, ce qui est particulièrement sensible dans la bouche, la gorge, le larynx. La voix s'éteint ; la langue adhère au palais. En même temps le sang épaissi circule de plus en plus difficilement, d'où la fréquence des battements du cœur, une respiration haletante, enfin de vraies inflammations des voies digestives supérieures et une mort prompte. Nous avons indiqué ailleurs dans quel ordre et dans quelle proportion les divers tissus du corps se fondent et se résorbent par l'inanition (1). Les centres nerveux sont le plus tardivement altérés ; ils vivent aux dépens du reste du corps. Néanmoins leur tour arrive et leurs fonctions se troublent de plus en plus gravement. L'étreinte du besoin ne laisse pas de trêve à l'affamé ; pendant le sommeil, elle lui suggère des visions, des mirages, ayant trait à sa situation. Les naufragés de *la Méduse* voyaient en rêves des ombrages frais et des ruisseaux. Pendant la veille, le rêve est remplacé par des hallucinations, du délire maniaque. Les matelots de *la Méduse* s'entre-égorgèrent ; car l'homme affamé n'est plus un être sociable, intelligent et plus ou moins moralisé, il se replonge dans l'animalité, dont très-vraisemblablement il est sorti. Dans les siéges, les naufrages, le cannibalisme primitif reparaît souvent. C'est que l'homme obéit toujours au mobile le plus fort. Ainsi d'un tableau publié par Mélier (2) il ressort que la moralité publique suit dans une large mesure les variations des mercuriales. Plus le blé est cher, plus les vols sont nombreux. Partisans du libre arbitre, que répondriez-vous à cela ? On est d'ailleurs tout disposé à excuser ces attentats à la propriété, quand on a lu le tableau fait par Meersmann des affamés belges, pendant la famine de 1846 à 1847 : « Ce qui frappait d'abord, dit-il, c'était l'extrême maigreur du corps, la livide pâleur du visage, les joues creuses et surtout l'expression du regard, dont on ne pouvait perdre le souvenir, quand on l'avait subi une fois. Il y a, en effet, une étrange fascination dans cet œil où toute la vitalité de l'individu semble s'être retirée, qui brille d'un

(1) *Biologie*, liv. II, chap. VII (2ᵉ édition).
(2) Etudes sur les subsistances dans leurs rapports avec les maladies et la mortalité (*Mémoires de l'Académie de médecine*, t. X, p. 193).

éclat fébrile, dont la pupille, énormément dilatée, se fixe sur vous sans clignotement et avec un étonnement interrogatif où la bienveillance se mêle à la crainte. Les mouvements du corps sont lents, la marche chancelante; la main tremble; la voix, presque éteinte, chevrote.

« L'intelligence est profondément altérée; les réponses sont pénibles; la mémoire, chez la plupart, est à peu près abolie. Interrogés sur les souffrances qu'ils endurent, ces infortunés répondent qu'ils ne souffrent pas, mais qu'ils ont faim!... »

« Parmi les victimes de la disette, il s'en rencontrait que les affections accidentelles épargnaient, comme pour leur faire traverser toutes les épreuves de l'épuisement et de la dissolution organique. Dans ce cas, les symptômes d'anéantissement devenaient successivement plus intenses. La décrépitude avait envahi tous ces malheureux; les enfants, les jeunes gens, les adultes, les hommes parvenus à la maturité de l'âge portaient sur tout le corps les rides, le dessèchement, l'exténuation de la vieillesse : c'étaient de véritables squelettes vivants, incapables de soulever leurs membres décharnés, gisant lourdement sans voix, avec un œil sans regard, enfoncé dans l'orbite et à moitié voilé par des paupières transparentes et chassieuses. Parfois ils étaient horriblement secoués par une toux sèche et convulsive. Enfin on voyait apparaître les derniers indices de l'extrême appauvrissement du sang : la peau se couvrait de vastes ecchymoses ou de taches pourprées, qui devenaient confluentes quelquefois, et ces tristes victimes de la famine rendaient le dernier soupir au milieu de l'agitation, de la carphologie ou de la fatigante loquacité du délire famélique (1). »

---

(1) Longet, *Traité de physiologie*, t. II, p. 25.

S'il était nécessaire de démontrer que les besoins nutritifs ont pour cause le défaut dans l'économie de certaines substances alimentaires, il suffirait de rappeler, d'une part, que toute grande déperdition de sang ou de l'une des humeurs du corps provoque immédiatement une soif ardente, d'autre part, que l'on apaise la soif en injectant dans les veines de l'eau ou du bouillon (expériences de Dupuytren) ou même par des bains prolongés. Mais, en dépit de la généralité de leur cause, la faim et la soif ont leur siége apparent, l'une dans l'estomac, l'autre dans la gorge, et leur siége conscient, psychique, dans l'âme, c'est-à-dire dans les cellules cérébrales. Cela a été mis hors de doute par des faits d'observation et d'expérience aussi nombreux que précis. En effet on peut exciter ou abolir la faim ou la soif, en agissant soit sur leur siége physiologique central, soit sur leur siége périphérique.

Une poule, à qui Flourens avait amputé les hémisphères cérébraux, ne sentait plus le besoin de la faim. Cinq mois après l'opération, quand la cicatrisation était parfaite, elle supportait, sans paraître s'en apercevoir, un jeûne de trois jours ; elle ne mangeait pas, quand on la mettait sur un tas de blé, quand on lui posait du grain sur le bec ; elle ne buvait pas, quand on lui plongeait le bec dans l'eau. Elle avalait seulement mécaniquement, par pure action réflexe et indifféremment, les grains et les cailloux qu'on lui introduisait dans le bec (1). De même, dans l'espèce humaine, les enfants nés sans cerveau ou avec des centres nerveux très-incomplétement développés (anencé-

---

(1) Flourens, *Recherches sur les propriétés et les fonctions du système nerveux*, in-8, 1826.

phales, pseudencéphales) boivent difficilement, souvent ne peuvent même avaler (1).

Chez l'adulte normal, une émotion forte suffit pour abolir momentanément la conscience du besoin de la faim. L'opium produit un résultat semblable, et aussi la morphine injectée sous la peau. Inversement la vue, le souvenir de certains mets suffisent pour donner faim ou soif.

D'autre part, Brachet a pu abolir, ou du moins affaiblir considérablement, le désir de manger et de boire chez des animaux, en leur sectionnant les principaux nerfs de l'estomac, les nerfs pneumo-gastriques. On a voulu rapporter ce résultat à l'opération seule. L'incision du nerf sciatique aurait, dit-on, produit les mêmes effets et l'appétit serait revenu après la guérison chez les animaux opérés par Brachet, mais il est permis de supposer qu'alors la cicatrisation des nerfs sectionnés s'était opérée. Leuret et Lassaigne ont vu un cheval, à qui ils avaient excisé les deux nerfs pneumo-gastriques, manger ensuite plusieurs litres d'avoine. Mais cet animal mangeait vraisemblablement sans appétit, automatiquement, uniquement parce qu'il voyait des aliments, puisque Brachet a vu un animal opéré de la même manière manger indéfiniment, sans jamais éprouver le sentiment de la satiété et en se gorgeant complétement l'estomac et l'œsophage.

Le résultat de ces vivisections est corroboré par des expériences moins sanglantes et plus facilement praticables. Nous avons déjà vu que l'on apaisait plus ou moins la faim en introduisant dans l'estomac des sub-

---

(1) J.-G. Saint-Hilaire, *Histoire générale et particulière des anomalies*, t. II.

stances non alibiles. Tout ce qui distend ou comprime l'estomac produit un effet analogue, par exemple les boissons gazeuses à l'intérieur, et, à l'extérieur, la constriction d'une ceinture au niveau de l'épigastre.

Inversement on peut facilement provoquer artificiellement la faim ou la soif. L'ingestion de certaines substances, par exemple, d'une petite dose d'extrait concentré de cresson, réveille le désir de manger, même après un dîner copieux. De même quantité d'épices peuvent exciter la soif.

Après la description générale qui précède, il est inutile de parler des besoins digestifs annexes. Signalons cependant un besoin nutritif secondaire, mais curieux en ce qu'il démontre bien quelle intime corrélation relie le besoin senti aux variations dans la composition chimique des éléments anatomiques. Nous voulons parler du besoin de sel marin. Ce besoin se fait sentir toutes les fois que l'on est astreint à un régime végétal. Livingstone dit en avoir souvent souffert durant ses longues pérégrinations au centre du continent africain, et des observations analogues ont plusieurs fois été faites pendant les longs siéges. Dans ce dernier cas, on a vu parfois les assiégés aller jusqu'à distiller leur urine pour se procurer les substances salines, dont ils éprouvaient un impérieux besoin.

III

La gradation des besoins, telle que nous l'avons indiquée précédemment dans notre tableau général, est en rapport avec le perfectionnement et la spécialisation des tissus et des organes. Plus un besoin se relie étroitement à la vie de conscience, plus il est élevé, noble, moins nombreux sont les êtres susceptibles de l'éprouver. La nature vivante n'est ni démocratique, ni égalitaire. Tout y est subordonné et hiérarchisé. Il est des fonctions communes au peuple entier des êtres vivants végétaux et animaux, par exemple la nutrition. Déjà les besoins nutritifs sentis sont l'apanage exclusif du règne animal; communs à la plupart de ses citoyens, ils sont pourtant ignorés encore des plus humbles, par exemple des radiés dépourvus de système nerveux. Le besoin de rénovation est-il senti, alors il engendre les besoins digestifs que nous avons décrits, et nombre d'animaux n'en ont pas d'autres.

Au-dessus de ces besoins digestifs se placent des besoins qui, sans être encore des besoins cérébraux, tiennent déjà, pour une part plus ou moins large, à la vie de relation. On les pourrait appeler des besoins mixtes. Ce sont le besoin de mouvement et le besoin amoureux.

Le premier est de beaucoup le plus nutritif; car, d'une part, c'est surtout dans le tissu musculaire si riche en vaisseaux capillaires, que l'oxygène brassé dans le sang se combine avec les substances nutrimentaires; d'autre part, le besoin de mouvement musculaire se formule très-vaguement dans la conscience, dans le cerveau; néanmoins il y retentit. Dans l'enfance, il a une grande énergie. Dans la jeunesse, il est souvent très-puissant encore; à cet âge, toute inaction musculaire trop prolongée provoque une impression de malaise général, avec désir plus ou moins vif de se mouvoir et inaptitude aux travaux intellectuels. Cela veut dire que les fibres musculaires sont gorgées de substances albuminoïdes, qu'en traversant les capillaires des muscles, le sang subit une désoxygénation imparfaite, que le liquide interfibrillaire est fortement alcalin. Si alors le jeune homme peut céder à l'impulsion interne, qui l'excite au mouvement, il le fait avec une facilité, une énergie extrêmes, en éprouvant un vif sentiment de plaisir, parfois une sorte d'ivresse. En même temps le cerveau auparavant opprimé se dégage ; l'intelligence est plus libre, plus active, plus capable de travail. C'est qu'on a brûlé une surcharge de globules sanguins. A son tour, l'excès du travail musculaire détruit le bien-être obtenu d'abord.

Après épuisement de la réserve alimentaire des muscles, surviennent l'atonie, la fatigue, la roideur musculaire. La chimie physiologique nous a appris qu'alors les substances albuminoïdes des muscles ont été brûlées et transformées, pour une grande part, en produits régressifs, en créatine, créatinine, urée, etc., en acide lactique, qui acidifie le tissu musculaire et occasionne la courbature et la rigidité.

En général, le besoin de mouvement est proportionnel à l'énergie de la respiration et de la circulation ; aussi le voyons-nous peu accusé chez les reptiles, si imparfaits au point de vue des organes respiratoires et circulatoires ; chez les mammifères, il est beaucoup plus énergique. Chez l'homme, ce besoin de mouvement domine dans l'enfance, s'accentue encore fortement dans la jeunesse, pour décliner et s'éteindre à mesure que s'approche l'échéance finale. Les oiseaux, étant de tous les vertébrés ceux qui brûlent le plus vite et respirent le plus fort, ce sont eux aussi qui éprouvent avec le plus d'intensité le besoin de se mouvoir. Nombre d'entre eux ne se reposent guère que pendant le sommeil, et chez certains, chez les colibris par exemple, il y a une vraie furie de mouvements incessants et tellement rapides, que le petit corps de l'animal fend l'air, comme une balle emplumée, en se dérobant presque à la vue.

Le second de nos besoins mixtes est beaucoup plus sensitif que l'autre ; c'est le besoin de volupté, improprement dénommé jusqu'ici besoin de la génération. Le puissant attrait qui nous porte à rechercher les relations sexuelles n'est pas, dans l'immense majorité des cas, le besoin d'engendrer des enfants : c'est le désir d'éprouver la plus voluptueuse impression dont l'homme soit susceptible.

Il se range immédiatement après les besoins nutritifs, dont il a presque l'énergie. Souvent il est presque impossible à la volonté de le refréner. Sa non-satisfaction ne cause pas la mort, mais engendre parfois des névroses plus ou moins graves. Souvent il entraîne à des excès, d'où résultent diverses maladies nerveuses, des paralysies, des lésions de la moelle épinière, des maladies organiques, par exemple la dégénérescence tuberculeuse, expression d'un trouble profond dans la nutrition.

IV

Le besoin voluptueux, plus ou moins énergique seulement suivant le climat, le tempérament, existe chez tous les hommes pendant la période moyenne de la vie ; mais les autres besoins sensitifs ne se rencontrent d'une façon bien tranchée qu'exceptionnellement. Tandis que le sens voluptueux domine dans le besoin générateur, le sens du goût dans le besoin digestif cède le pas à la faim. Ici l'impression nutritive l'emporte sur l'impression sensitive, et, chez quelques gourmands seulement, l'impression sensitive peut servir de racine à une passion.

Le besoin de sons musicaux, d'impressions auditives

agréables est encore plus rare ; il en est cependant des exemples incontestables. A trois ans, Wolfgang Mozart trouvait un grand plaisir à chercher des tierces sur un piano. Dès lors et pendant toute sa vie il fallut le surveiller pour qu'il ne s'oubliât pas au piano. Sa sensibilité auditive était si grande, que le son d'une trompette lui donnait des convulsions. Ce fut un bien frappant exemple de l'intime rapport qui unit le sentiment artistique à l'impressionnabilité effective. Dans son enfance, il disait à chaque instant du jour aux personnes qui l'entouraient : « M'aimez-vous bien ? » et une réponse négative l'affligeait beaucoup. Sa physionomie extrêmement mobile, jamais en repos, exprimait sans cesse la peine ou le plaisir.

Naturellement cette impressionnabilité excessive désarmait chez lui le raisonnement. Incapable de gouverner ses affaires, car le plaisir du moment l'emportait toujours, il eut toute sa vie besoin d'un tuteur.

Il est d'autres exemples analogues. Dès l'âge le plus tendre, la musique fit à Haydn un plaisir étonnant. Tout enfant, il aimait mieux entendre jouer d'un instrument que d'aller courir avec ses petits camarades. A six ans il battait très-exactement la mesure. Dès l'âge de huit ans on le vit travailler à son clavecin seize à dix-huit heures par jour. Jeune homme, il en jouait sans cesse, dans un grenier, sans feu, jusqu'au moment où le besoin de sommeil l'accablait, et il se trouvait très-heureux.

L'enfance des grands peintres, notamment celle de Michel-Ange, a parfois offert des faits analogues relativement au dessin et à la couleur. Mais ce sont là des exceptions, et très-généralement les besoins sensitifs sont si peu énergiques (le sens génésique à part), que l'homme peut à volonté et pendant un temps indéfini suspendre l'action des sens spéciaux, sans éprouver ni désir bien vif de les exercer, ni impression pénible. On a faim et soif d'aliments, rarement d'impressions sensitives.

CHAPITRE III.

DES BESOINS CÉRÉBRAUX.

Les plus intéressants à étudier en psychologie. Qu'est-ce en effet que l'homme pour le psychologue ? Un cerveau nourri et servi par d'autres organes, dont un grand nombre lui obéissent normalement, qui tous subissent son influence indirectement (1).

Ce siége de l'être sentant, de la conscience et aussi des facultés, fonctionne incessamment, comme tous les organes vivants, excepté pendant le sommeil sans rêves et dans certains cas pathologiques. Mais avant d'analyser à notre point de vue les très-importantes fonctions propres au cerveau, voyons si les données générales de l'anatomie pourront nous guider dans la systématisation des faits cérébraux.

I

1° Il est aujourd'hui bien démontré que, dans tout le règne animal, les actes intellectuels, et même d'une façon plus générale les faits de conscience, sont indissolublement liés à l'existence d'un système nerveux, et que leur énergie est nécessairement en rapport avec le plus ou le moins de perfection de ce système. Pas de système nerveux, pas d'actes conscients, pas d'impressions *senties*.

Partout aussi le système nerveux est constitué par un

---

(1) C'est la définition de M. de Bonald, légèrement matérialisée.

tissu spécial, dont les cellules et les fibres sont sensiblement les mêmes chez tous les animaux,

De ces deux ordres d'éléments nerveux, les cellules et les fibres, les premières sont les centres d'action, les secondes jouent simplement le rôle de conductrices. Il y a là quelque chose d'analogue à la pile électrique et au fil qui transmet au loin le courant.

Dans tout système nerveux, les fibres partent des cellules ou y arrivent.

2° Ce qui précède s'applique aussi bien aux invertébrés qu'aux vertébrés; mais l'étude des premiers prouve en outre que la condensation des cellules nerveuses en masses considérables, comme la moelle épinière et l'encéphale des animaux supérieurs, n'est pas indispensable aux phénomènes de conscience. Un grand nombre de petits centres reliés par des fibres formant cordons fonctionne d'une manière analogue. Les curieuses expériences de Dugès (1) prouvent qu'alors, notamment

---

(1) « J'enlève rapidement avec des ciseaux le prothorax ou le protodère de la *Mantis religiosa*; le tronçon postérieur, resté appuyé sur ses quatre pattes, résiste aux impulsions par lesquelles on cherche à le renverser, se relève et reprend son équilibre, si l'on force cette résistance, et en même temps témoigne, par la trépidation des ailes et des élytres, d'un vif sentiment de colère, comme il le faisait, pendant l'intégrité de l'animal, quand on l'agaçait par des attouchements ou des menaces. Mais ce tronçon postérieur contient une bonne partie de la chaîne des ganglions. On peut poursuivre l'expérience d'une façon plus parlante. Le long corselet (prothorax ou protodère) qu'on a détaché des autres segments, contient un ganglion bilobé qui envoie des nerfs aux bras, ou pattes antérieures armées de crochets puissants (pattes ravisseuses); qu'on en détache encore la tête, et ce segment isolé vivra encore près d'une heure avec son seul ganglion; il agitera ses longs bras, et saura fort bien les tourner contre les doigts de l'expérimentateur qui tient le tronçon et y imprimer douloureusement leur crochet. Donc, ce seul ganglion thoracique ou dérique sent les doigts qui pressent le segment auquel il appartient, reconnaît le point par lequel il est

chez les insectes, on peut, en sectionnant la chaîne nerveuse ganglionnaire en différents points, rompre l'unité du système. Chaque segment vit ensuite sans relation avec les autres, mais il paraît conserver pour son propre compte la faculté de sentir, de se mouvoir volontairement, sciemment, même de s'irriter. Chaque groupe ganglionnaire partiel ainsi formé devient un centre partiel, qui se suffit et possède les principales propriétés et facultés de l'ensemble. Que va dire la métaphysique? une intelligence qui se coupe à coups de ciseaux!

Pourtant force est bien de faire des réserves. A première vue, l'expérience de Dugès semble décisive; mais la coordination des mouvements, leur intention apparente, ne prouvent pas nécessairement qu'ils soient conscients. Nombre de mouvements réflexes très-compliqués, mais parfaitement inconscients, se coordonnent très-bien. On observe quantité de ces mouvements en apparence voulus, même chez les vertébrés, même chez les mammifères, où pourtant la coalescence des centres nerveux est bien autrement grande. Un poisson, une grenouille, privés de cerveau exécutent encore des séries de mouvements en apparence combinés. Il en était de même des pigeons, auxquels Flourens avait amputé le cerveau. Enfin des mouvements réflexes coordonnés s'effectuent encore sur un cadavre humain décapité, alors que l'on gratte avec un scalpel la peau de la poitrine, au niveau de l'auréole du mamelon (1).

---

serré, veut s'en débarrasser et y dirige les membres qu'il anime. » (Dugès, *Physiologie comparée*, t. I, p. 337).

De même Leydig reconnaît que les ganglions nerveux des invertébrés sont indépendants du ganglion cérébral, qui est seulement *primus inter pares* (*Histologie comparée*).

(1) Ch. Robin, *Journal de physiologie*. Paris, 1869.

La moelle épinière semble être une source d'activité nerveuse automatique, un centre nerveux inconscient. Il en peut donc être de même des ganglions nerveux des anthropodes, chez qui, d'ailleurs, la prépondérance du ganglion cérébroïde est bien moins évidente et sûrement beaucoup moins absolue que celle du cerveau des vertébrés (1).

Cependant, même chez les invertébrés, la fusion, la coalescence des ganglions est liée à un plus grand développement intellectuel; car la larve, la chenille, ont beaucoup plus de ganglions que l'insecte parfait.

3° De même dans la série des vertébrés, la fusion des centres nerveux est d'autant plus complète, que l'animal est plus parfait, plus intelligent, et chez l'homme, auquel nous revenons, la presque totalité des cellules nerveuses est condensée dans la moelle épinière, le cervelet et le cerveau.

Ces cellules reçoivent deux ordres de fibres, les unes qui les relient à tout l'organisme, les autres qui les relient entre elles. Donc intime solidarité anatomique entre tous les points de l'encéphale, ce qui rend raison du consensus étroit de toutes les facultés et rend compte de la difficulté qu'il y a à les localiser.

Les seuls départements encéphaliques, que l'anatomie comparée et l'embryologie nous autorisent à reconnaître sont : le cervelet, les lobes optiques, les lobes cérébraux et les lobes olfactifs, qui tous se fondent d'autant plus ensemble, que l'animal est plus élevé dans la série ou que l'embryon est plus développé. Or, cette division est d'un bien faible secours à la psychologie analytique, dès que l'on sort des données très-générales. En effet, si nous demandons à la physiologie quelle est la fonc-

---

(1) *Biologie*, liv. VI, chap. x.

tion dévolue à chacune de ces parties, elle nous répondra :

Que le cervelet préside à la coordination des mouvements volontaires, peut-être au sens voluptueux et à la génération, peut-être au sens auditif. (Dans la série zoologique les lobes cérébelleux sont d'autant plus développés, que l'organe de l'ouïe est plus parfait.)

Que les lobes optiques sont liés à la vision ;

Les lobes olfactifs à l'odorat.

Restent les hémisphères cérébraux, où il faut loger en masse les faits intellectuels et moraux proprement dits.

4° La forme générale du cerveau, son volume, nous fournissent encore quelques données positives, et l'on peut considérer comme à peu près établies scientifiquement les propositions suivantes :

Dans la grande majorité des cas, il y a relation directe entre le volume du cerveau, ou plutôt des hémisphères, et la puissance intellectuelle. Cependant la quantité n'est qu'un des éléments du problème, et en cela le cerveau ne diffère pas des autres organes ; reste donc l'élément vital proprement dit, la qualité, qui paraît en relation avec la notion de tempérament, dont nous parlerons longuement. L'étude de la forme nous apprend encore, qu'au point de vue intellectuel les diverses parties du cerveau n'ont pas la même dignité et que l'intelligence paraît surtout en rapport avec les lobes antérieurs, les lobes frontaux, les seuls d'ailleurs à peu près nettement délimités en anatomie. Dans toute la série des vertébrés et même dans celle des races humaines, on voit ces lobes se développer de plus en plus en redressant le frontal, à mesure que grandit l'intelligence (1). En outre, l'anatomie pathologique, nous enseigne que

---

(1) La solidification des sutures crâniennes commence par le front chez le noir, par l'occiput chez le blanc (Gratiolet).

généralement les lésions des lobes frontaux troublent plus ou moins l'intelligence et souvent abolissent la parole (troisième circonvolution frontale gauche Dax, Broca, etc.).

Mais chez l'homme et les animaux supérieurs, les centres nerveux sont moins fusionnés qu'ils ne le paraissent au premier abord. La moelle épinière d'un vertébré peut se sectionner en tronçons, qui continuent à vivre chacun pour leur compte, à exciter et à diriger des mouvements coordonnés, à la seule condition de recevoir toujours une suffisante provision de sang oxygéné. Alors il n'y a plus de vie nerveuse fédérale, mais la vie cantonale persiste encore. C'est quelque chose d'analogue à l'expérience ci-dessus mentionnée de Dugès. Or, chez les vertébrés supérieurs et chez l'homme, tout semble prouver que, des deux parties principales des centres nerveux, l'une, la moelle épinière, est inconsciente et que, seul, le cerveau est l'agent et le théâtre de la vie psychique. Or, avant de scruter les actes cérébraux, il importe de se faire une idée d'ensemble de la disposition des organes qui les engendrent. Sur ce point les récentes recherches du docteur Luys nous seront d'un précieux secours.

On savait de longue date que la moelle épinière et le cerveau étaient constitués élémentairement par des cellules et des fibres, que de l'accumulation des premières résultait la substance nerveuse dite grise, que de la juxtaposition des secondes résultait la substance nerveuse dite blanche, qu'enfin ces deux substances étaient diversement réparties dans les deux portions de l'axe cérébro-spinal, qu'elles étaient centrales dans la moelle et superficielles dans le cerveau, où elles formaient la mince couche de substance grise, qui revêt les digitations sinueuses ou circonvolutions de la surface cérébrale. On n'ignorait pas non plus qu'à la base de chaque moitié, ou hémisphère du cerveau, existaient deux noyaux profonds de substance grise ou cellulaire, appelés l'un *couche optique*, l'autre *corps strié*. Mais quels étaient les rapports de continuité de toutes ces parties entre elles et avec les innombrables fibres nerveuses périphériques, les unes sensitives, les autres motrices, qui, plus ou moins dissociées et dispersées à la surface du corps et dans la trame de tous les organes, finissent par se grouper en cordons nerveux rattachés soit à la moelle, soit au cerveau? On n'avait sur tout cela que des données incohérentes et contradictoires. La belle systématisation anatomique du docteur Luys, qui semble exacte au moins dans son ensemble, a mis de l'ordre dans ce chaos.

Suivant cet auteur, toutes les fibres sensitives de la moelle épinière, qu'elles aient ou non rencontré sur leur trajet les cellules de ce premier centre, aboutissent d'abord à deux amas de cellules situés, l'un à droite, l'autre à gauche, à la partie inférieure du cerveau, aux *couches optiques*. Puis, après avoir passé par ce centre secondaire, elles rayonnent vers la surface du cerveau, vers l'écorce grise des circonvolutions. Cette écorce est formée de nombreuses couches de cellules triangulaires, superposées par séries, comme des strates géologiques, ayant toutes leur sommet en haut, et toutes aussi reliées par des traits d'union conducteurs, par des fibres.

Puis, les fibres sensitives, irradiées des couches optiques, traversent de bas en haut toutes ces couches horizontales, pour aboutir aux strates les plus superficielles, formées de cellules analogues par leur volume aux cellules sensitives de la moelle épinière, c'est-à-dire aux cellules auxquelles aboutissent, dans la moelle, les fibres sensitives des nerfs périphériques.

Au-dessous de ces couches des petites cellules cérébrales, on trouve des lits superposés de cellules de plus en plus volumineuses, analogues aux cellules dites motrices de la moelle épinière, c'est-à-dire aux cellules, d'où partent, dans la moelle épinière, les fibres motrices des cordons nerveux périphériques.

Ces dernières strates cellulaires de l'écorce grise du cerveau émettraient des fibres descendantes, qui toutes convergeraient, dans chaque hémisphère cérébral, vers le corps strié correspondant. Enfin, de chaque corps strié émergeraient d'autres fibres descendantes, qui rencontreraient d'abord, dans la moitié correspondante de la moelle épinière, les fibres motrices de ce centre, puis, de là, rayonneraient dans les cordons et filets nerveux de plus en plus ténus, pour aboutir enfin aux éléments contractiles, aux éléments du tissu musculaire.

Comme les cellules corticales des deux hémisphères cérébraux sont réunies par des fibres transversales, il en résulte que les hémisphères, les deux couches optiques, les deux corps striés, forment un système complet, dont les différentes parties se lient anatomiquement et physiologiquement. L'homme est-il sain et adulte, alors l'instrument est harmonique et vibre juste; les circonvolutions sont gonflées, épanouies; leurs sommets s'élèvent également à la surface des hémisphères; une couche corticale cellulaire, de plusieurs millimètres d'épaisseur, les revêt. Cette couche comprend, d'après M. Luys, de 100 à 120 cellules par millimètre carré. Au contraire, dans la sénilité, la démence, les maladies mentales, les cellules s'altèrent généralement en s'infiltrant de granules graisseux, puis elles se résorbent. Par suite, certaines circonvolutions s'affaissent et s'effondrent. Alors la vie consciente de l'individu s'altère comme son organe. Certaines facultés et propriétés cérébrales, certaines aptitudes disparaissent. Il y a dans l'instrument psychique des notes fausses ou éteintes.

En résumé, tout système nerveux quelque peu développé, chez les invertébrés aussi bien que chez les vertébrés, se ramène à une partie cellulaire consciente, en relation de continuité avec deux systèmes fibreux, l'un afférent, par où arrive l'excitation sensitive, l'autre efférent, par où se transmet l'incitation motrice. Le schéma d'un tel système serait une cellule consciente munie d'une seule fibre afférente et d'une seule fibre efférente (1).

Ajoutons que la couche corticale formée par les cellules nerveuses du cerveau est plus épaisse dans les régions antérieures du cerveau, qui sont vraisemblablement le quartier général de l'intelligence.

II

Une cellule nerveuse recevant et émettant une fibre, une sorte de bureau télégraphique entre deux fils, voilà à quoi se réduit l'organe psychique et son mode d'action se conçoit sans peine. Tout ébranlement de la fibre afférente, du nerf périphérique, reliant la cellule consciente au monde extérieur, détermine une vibration moléculaire, une onde inconnue encore dans son essence. Cette onde se propage le long du nerf afférent et gagne la cellule réceptrice, mais avec une vitesse modérée, qui ne semble pas excéder 25 à 30 mètres par seconde. A son tour, la cellule est excitée, ébranlée ; elle entre en activité et réfléchit le long du nerf effé-

---

(1) *Biologie*, liv. VI, chap. II et chap. VI (2e édition).

rent ou moteur l'onde moléculaire modifiée par elle. Cette onde descendante court le long du nerf moteur jusqu'à la fibre musculaire, qui, sous son influence, se contracte. L'action réflexe a parcouru alors tout son circuit.

Chez certains animaux inférieurs pauvrement organisés, mal différenciés, là où le système nerveux consiste simplement en quelques rares ganglions recevant un petit nombre de fibres, tout se passe automatiquement et insciemment. L'individu est déjà excitable et contractile; il n'est pas encore conscient. La même chose arrive dans certaines parties du corps détachées de l'animal, quand le système nerveux est très-fédératif, très-ganglionnaire; ainsi l'un des suceurs d'un bras de la seiche s'attache encore aux objets mis en contact avec lui, alors qu'il est séparé de l'animal.

Les choses ne se passent pas autrement dans les systèmes nerveux les plus complexes, dans le système nerveux de l'homme par exemple. Là aussi le mouvement musculaire est presque toujours le résultat d'une action réflexe. L'action réflexe inconsciente est même le mode habituel d'activité de certaines parties du système nerveux humain, par exemple du grand sympathique ou système nerveux de la vie viscérale.

Au contraire, dans les cellules corticales du cerveau, qui nous intéressent spécialement, la vie de conscience s'est éveillée. Ce n'est plus silencieusement que la cellule nerveuse réfléchit l'incitation périphérique, elle a conscience du passage de l'onde moléculaire. Dans toute cellule nerveuse, l'acte réflexe laisse une trace plus ou moins durable de son passage; car un acte réflexe quelconque s'effectue d'autant plus facilement qu'il s'est répété plus souvent et même, chez l'homme, une suffisante réitération de certains actes en abolit la conscience. Ces actes s'accomplissent alors automatiquement, par pure habitude, insciemment. Une fois troublé, l'équilibre moléculaire des cellules nerveuses ne se rétablit pas exactement tel qu'il était précédemment et il en résulte, chez l'homme, la multitude des phénomènes conscients dits *psychiques*. Quand une excitation périphérique a déterminé, au sein d'une cellule consciente, des sensations ou des impressions de douleur et de plaisir, l'ébranlement moléculaire senti ne s'efface pas entièrement, et il se traduit dans la vie de conscience par des souvenirs, des images mentales, que certaines cellules ont en outre la propriété de comparer, de grouper, en un mot, de métamorphoser en notions de rapport, en idées. Nous avons brièvement résumé ailleurs tout ce travail psychique : Tout d'abord, l'action réflexe est absolument inconsciente. Il y a ébranlement des fibres afférentes, excitation des cellules, qui réagissent sur les fibres efférentes. A un degré plus élevé, la cellule nerveuse se sensibilise ; elle a conscience de la vibration de ses molécules ; elle éprouve des *sensations* de tact, de goût, etc., plus ou moins variées et nombreuses, suivant que l'organisme est plus ou moins perfectionné. En même temps, elle a des *impressions* de douleur et de plaisir. A ce stade, l'être conscient est très-inférieur encore ; chaque sensation et chaque impression meurent aussitôt qu'elles sont nées ; nul enchaînement des phénomènes conscients, nul lien, nul rapport dans la vie psychique.

Mais tout change, dès que la cellule nerveuse garde l'empreinte de l'acte réflexe, dont elle a été le centre. Elle s'en imprègne en quelque sorte, comme certaines substances phosphorescentes captivent les rayons lumineux, comme une plaque de collodion préparée emmagasine les ondes lumineuses (1). A partir de ce moment, les phénomènes conscients s'enchaînent l'un à l'autre ; les derniers venus trouvent dans les centres nerveux l'écho de ceux qui les ont précédés. Pour parler le langage des psychologues, on peut dire que les facultés naissent. Les traces des sensations et impressions passées deviennent des *souvenirs ;* il y a de la *mémoire.* Puis ces souvenirs se disjoignent, se groupent capricieusement, formant des tableaux complexes, fictifs dans l'ensemble, quoique formés d'anciennes sensations et impressions ; il y a de l'imagination. Mais, des impressions persistantes de douleur et de plaisir sont nés les *désirs* de ressentir les unes, de fuir les autres. L'impressionnabilité, la sensibilité, l'imagination se groupent autour de ces désirs, et sont plus ou moins vivement incitées par eux. Cette coordination des impressions, des sensations, des images en vue d'un but à atteindre devient un raisonnement, et la faculté d'opérer cette coordination est ce que les psychologues ont appelé *entendement, intelligence, raison ;* de même que le résultat conscient de toute confrontation, toute comparaison, entre elles, des impressions, des sensations, etc., est appelée *idée, pensée.* Enfin tout désir précédé et accompagné d'un raisonnement, d'une évaluation relative du mobile, devient une *volition ;* d'où la *volonté* des psychologues.

Mais derrière tout ce labyrinthe de phénomènes psychiques, il y a simplement des actes réflexes, des sensations et des impressions transformées. De plus, tout ce travail mental, dont l'excessive complication chez l'homme a si longtemps défié l'observation, résulte simplement des propriétés spéciales du tissu nerveux.

---

(1) J. Luys, *Recherches sur le système nerveux,* etc., p. 270.

En effet toute sensation s'accompagne d'une élévation de température du nerf et d'un trouble dans son état électrique, d'une oscillation négative du courant nerveux. En outre, elle a besoin, pour s'effectuer, d'un temps très-appréciable, correspond à une élévation de température dans les cellules, qui en sont le siége (1), coïncide avec une suroxydation, une usure de la substance de ces cellules, qui éliminent une plus grande quantité de phosphates, etc. (2). (*Biologie*, liv. VI, chap. x.)

Quant à la base de tout ce travail cérébral, c'est naturellement le simple jeu de la nutrition des cellules nerveuses. Ces cellules s'usent en fonctionnant; comme tout ce qui vit, elles sont le siége d'une incessante rénovation moléculaire, et leur usure se proportionne à leur travail. Aussi l'écorce consciente du cerveau, la substance grise, est-elle environ cinq fois plus vasculaire que la substance blanche, fibreuse et purement conductrice. Tout travail, tout acte psychique répondent à une congestion, à une sorte d'érection de la portion cérébrale en activité. Alors les vaisseaux capillaires, gorgés de sang laissent transsuder à travers leur paroi des sucs nourriciers, des plasmas liquides, dont s'abreuvent les cellules ; elles y rejettent les molécules usées ; elles en attirent des molécules nouvelles. Sans cette perpétuelle irrigation des cellules nerveuses par un sang artériel, vivifiant, oxygéné, il n'y a plus de vie consciente, Psyché s'anéanit.

Nous reviendrons bientôt sur cette alimentation des cellules cérébrales ; mais il ne sera pas inutile auparavant d'énumérer et de classer les propriétés psychiques du

---

(1) M. Schiff, *Archives de physiologie*, t. II, 1870, et Lombard, *id.*, t. II, p. 670.

(1) Byasson, Thèse, Faculté de médecine de Paris, 1868.

cerveau. Non pas que nous songions à nous lancer dans la creuse psychologie encore en honneur aujourd'hui; nous nous garderons bien d'inventer des entités abstraites, des êtres de raison irréductibles l'un à l'autre. Comme les états moléculaires intra-cellulaires, dont ils sont l'expression, tous les faits psychiques ou conscients se tiennent, s'engrènent, s'engendrent l'un l'autre, se métamorphosent l'un dans l'autre. Sans doute il y a une certaine division du travail. De récentes expériences physiologiques ont paru révéler l'existence dans l'écorce du cerveau d'une localisation par régions, par provinces. En outre on pourrait peut-être, avec le docteur Luys, classer les strates cellulaires de la substance grise cérébrale en trois divisions: une division supérieure composée de petites cellules, qui seraient sensibles, une division inférieure, constituée par de volumineuses cellules. Cette division serait motrice, c'est-à-dire chargée d'ordonner les mouvements, de former des volitions; enfin la division intermédiaire, formée de cellules moyennes, serait plus spécialement pensante. Mais toutes ces couches stratifiées sont loin d'avoir des frontières bien nettes; elles sont toutes reliées par des fibres; on passe insensiblement de l'une à l'autre par des nuances graduées.

C'est sous le bénéfice de ces réserves, que nous allons énumérer et classer les divers modes de l'action consciente du cerveau.

III

En se tenant dans la généralité, les faits psychiques sont simples et peu nombreux. Tous sont contenus dans la courte phrase suivante: *L'homme sent et pense*. Donc deux ordres de faits cérébraux, les uns passifs, les autrès actifs. J'appelle les premiers *propriétés*, les seconds *facultés*.

Les propriétés cérébrales comprennent la *sensibilité* et l'*impressionnabilité*. La *sensation*, résultat ordinaire de l'action du monde extérieur sur les sens spéciaux, a pour caractère d'être en elle-même indifférente, c'est-à-dire de ne causer, au sujet qui l'éprouve, ni peine ni plaisir. Je définis au contraire l'*impression*, tout phénomène passif agréable ou désagréable. L'impression résulte soit du jeu intime de la vie ou des grandes fonctions (malaise pathologique), soit de la surexcitation d'un des nerfs sensitifs spéciaux (douleur d'une blessure, saveur agréable, etc.), soit des relations sociales (joies, terreur, peines morales, etc.), soit même, pour un petit nombre d'hommes, du jeu des facultés intellectuelles (par exemple, la joie du savant poursuivant la solution d'un problème scientifique). D'où la subdivision très-naturelle des impressions en : impressions *nutritives*, *sensitives*, *affectives* et *intellectuelles*. Si l'impression affective est violente, si elle ébranle tout l'être, elle prend le nom d'*émotion*. Voilà tout pour les faits cérébraux d'ordre passif. Les faits actifs ne sont guère plus nombreux.

Ainsi, l'homme a la faculté de se déterminer plus ou moins spontanément, librement. Nous reviendrons sur cette question du libre arbitre. Mais enfin, librement ou non, l'homme a la faculté de faire converger avec plus ou moins d'intensité toutes les puissances de son être vers un but donné. Cette faculté, c'est la *volonté*, que nous dénommons *désir*, alors qu'elle est évidemment irraisonnée, inéluctable, et *passion*, quand le désir est tenace et durable.

En outre, l'homme, c'est-à-dire le cerveau humain, garde la trace plus ou moins profonde des faits cérébraux accomplis, passifs ou actifs, et il peut les évoquer à un moment donné. *Il a de la mémoire.*

Il peut même évoquer, grouper, démembrer, selon sa fantaisie, les traces conservées par la mémoire, et composer des tableaux nuancés, variés de mille manières, ne répondant, dans leur ensemble, à rien de réellement existant, quoique formés d'anciens souvenirs disjoints et capricieusement assemblés. *Il a de l'imagination.*

L'homme enfin a la faculté de comparer des faits divers et de percevoir les mille rapports qui les relient ; rapports d'analogie, de dissemblance, de cause à effet, etc. *Cette faculté, c'est l'entendement.*

Enfin il peut grouper, enchaîner, comparer, peser, juger des séries de rapports perçus par l'entendement, c'est-à-dire raisonner et comprendre ; mais la *raison* et l'*intelligence* ainsi conçues ne sont guère que l'entendement considéré dans tous ses modes, dans toute sa puissance.

Je réunis en un tableau ces faits généraux, auxquels peuvent se ramener tous les phénomènes psychiques humains.

Faits cérébraux ou psychologiques généraux.			
Propriétés (faits passifs).	Sensibilité	spéciale. générale.	
	Impressionnabilité.	nutritive. sensitive. affective et intellectuelle émotion.	
Facultés (faits actifs).	Volonté	Désirs. Passions.	Faits affectifs.
	Mémoire	Imagination.	
	Entendement.	Raison. Intelligence.	Faits intellectuels.

Ces faits généraux, étant l'expression fonctionnelle des hémisphères cérébraux, se produisent nécessairement chez l'homme normalement constitué, et c'est leur tendance à s'accomplir, qui engendre les besoins cérébraux, dont nous pouvons maintenant nous occuper. Or, d'après ce qui précède, nous voyons que la vie cérébrale se manifeste par deux ordres de phénomènes. Mais une analyse générale de la sensibilité serait pour nous un hors-d'œuvre ; nous avons déjà parlé des besoins sensitifs; l'impressionnabilité, propriété si importante, sera examinée dans un chapitre spécial. Reste donc ce qui est relatif aux facultés, qui se classent naturellement en deux groupes. Donc aussi deux groupes de besoins correspondants : *besoins affectifs, besoins intellectuels*.

IV

Outre le besoin de penser, l'homme doué d'une bonne organisation cérébrale éprouve encore une foule d'impressions, d'émotions, réactions plus directes du monde extérieur, de la société, sur son organisme. Le besoin intellectuel est, comme nous le verrons, l'attrait qui nous pousse à combiner des idées plus ou moins abstraites. Le besoin affectif est l'impulsion qui nous porte à aimer, à haïr, à admirer, à craindre, etc. Le besoin affectif, que l'on peut subdiviser en rameaux nombreux, variables suivant l'âge, le sexe, l'individu, est plus primordial que le besoin de penser. Il existe, assez énergique, chez tous les hommes et dépend beaucoup moins de l'éducation. L'éducation intellectuelle paraît même l'affaiblir, peut-être parce qu'elle habitue le cerveau à dépenser son activité d'une autre manière.

Tandis que les besoins intellectuels engendrent assez rarement des émotions fortes, les besoins affectifs au contraire sont la cause d'un très-grand nombre d'impressions agréables ou désagréables, mais ordinairement énergiques, suivant qu'ils sont satisfaits ou contrariés. Le besoin affectif peut même se ramener à un besoin d'impressions, d'émotions affectives, groupe de faits cérébraux que nous étudierons plus loin. Les émotions, que j'appelle affectives, sont celles qu'excitent en nous nos relations sociales les plus simples, par exemple la famille, la religion, et j'entends par religion tout cet ensemble d'êtres fictifs, que, presque par toute la terre, l'homme a conçus comme existant en dehors du monde visible et tangible, que partout il a doués de facultés, de passions analogues aux siennes, et qu'en conséquence il a aimés ou exécrés, mais toujours adorés.

Que trouvons-nous au fond de tous ces phénomènes affectifs? Des impressions et des émotions d'une couleur spéciale. Les besoins affectifs se ramènent donc au désir de certaines émotions, qui ne sont liées qu'indirectement aux besoins nutritifs, sensitifs, intellectuels.

La formule des besoins affectifs est nécessairement variable selon l'âge, le sexe, la race, l'éducation, etc. Cependant certaines formes s'observent chez la plupart des hommes : le besoin de dominer ses semblables, de primer, c'est-à-dire l'orgueil ; le besoin d'aimer ses semblables, amis, enfants, parents, femme (toute idée génésique à part) ; le besoin d'adorer, d'admirer des êtres abstraits, fruits de l'imagination, et ornés de tout ce qui semble à l'adorateur beau, bon, juste, grand ou terrible, c'est-à-dire la religion.

Pour certaines personnes, les femmes surtout, la compassion, la pitié, sont un besoin.

Je crois devoir placer ici le besoin de se conserver vivant et sans souffrances, jusqu'ici dénommé instinct de conservation, ce père de l'égoïsme, de la peur, de l'avarice, quoique ce soit plutôt un besoin négatif, au fond duquel on ne trouve que la crainte d'impressions douloureuses; car le seul fait d'être à l'abri de tout danger ne nous donne pas d'émotions agréables, mais le fait contraire nous en donne d'atroces, qui réagissent sur tout l'être.

En général, les besoins affectifs sont plus exigeants dans la jeunesse que dans l'âge adulte, dans l'âge adulte que dans la vieillesse. Beaucoup plus énergiques chez la femme, ils sont le pivot de son existence, et l'empêcheront probablement toujours de lutter avec l'homme dans le champ de l'intelligence.

C'est sur le sol des besoins affectifs, que germent et grandissent la plupart des passions.

Ces besoins ont-ils un siége anatomique particulier dans le cerveau? Cela est encore à démontrer. Cependant, quoique le cerveau ne paraisse faire qu'un tout dont les parties sont solidaires, puisque les cellules nerveuses communiquent entre elles, des faits anatomiques, que j'ai déjà mentionnés, font présumer que les facultés intellectuelles ont leur quartier général dans les lobes cérébraux antérieurs; on est donc porté à rattacher les faits affectifs proprement dits aux lobes moyens ou postérieurs du cerveau. Sans doute l'union anatomique et physiologique des éléments cérébraux permet à toutes les fonctions de se prêter un mutuel secours, cependant il y a un certain antagonisme entre les besoins affectifs et les besoins intellectuels. En général, ce que l'homme gagne en impressionnabilité affective, il le perd en puissance intellectuelle, et inversement. Portée à sa puissance la plus élevée, l'émotion paralyse à peu près les facultés intellectuelles, et sous l'influence de la terreur, par exemple, le mathématicien le plus habile est incapable de faire une addition. Si l'émotion est modérée, elle engendre alors un désir, qui stimule l'intelligence, mais seulement dans un sens donné. Alors toutes les facultés et propriétés fondamentales du cerveau fonctionnent simultanément.

Le but de ce travail étant d'arriver à l'étude des passions proprement dites, nous devons passer rapidement sur tout ce qui n'est pas absolument inhérent à notre sujet ; aussi, de toutes les formes de besoins affectifs je n'en étudierai qu'une, le besoin d'émotions religieuses, une des formes les plus communes les plus importantes, et dont l'homme ne s'affranchit que lentement, avec peine et à l'aide d'une éducation longue et complète.

V

> E'en gods must yield — religions take their turn :
> 'T was Jove's — 't is Mahomet's, and other creeds
> Will rise with other years, till man shall learn
> Vainly his incense soars, his victim bleeds.
> Poor child of doubt and death — whose hope is
> [built on reeds (1).
> *Childe Harold,* chant II, st. 3.

La tendance à adorer des êtres concrets ou imaginaires, que l'on aime ou que l'on redoute, est une des plus constantes chez l'homme, à quelque race qu'il appartienne. C'est en même temps une manifestation du besoin d'émotions et des besoins intellectuels ; car la tendance naturelle de l'esprit humain à chercher la cause des phénomènes qu'il perçoit y figure comme élément important. En outre, c'est le degré de dévelop-

---

(1) « Même les dieux succombent. — Les religions se succèdent : c'était celle de Jupiter, — c'est celle de Mahomet, et d'autres croyances — surgiront avec d'autres années, jusqu'à ce que l'homme sache — que son encens fume, que ses victimes saignent en vain. — Pauvre enfant du doute et de la mort, — dont l'espérance est bâtie sur des roseaux. »

pement intellectuel, qui en détermine rigoureusement la forme.

On a dit avec quelque raison que les religions étaient des paysages parlés ; ce sont plutôt des paysages sentis, reflets moraux du milieu dans lequel vit l'homme. Ainsi, comme le dit quelque part M. Renan, la nature exubérante de l'Inde a produit une religion multiforme à métaphysique mobile et compliquée, identifiant Dieu et l'univers, tandis que l'aridité et l'uniformité du désert ont occasionné le monothéisme sémitique, Dieu, cause du monde et distinct de l'univers qu'il a créé.

Indépendamment du milieu, dans lequel vit l'homme, deux faits cérébraux très-importants sont les facteurs de l'idée religieuse ; ce sont l'impressionnabilité et l'intelligence.

Or, l'impressionnabilité étant très-variable suivant l'âge, la race, le sexe, etc., la tendance religieuse varie avec elle et lui est on peut dire proportionnelle. La race blanche, la jeunesse, le sexe féminin, l'ignorance, sont les conditions les plus favorables à son développement énergique et complet.

Non moins étroit et nécessaire est le rapport entre la religion et le degré de puissance intellectuelle. Or, le développement de l'intelligence dépend surtout, et toute individualité à part, de la race et de l'état social. L'Éthiopien, s'il eût vécu dans l'Inde, y aurait éprouvé des impressions autres que celles de l'Hindou, et les aurait traduites par une religion différente. De même un Français instruit et intelligent de nos jours ne peut avoir les idées religieuses du Gaulois à demi barbare, son ancêtre, d'il y a trois mille ans.

Cela posé, la gradation religieuse naturelle paraît être la suivante :

1° *Du fétichisme.* — L'homme, enfant d'âge ou de

race, éprouve-t-il à la vue d'un être, d'un animal, d'un phénomène naturel, une impression, une émotion forte, admiration ou terreur, plus ordinairement terreur, il en garde longtemps la mémoire. L'être qui lui a donné cette émotion, il le considère comme beaucoup plus puissant que lui ; il s'humilie devant lui, c'est-à-dire l'adore ; il lui offre des présents, des sacrifices intéressés ; en un mot, il le divinise ; et comme en raison de sa faiblesse et de son ignorance extrêmes, il est surpris ou terrifié par une foule d'êtres, de phénomènes naturels, son panthéon se peuple sans cesse d'êtres chéris ou abhorrés. L'exemple suivant fait bien voir et comprendre comment se forment ces grossières idées. C'est un des premiers missionnaires à la Nouvelle-Calédonie, le père Rougeyron, qui le raconte. Pour se protéger contre les rapines des naturels, les missionnaires avaient fait venir d'Europe un chien bouledogue ; or, la Nouvelle-Calédonie étant complétement dépourvue de quadrupèdes mammifères, l'animal sembla aux Néo-Calédoniens un être prodigieux. Il leur inspira une terreur profonde, et, raisonnant avec la logique élémentaire du sauvage, ils résolurent de se concilier, si possible, cet être dangereux et supérieur. Aussi un jour lui envoyèrent-ils une députation chargée de lui offrir des fruits, des ignames et de lui faire un long discours, dans lequel on sollicitait son amitié et l'on vantait sa puissance. C'est sans doute par un procédé analogue, que nombre de peuples anciens et modernes sont arrivés à l'adoration des animaux. Le serpent de l'Ouiddah, le lézard de Benin, le vautour de l'Ashantee, le loup des prairies américaines, qu'adorent encore, selon l'abbé Domenech, les Selischs et les Sahaptins, les animaux sacrés de l'antique Égypte, etc., ont été déifiés de cette façon.

Le fétiche n'est pas toujours un animal, mais c'est toujours un être, un objet pris dans la nature, un arbre, un rocher, une montagne, un fleuve. Outre ces grands fétiches, il y en a de petits très-capricieusement choisis et tout à fait individuels : une pièce de bois jaune ou rouge, une dent d'animal, une arête de poisson, etc. Ou bien ces petits fétiches sont des parties du grand fétiche populaire ; ou bien dans un moment d'émotion quelconque, le nègre (les fétichistes sont généralement nègres) lui a attribué une puissance spéciale. Il n'y a encore là aucune croyance à des êtres immatériels, tout est généralement concret et visible. Il y a tout simplement une émotion forte et un raisonnement faux. L'émotion et le raisonnement du nègre adorant un animal dangereux, un fléau quelconque, et l'émotion et le raisonnement du chien, qui, ayant commis une faute et craignant un châtiment, rampe aux pieds de son maître, sont choses parfaitement comparables. L'homme et l'animal raisonnent de la même manière ; chacun d'eux seulement s'agenouille à sa façon.

Mais l'homme ayant plus d'intelligence, plus de mémoire, plus d'imagination, fait au sujet de l'émotion éprouvée un raisonnement un peu plus complexe. Longtemps il garde le souvenir de la terreur éprouvée, il en craint le retour et cherche les moyens de le prévenir. D'où les offrandes, les prières, les idoles faites à l'image de l'être redouté, s'il s'agit d'un être concret et tangible, et il en est toujours ainsi dans le vrai fétichisme. Toute cette psychologie est fort simple ; elle ne diffère en rien de celle de l'animal. Ce sont les mêmes facultés, fonctionnant de la même manière, un peu plus puissantes seulement chez l'homme. Il n'y a encore là rien pour l'immatériel, rien même pour le surnaturel, et appliqué au fétichisme, le vieux vers tant de fois cité : *Primus in orbe deos fecit timor* (1), est l'expression exacte de la vérité.

La croyance aux génies est un degré supérieur de l'idée religieuse. C'est la transition entre le fétichisme et le polythéisme. Ce n'est pas encore l'immatériel, mais c'est déjà le domaine de l'invisible. Ainsi le Chaldéen, effrayé en entendant un coup de tonnerre, se le figurait immédiatement comme l'acte d'un être corporel, d'une organisation égale à la sienne ou à celle des êtres qu'il redoutait le plus, seulement d'une étoffe plus éthérée, plus impalpable. Les djinns des musulmans, les péris des Persans, étaient des créations imaginaires analogues. Le génie a du reste les passions, les faiblesses, les infirmités même de l'homme qui l'a inventé ; il naît, il meurt quelquefois, il est bon ou mauvais. C'est un homme moins imparfait. Ici, comme dans le vrai fétichisme, l'homme tient encore à l'animalité. Or les émotions communes à l'homme et aux animaux supérieurs s'accompagnent nécessairement de faits psychiques analogues. Le cheval qu'effraye dans une nuit claire l'ombre d'un arbre, le bœuf qui, pendant une éclipse de soleil, menace de ses cornes un invisible ennemi (2), et l'homme qu'un coup de tonnerre fait trembler, sont dans des états psychiques à peu près identiques. Tous trois ont peur ; tous font un raisonnement plus ou moins élémentaire ; tous les trois se figurent des êtres qui n'existent pas, des périls qu'ils ont l'habitude de redouter. Mais l'homme garde plus longtemps le souvenir du danger couru et de l'image créée à ce sujet par son imagination. Souvent il tâche de représenter cet être fictif par une idole, s'il a pour

---

(1) Pétrone, *Fragm.*, V, vers 1.
(2) Arago, *Annuaire du bureau des longitudes*, 1846.

cela assez d'adresse et d'industrie. Très-généralement il ne tarde pas à confondre le symbole et l'être symbolisé, et c'est l'idole elle-même, fabriquée de ses mains, qu'il adore et qu'il prie.

« Un ouvrier, dit le prophète Isaïe, coupe des cèdres ou des chênes rouvres, les choisit parmi les arbres de la forêt, et plante à leur place le pin qui croît à la faveur de la pluie.

« Ces arbres servent à l'homme à faire du feu ; il en prend et il se chauffe ; il en allume dans son four pour cuire son pain. Et il en fait aussi des dieux qu'il adore. Et c'est devant une sculpture qu'il se prosterne !

« Une partie de l'arbre est consumée par le feu ; avec cette partie, il fait cuire sa viande, a préparé son rôti pour se rassasier ; il s'est chauffé aussi et s'est écrié : Ah ! que je suis bien ! je me sens réchauffé !

« De l'autre partie, il fait un dieu, une idole devant laquelle il se prosterne et qu'il adore, devant laquelle il s'écrie : Conserve-moi, car tu es mon dieu (1). »

Voilà l'analyse succincte du premier degré de l'idée religieuse. Les degrés supérieurs s'expliquent et se comprennent aussi facilement. C'est toujours un raisonnement basé sur une impression ou une émotion ; seulement le raisonnement est d'autant plus complexe, d'autant plus juste, d'autant plus large, que l'homme est plus intelligent, et il y a même entre la forme religieuse et la race un rapport intime.

2° *Du polythéisme.* — Entre le fétichisme, le culte des génies et le polythéisme, il n'y a aucune différence bien tranchée. C'est toujours l'homme surpris, effrayé, quelquefois frappé d'admiration (ce qui est rare dans le fétichisme) en face des phénomènes naturels. Mais ici

---

(1) Isaïe, chap. XLVI, traduction Mallet de Chilly.

l'homme est mieux doué ; il généralise mieux ; ses dieux sont moins multiples ; il en change moins, car il entrevoit déjà que la nature est régie par un petit nombre de forces. Seulement ces forces, il les vivifie, il les divinise ; il leur donne un corps, quelquefois un corps d'animal, généralement un corps d'homme, et naturellement il les gratifie de toutes ses passions, de besoins, de désirs analogues aux siens. Ils s'aiment, se haïssent, se jalousent ; l'homme peut les faire varier à volonté par des prières, des sacrifices. En résumé, le polythéisme, c'est l'adoration des éléments vivifiés, imaginés, figurés par l'homme et le plus souvent à son image. On ne peut pas concevoir encore que les grandes forces naturelles agissent aveuglément, insciemment et sont inhérentes à la matière. Mais l'homme confond moins que dans le fétichisme l'emblème et la force représentée. C'est au-delà du phénomène perçu qu'il en cherche la cause : cette cause visible ne lui suffit plus ; il tâche de remonter à l'origine première.

Toutes les religions polythéistes peuvent se ramener à ce petit nombre de faits généraux, qu'on les observe dans la mer du Sud ou sur le continent Américain, dans la Grèce antique ou chez les Gaulois et les Scandinaves.

Plus la race est civilisée, intelligente, plus son polythéime se simplifie, plus aussi il s'y mêle d'éléments humains. Le polythéisme grossier et primitif n'est guère que la divinisation des grands corps, des grands phénomènes naturels, des astres, de la terre, de la mer. Mais plus l'homme est intelligent, plus son petit monde intra-cérébral grandit et prend à ses yeux d'importance. Il divinise ses émotions fortes, ses passions. Les remords s'incarnent dans les Euménides ; la volupté et la génération deviennent Vénus en Grèce et Freya chez les Scandinaves ; l'amour devient Eros ; la fureur guerrière, c'est Mars. On arrive même à déifier des idées morales : la sagesse s'appelle Minerve en Grèce ; en Scandinavie, la ruse se personnifie dans Loke. Ailleurs les grandes phases de la vie organique sont divinisées. La génération, la nutrition et la mort se transforment dans l'Inde en Brahma, Vichnou et Siva. On adore même des idées vraiment abstraites, intellectuelles, comme le temps. Mais tout cela se mélange. Le Temps — Saturne, siége dans l'Olympe à côté d'Apollon — soleil. Les deux polythéismes se relient, se confondent. Le dernier s'observe surtout chez la race caucasique et on l'explique facilement sans recourir à des facultés spéciales. L'homme arrive même quelquefois, comme en Perse, au dualisme simple. D'un côté, tout ce qui paraît mal ; de l'autre, tout ce qui paraît bien : Ahriman et Ormuzd. Un pas de plus, et le monothéisme apparaît.

3° *Du monothéisme.* — Ce n'est qu'une généralisation plus large. L'homme, de plus en plus éclairé et intelligent, éprouve de la difficulté à concilier l'existence simultanée de ses dieux multiples ; aussi se rattache-t-il à l'idée d'une cause unique, d'une force créatrice distincte du monde qu'elle régit et a tiré du néant.

Cependant les deux idées d'une création *ex nihilo* et de l'existence d'un dieu immatériel ne se sont pas présentées tout d'abord dans la conception monothéiste. Suivant des philologues distingués (Chavée), le premier verset de la Genèse dit : Dieu *façonna*, et non Dieu *créa* le ciel et la terre. L'idée de création de rien n'apparaît guère qu'à l'époque de Constantin.

De même le Jéhovah des Hébreux est concret, matériel, anthropomorphe, comme le prouve toute la Bible.

Selon Proudhon, Jéhovah avait d'abord été le soleil, et ce que l'on a traduit dans la Bible par le mot *gloire* veut dire le firmament étoilé, comparé à un manteau de souverain. Voici, suivant lui, comment il faut traduire les versets 5 et 6 du psaume XVIII :

« 5. Au fond du ciel est dressée la tente du *soleil*. Le voilà comme l'époux qui se lève de sa couche. Comme le héraut d'armes qui part pour un message.

« 6. D'une extrémité du ciel il s'élance

« Et il court à l'autre extrémité,

« Et nul ne peut se dérober à sa flamme. »

En hébreu, suivant le même auteur, le même mot qui signifie âme, vie, veut dire aussi animal et cadavre.

Cette identification première du Jéhovah biblique et du soleil résulte aussi de travaux plus récents et plus autorisés. Au temps de la sortie d'Egypte et même à l'époque des juges, les Hébreux adoraient le feu, parfois comme emblème du soleil, parfois comme dieu lui-même. Les *Elohim*, dont il est tant parlé dans la Bible, sont des dieux inférieurs, les premiers dieux des Beni-Israël et, plus tard, ils devinrent les anges de Jéhovah, qui, dans le principe, fut une divinité toute locale. Chez les Hébreux, comme ailleurs, le monothéisme n'a pas été la religion primitive (1).

4° *Du panthéisme.* — Ici l'intelligence humaine ne conçoit plus Dieu et la matière comme distincts l'un de l'autre. Elle confond le monde et les forces qui le régissent. La Divinité n'est plus qu'un pouvoir intelligent, infus dans la matière, et le monde matériel n'est plus que la manifestation nécessaire de la Divinité, qui comprend tous les êtres et est noyée dans leur sein, mais sans forme ni limites. C'est plutôt un système philosophique qu'une religion ; aussi, quoique l'on retrouve

---

(1) J. Soury, *Études historiques sur les religions, les arts, la civilisation*. Paris, 1877.

le panthéisme au fond des dogmes du brahmanisme, ce n'a jamais été la religion des masses.

Telles sont les quatre périodes par lesquelles passe généralement l'idée religieuse dans l'humanité, mais un des degrés peut manquer. Ainsi le Rig-Véda nous montre les Aryas à l'état pastoral, groupés en familles, en tribus, adorant les éléments, les phénomènes naturels, l'éther, l'air, le feu, personnifiés sous les noms d'Indra, de Roudra, d'Agni ; le ciel et la terre sous ceux de Divaspati et Prithivi ; pas de traces encore de la grande trinité indienne : les dieux ne sont pas encore pourvus de généalogie. Ils n'ont pas encore non plus les formes fantastiques, sous lesquelles le dévot se les représentera plus tard. Jamais ils n'ont de têtes ou de bras multiples. Le croyant les voit ordinairement sous la forme humaine, et c'est ainsi que les décrit le poëte qui va les chanter de tribu en tribu. Plus tard apparaissent Brahma, Siva, Vichnou, et en même temps, ou peu après, la notion panthéistique ; car l'Inde n'a point passé par le monothéisme, qu'Aug. Comte regardait comme une phase nécessaire ; et là, après avoir déifié séparément les diverses énergies de la nature, l'homme les a fondues dans une cause unique, une divinité noyée dans le sein de la nature, non créatrice, mais dont toutes les créatures sont des émanations.

Cette rapide analyse de l'idée religieuse et de son évolution nous montre comme origine de toutes les religions l'impression forte, l'émotion ; elle nous montre aussi par quelle transformation lente, l'émotion religieuse devient conception intellectuelle. Au bas de l'échelle, nous voyons dominer l'impressionnabilité, qui peu à peu cède le terrain à l'intelligence, et au sommet l'émotion a presque disparu ; tout est conception intellectuelle, raisonnement puissant, sans que cependant il y ait jamais entre ces éléments divers séparation complète.

Certains peuples, certaines races, se sont jusqu'ici arrêtés à l'un des degrés religieux sans le pouvoir franchir. Partout le nègre est ou athée inconscient ou fétichiste. La race jaune, si dépourvue d'impressionnabilité affective, a adopté en masse le système bouddhique, dont le fond paraît être l'athéisme ; tandis qu'aujourd'hui encore les races américaine et polynésienne en sont toujours au polythéisme le plus grossier.

Ce qui précède doit s'entendre d'une façon très-générale. Quand on dit qu'une race est polythéiste, monothéiste, etc., on n'entend parler évidemment que de la généralité, car on peut souvent trouver, surtout dans les races supérieures, chez les individus isolément considérés, toutes les formes de l'idée religieuse. Ainsi, la race blanche seule s'est élevée en masse aux grandes conceptions religieuses ; mais aujourd'hui encore on trouverait très-facilement, en France, des athées *par impuissance intellectuelle*, des fétichistes en grand nombre, et aussi des polythéistes (1).

Cette gradation, que nous avons trouvée dans l'évolution des idées religieuses considérées chez l'humanité tout entière, nous la retrouvons très-analogue chez l'individu.

VI

Remontons le fil de nos souvenirs jusqu'à l'aurore de notre vie morale, en oubliant tout ce que nous a dicté

---

(1) Cette étude sur la gradation des idées religieuses dans l'humanité a déjà été publiée à peu près *in extenso* dans les *Bulletins de la Société d'anthropologie de Paris* (année 1865).

l'éducation, et simultanément étudions l'éclosion de l'intelligence chez les enfants de notre race; cette dernière étude surtout sera fertile en enseignements. Mais, en interrogeant l'enfant, ayons soin de nous faire enfants nous-mêmes, et donnons à notre langage la nuance qui convient. De ces investigations nous tirerons fatalement les conclusions suivantes :

L'enfant, alors qu'il passe de la vie végétative et sensitive aux premières lueurs de la vie affective, est l'esclave des besoins instinctifs, des imparfaites sensations qu'il commence à éprouver. Il sent et ne raisonne pas. A peine perçoit-il quelques rapports élémentaires, puis il les oublie. Sa mémoire est si courte, qu'elle lui est presque inutile; car la sensation meurt aussitôt produite, ne laissant après elle qu'une trace fugitive. L'intelligence naît; c'est à peine celle de l'animal. La conscience est un crible et l'être est complétement incapable de se replier sur lui-même pour comparer sciemment les sensations, les idées les plus simples. L'enfant est athée, mais athée inconscient. Cependant peu à peu toutes les propriétés et facultés cérébrales germent et s'accentuent. L'intelligence grandit et en même temps la parole, qui est sa main.

Cet être, vierge encore de préjugés, d'idées plus grandes que lui et imposées par des parents, des maîtres, interrogeons-le, étudions-le aussi sans l'interroger. Déjà il est orné d'un bon nombre de ces instincts, que la société stigmatise à bon droit comme damnables et pervers. Il est gourmand, violent, irascible ou, pour parler plus généralement, il a des besoins nutritifs et sensitifs, auxquels il n'a pas même l'idée de résister. Sa courte vue n'embrasse qu'un horizon bien étroit; comment ne serait-il pas le centre d'un espace qu'il remplit? Aussi est-il naïvement et profondément égoïste. Plus tard il saura ce que c'est que la compassion, la charité chrétienne ou païenne ; actuellement il rit en contemplant des douleurs, qu'il n'a jamais ressenties et ne comprend pas. C'est avec une candeur et une innocence immaculées, qu'il étouffe son oiseau et torture son chien. Il portera joyeusement au mendiant une pièce de monnaie, que vous lui donnerez et dont il ne soupçonne pas la valeur, mais ne lui demandez pas ses joujoux. Pour lui, le bien, c'est ce qu'il désire, le mal ce qui le blesse. Un peu plus tard il admettra sans réflexion, avec cette crédulité que rien n'étonne, toutes les distinctions morales, qu'il vous plaira de lui imposer; mais il n'y attache pas d'importance, et c'est pour ne pas vous contrarier.

Il ment sans scrupule et tout naturellement jusqu'au moment où l'éducation lui a inoculé les idées du vrai et du juste ou a développé en lui les tendances morales héréditaires.

En résumé, l'enfant, d'abord être purement instinctif, ignore la morale et ne se doute pas que les idées du bon, du vrai, du beau, soient nécessaires et innées.

Recommencer la campagne si victorieusement faite par Locke serait au moins inutile. Remarquons seulement, après ce philosophe, que l'absence totale chez l'enfant de ces idées abstraites, de ces grands principes considérés comme la base de l'être moral, est un fait capital. Chez cette nature virginale, que l'éducation n'a ni déflorée ni déformée, les idées innées, s'il y en avait, devraient resplendir comme des pierreries dans une eau limpide.

Mais poursuivons. L'enfant a déjà endossé le harnais de l'éducation. Il répète docilement son Catéchisme, son Koran, etc. Mais, sans nous arrêter à des mots, tâchons de voir quelles idées représentent dans son entendement ces formules incomprises. Ce Dieu éternel et créateur, remplissant le monde et dont il vous énumère les attributs comme un philosophe scolastique, il se le représente sous les traits de son magister ou de son père. Il lui est radicalement impossible de concevoir l'existence d'une entité immatérielle et de comprendre que l'encens de la prière doive brûler en l'honneur d'un être, qui pour lui n'est pas, s'il n'est concret et incarné.

Essayez de lui donner une idée de l'immensité sans bornes, de l'espace infini, dont le vol rapide de la pensée adulte ne peut heurter les limites. Sa jeune intelligence ne peut concevoir ni même loger une idée si vaste.

Livré à lui-même, il n'aurait point de Dieu avant l'adolescence de la raison et ses premiers dieux seraient ceux qu'adora partout l'humanité bégayante, l'inconnu, le mystérieux, tout ce qui frappe ou épouvante, ce que l'on redoute et ce qu'on admire, l'insecte ou le lion, l'étoile ou le soleil, tout ce qui paraît la cause d'un fait étrange, doux, terrible, etc.

Ce serait un sauvage, s'il ne devait parcourir le cycle d'une évolution plus complète. Son Dieu, comme celui du sauvage, est nul ou borné. Sa numération, cet autre critérium intellectuel, s'élève à dix, quinze, vingt; au delà les mots lui manquent aussi bien que les conceptions, et il n'est guère sûr que deux et deux fassent quatre avant d'avoir compté.

Ne cherchez pas plus, chez l'enfant, l'idée du juste que celle de la bonté, que celle de l'infini, etc. Considérez ces petites sociétés temporaires, que forment les enfants; c'est l'image des premiers temps de l'humanité, le règne de la force brutale. Pas la plus légère lueur de l'idée du droit.

Que le lecteur se reporte maintenant par la pensée aux années de l'adolescence, de la puberté. Jusqu'alors, on avait docilement accepté les idées religieuses inoculées par l'éducation, les dogmes les plus inintelligibles. On ne songeait guère à contester, au sujet de choses si peu importantes et affirmées par des maîtres, des parents, des prêtres. Tout à coup se fait la floraison morale et intellectuelle. Notre pensée commence à s'arrêter avec intérêt sur la croyance que l'on nous prêche. Nous ne doutons pas encore ; loin de là, nous croyons avec ferveur, avec passion ; car tout ce cortége de merveilleux, de surnaturel, de terrible nous frappe vivement ; et puis tout semble tellement étrange, tellement inexplicable à notre jeune intelligence dans le monde qui nous englobe, que nous accueillons avidement des explications toutes faites et dont le côté poétique séduit notre imagination. Mais comment nous figurons-nous le dieu ou plutôt les dieux du catholicisme? Nous les voyons. Ils ont un corps semblable aux nôtres ; ce sont les statues, les images pieuses vivifiées ; nous les aimons, nous les craignons, nous les invoquons avec terreur. Les démons, sous les formes les plus fantastiques, peuplent nos rêves ; les âmes des morts incarnées aussi et drapées dans leurs suaires, hantent pour nous la nuit et la solitude. A nos yeux tout est vivant, mais nous n'avons pas l'idée d'une essence immatérielle. Nous sommes polythéistes, et nos dieux, comme ceux de la Grèce, sont anthropomorphes ; seulement les formes vulgaires ou horribles, sous lesquelles, dans notre pays, le catholicisme symbolise ses êtres divins, sont celles que nous voyons dans nos prières et dans nos terreurs.

Mais ce n'est encore là qu'une étape où nous ne séjournons pas longtemps. Peu à peu notre organisation cérébrale et par suite intellectuelle se développe, activée par le fouet de l'éducation, et je n'entends pas seulement l'éducation scolaire, mais les mille sensations, impressions, que gravent en nous le milieu social, nos lectures, nos passions naissantes. Bientôt et avec un sentiment de crainte, parfois de terreur, nous sentons défaillir en nous la foi crédule. Des doutes sans cesse renaissants, toujours plus forts, viennent solliciter notre entendement. Que faire ? Que croire ? Le monde enchanté, qui jusque-là nous avait ou charmés ou terrifiés, va s'évanouir. Les dieux ne peuvent être corporels ; ils ne peuvent être multiples. Heureusement les dogmes de la philosophie spiritualiste sont là devant nous comme un refuge. Un moment tout paraît devoir s'accorder. Oui, nous crie de sa grande voix imposante la théologie officielle ; oui, il n'y a qu'un Dieu ; c'est Lui, le Jéhovah biblique. Il est incorporel, il est infus dans l'univers sans limites, qu'il a créé d'une parole, et cependant il en est distinct, et toutes les perfections, toutes les adorables beautés morales, que nous pouvons concevoir, aimer, adorer, ne sont que des reflets de son infinie grandeur, de sa divine perfection.

Beaucoup s'arrêtent là ; quelques-uns vont plus loin. Involontairement, spontanément, ils tendent tous les ressorts de leur intelligence pour tâcher de comprendre cet être, qu'on leur dit incompréhensible. Comment concevoir une entité incorporelle, un dieu distinct du monde et cependant remplissant le monde ? Comment comprendre la création *ex nihilo*, un monde matériel sortant du néant ? Impossible. Et bientôt, le plus souvent à regret, par insensibles degrés, l'homme arrive à brûler ses chères et dernières idoles; alors sa croyance se formule ainsi ! Le monde matériel, dont on ne peut concevoir ni la naissance, ni l'anéantissement, est éternel, il est, suivant le vers orphique :

> Père, mère, nourrice, soutien de tout ce qui est.
> Πάντων μὲν σὺ πατήρ, μήτηρ, τροφὸς ἡ δὲ τιθηνός...
> (Hymne X.)

Ce monde matériel n'est point inerte; il est vivifié par des propriétés actives, inhérentes à ses éléments et qui s'anéantiraient avec eux si un pareil anéantissement était possible.

L'ordre plus ou moins imparfait qui règne dans le monde n'est qu'un équilibre nécessaire entre ces diverses propriétés actives, ces forces, si l'on veut, et nullement l'ouvrage d'une intelligence personnelle agissant en vue de causes finales.

La croyance à une âme immatérielle répugne autant à la froide raison que la croyance à un dieu immatériel. Qui dit immatériel dit néant.

On peut, si l'on veut, concevoir l'ensemble des forces qui animent le monde, l'ensemble des intelligences humaines comme des parties d'un grand tout; et pour ne pas rompre entièrement avec l'antique notion divine, pour éviter l'horrible athéisme, appeler Dieu cet ensemble abstrait, qui réellement n'existe que dans les individus, mais ce prétendu dieu est inséparable du monde matériel, et il mourrait avec lui. C'est le panthéisme, tellement voisin du matérialisme qu'il est impossible de tracer la ligne géométrique, qui leur sert de limites.

Concluons donc que l'individu nous montre la même évolution de l'idée religieuse que l'humanité.

L'enfant est d'abord athée inconscient, puis fétichiste. Le jeune homme est d'abord polythéiste, puis facilement monothéiste.

L'adulte passe bien souvent au panthéisme ou à l'athéisme conscient.

En d'autres termes, l'homme, qui parcourt le cycle complet, part de l'absence de croyance, coïncidant avec l'absence de pensée. Puis l'intelligence s'éveillant, grandissant, enfante des conceptions religieuses, qui se succèdent l'une l'autre, de moins en moins grossières, de moins en moins chimériques, pour arriver à la Science, la grande, la suprême déesse, cent fois plus belle dans sa réalité nue que tous les dieux chargés de clinquant, auxquels l'enfantine imagination de l'humanité a donné naissance.

VII

Les besoins intellectuels consistent dans l'impulsion instinctive plus ou moins fortement sentie, qui nous porte à exercer nos facultés, à combiner des idées. Aux besoins sont toujours liées des impressions correspondantes. Ici elles sont assez faibles. Ce sera l'*ennui*, si le besoin n'est pas satisfait; ce sera une *joie paisible*, un certain degré d'excitation générale dans le cas contraire.

Notons que le travail intellectuel, *résultat du besoin*, s'accompagne ordinairement d'un afflux de sang vers la face et le cerveau, d'un éclat particulier des yeux, le tout avec oubli momentané des autres besoins. Mais le cerveau, comme tous les autres organes, est intermittent, relativement à ses fonctions intellectuelles. Au bout d'un temps variable suivant les individus, quand les organes cérébraux de l'intelligence ont dépensé toute la dose d'activité, dont ils pouvaient disposer, ils deviennent à peu près incapables, et l'on éprouve une impression de fatigue, d'hébétude, d'impuissance intellectuelle.

Tant que les préjugés métaphysiques seront à la mode, il ne sera pas inutile de répéter sur tous les tons, que les phénomènes intellectuels et moraux sont l'expression consciente de tout un travail physiologique.

En effet, l'on sait maintenant, à n'en pas douter, que tout phénomène psychique ou conscient répond à une congestion sanguine de telle ou telle région de l'écorce grise du cerveau. Les faits probants sont déjà nombreux. Durham et Cl. Bernard ont démontré expérimentalement, en pratiquant des orifices à travers les os du crâne, que le sommeil correspond à une anémie cérébrale (1). Blumenbach avait déjà constaté, dans un cas de plaie de tête, que le cerveau s'affaissait pendant le sommeil, tandis que le réveil était marqué par un afflux sanguin (2). Dans un cas analogue, Cardwel a vu le cerveau saillir au-dessus de la perforation, pendant le sommeil avec rêve, et rester immobile dans la boîte crânienne, quand le sommeil était paisible et sans rêves. Pierquin a aussi publié une observation du même genre : « Une femme avait perdu, par suite d'une affection syphilitique, une large portion du cuir chevelu, des os du crâne et de la dure-mère. La portion correspondante du cerveau se voyait à nu. Quand son sommeil n'avait pas de songes, le cerveau était immobile et demeurait dans sa boîte osseuse; mais, lorsqu'il était agité par des rêves, le cerveau, turgescent, faisait saillie hors du crâne. Cette turgescence était évidem-

---

(1) Durham, *Guy's Hospitals Reports*, 1860; Cl. Bernard, *Leçons sur les anesthésiques*, 1875.

(2) *Archives générales de médecine*, 1861.

ment, dans ce cas, le résultat d'une excitation vasculaire (1). » Enfin, les curieuses observations du professeur Mosso (de Turin) ont confirmé tous ces faits (2). A l'aide d'un ingénieux appareil, que nous avons décrit ailleurs, en proposant de l'appeler un psychomètre (3), il a établi expérimentalement que tout travail cérébral répond à une congestion du cerveau et à une anémie périphérique; en d'autres termes, qu'il y a antagonisme entre la vie cérébrale et celle des autres organes, observation précieuse et fertile en conséquences. Enfin, des observations faites sur un cerveau dénudé par une plaie de tête, suite d'une affection syphilitique, lui ont permis de confirmer à son tour et directement les faits déjà constatés dans des cas semblables (4).

D'autre part, cet afflux sanguin, nécessaire au fonctionnement plus actif des cellules cérébrales, a pour conséquence un échauffement du tissu nerveux. Par des expériences bien connues, M. Schiff a prouvé, que le jeu de la sensibilité spéciale élevait la température de l'écorce cérébrale, et l'élevait régionalement. Ainsi la perception des sons échauffe telle région du cerveau; celle des saveurs en échauffe une autre. Des observations analogues ont été faites par Lombard (de Boston).

La congestion et l'échauffement du tissu correspondent à une activité cérébrale plus grande; or cette activité doit provoquer une usure plus considérable des cellules nerveuses. C'est, en effet, ce qu'a constaté le docteur Byasson en dosant les phosphates et les sulfates

---

(1) Cité par Gratiolet dans *Anatomie comparée du système nerveux dans ses rapports avec l'intelligence.*
(2) *Sopra un nuovo metodo per scrivere i movimenti dei vasi sanguigni* (Atti della reale Accademia delle scienze di Torino, 1875).
(3) *Biologie*, liv. VI, chap. x.
(4) *Esperienze sui movimenti del cervello*, etc., Torino, 1876.

de l'urine pendant le repos du cerveau et pendant le travail cérébral. Déjà l'on avait noté ce fait, dans certaines maladies mentales, où le cerveau est le siége d'une activité désordonnée. M. Byasson l'a vérifié sur lui-même, en ayant soin de se soumettre à une alimentation uniforme pendant la durée de ses observations. Pendant le travail intellectuel, les cellules cérébrales vivent plus fort, c'est-à-dire s'oxydent davantage, d'où la formation de phosphates et de sulfates, évacués d'abord par désassimilation dans le système circulatoire, puis excrétés par les reins (1).

Rien, d'ailleurs, dans tout cela, qui soit spécial au cerveau. Le fonctionnement de tous les organes vivants a pour condition et pour effet une congestion de leurs capillaires, une élévation de leur température et une usure plus grande. Sous ce rapport, le cerveau subit donc la loi commune, et l'irrigation sanguine est tellement indispensable à son activité, que Brown-Séquard a pu ressusciter momentanément une tête de chien séparée du tronc de l'animal, en faisant passer dans les vaisseaux de cette tête un courant de sang défibriné, mais vivant.

C'est de la congestion, mais non pas cette congestion purement mécanique, qui éteint les facultés chez le sanguin obèse et dépend d'une plénitude trop grande du système circulatoire; c'est une congestion analogue, pour ne pas dire semblable à celle qui suit l'ingestion d'une infusion de café. Les éléments cérébraux fonctionnent plus vite, le courant nutritif matériel les traverse avec plus de rapidité, et, pour subvenir à cette dépense de force, ils attirent, retiennent le sang artériel,

---

(1) *Essai sur le rapport qui existe, à l'état physiologique, entre l'activité cérébrale et la composition des urines.* Thèse de la Faculté de médecine de Paris, 1868, n° 162.

et lui empruntent les matériaux nécessaires à leur plus grande vitalité.

Naturellement l'énergie des besoins intellectuels est proportionnelle à la puissance du cerveau, et par conséquent très-variable chez les individus. Faibles et peu apparents chez la plupart, chez quelques-uns, ils priment tous les autres besoins. Les biographies des savants et des philosophes, notamment celles de Spinosa, de Kepler, de Saint-Simon, etc., nous en fourniraient de nombreux exemples. Mais ces exemples étant généralement dépourvus des détails nécessaires, j'aime mieux citer les deux faits suivants :

Bordas-Demoulin, tout entier absorbé par le projet chimérique de réconcilier l'Église et la civilisation moderne, ne vit absolument que pour penser. Il passe six années de sa jeunesse dans une misère affreuse, n'ayant souvent d'autres aliments qu'un peu de pain et de sucre. Un jour, n'ayant plus que quelques sous, il oublie les tiraillements de la faim pour dépenser dans un cabinet de lecture tout ce qui lui reste, puis il attend la mort et reste trois jours sans manger. « Penser, dit son biographe, était sa vie, sa profession..... Il n'avait que des passions générales, la vérité, l'humanité, Dieu..... Quoique d'un tempérament nerveux, ardent, aucun de ses amis ne doute qu'il ait vécu et soit mort vierge. » Il est bien regrettable qu'il n'ait point mis à exécution l'idée qu'il avait parfois d'écrire sa vie, pour faire rougir ceux qu'il appelait les charlatans de la pensée. « Je leur jetterai ma vie à la face, disait-il ; ils apprendront ce que c'est que de se dévouer à la science (1). »

Le docteur Descuret a résumé une biographie ana-

---

(1) *Histoire de la vie et des ouvrages de Bordas-Dumoulin*, par F. Huet.

logue, celle du Hongrois Mentelli, philosophe, philologue, mathématicien, plus intéressant encore au point de vue qui nous occupe ici; car ce fut sans but déterminé et uniquement pour le plaisir de lire, d'apprendre, de satisfaire ses besoins intellectuels, qu'il consacra sa vie entière à l'étude, ne paraissant pas éprouver d'autres besoins. Vivant à Paris, dans un réduit infect, qui lui avait été accordé par charité, il avait retranché de son budget tout ce qui n'était pas absolument indispensable pour vivre. Sa dépense, à part l'achat des livres, était de sept sous par jour, dont trois pour la nourriture et quatre pour l'éclairage; car il travaillait vingt heures par jour, ne s'interrompant qu'un seul jour de la semaine, afin de donner une leçon de mathématiques, dont le prix lui était nécessaire pour vivre et renouveler ses provisions. De l'eau qu'il allait chercher lui-même, des pommes de terre qu'il cuisait sur sa lampe, de l'huile pour alimenter celle-ci, du pain de munition : c'était là tout ce dont il avait besoin. Il couchait la nuit dans une grande boîte, où il mettait le jour ses pieds enveloppés d'une couverture de laine ou bien de foin. Un vieux fauteuil, une table, une cruche, un pot de fer-blanc, un morceau d'étain grossièrement courbé, servant de lampe, composaient tout le reste de l'ameublement. Mentelli avait supprimé les frais de blanchissage en supprimant le linge. Il était sale comme un moine italien. Une capote de soldat achetée à la caserne, et qu'il ne remplaçait qu'à la dernière extrémité, un pantalon de nankin, une casquette de peau et d'énormes sabots, composaient tout son costume. En 1814, les boulets des alliés tombant autour du réduit, qu'il occupait alors, ne le troublèrent nullement : « Qu'ont de commun ces boulets et moi? répondit-il à la personne qui voulait lui persuader de s'éloigner; laissez-les tomber et laissez-moi tranquille. » Durant la première épidémie de choléra à Paris, il fallut employer la force armée pour contraindre cet anachorète scientifique à interrompre ses études, afin de nettoyer sa cellule infecte. Il vécut ainsi trente ans, sans être jamais malade, sans se plaindre, très-heureux. Enfin, le 22 décembre 1836, à l'âge de soixante ans, étant allé, comme d'habitude, renouveler sa provision d'eau à la Seine, le pied lui glissa, il tomba dans la rivière, qui était très-haute, et s'y noya. Mentelli n'a laissé aucun ouvrage, aucune trace de ses longues recherches (1).

Exemple étrange et peut-être unique que celui de Mentelli, fait exceptionnel, mais qui, grossissant la réalité, comme une loupe amplifie les objets, nous la fait mieux connaître. Ce besoin intellectuel, que nous venons de voir hypertrophié chez Mentelli, existe plus ou moins énergique chez tous les hommes normalement constitués. Si, chez beaucoup, il est peu apparent, c'est qu'après tout c'est un besoin de luxe, une efflorescence de la vie, qui, pour naître et grandir, exige le silence, l'assouvissement des besoins nutritifs, grande et difficile affaire encore aujourd'hui pour la plupart des hommes.

C'est qu'aussi le plus souvent il est si facile à satisfaire, que bien rarement l'obstacle, cet aliment du désir, peut l'exagérer en l'irritant. Donnez au savant, donnez à l'ascète le vivre et le couvert, une cellule et du pain, et alors leurs facultés pourront créer, combiner des spéculations scientifiques ou mystiques, cela sans bruit, sans trouble, sans gêne pour personne, par conséquent sans entrave.

---

(1) Descuret, *Médecine des passions*.

C'est pour affranchir, dans une certaine mesure, le travail de la pensée, que l'Inde antique avait créé ses castes. Très-sage division du travail, qui s'établit naturellement dans toute société complète. Partout il faut des hommes de la pensée, des brahmanes; des hommes du glaive, des kchattryas pour protéger l'association; des vaicyas, ou hommes de la charrue, du comptoir, de l'outil, pour créer les aliments, les produits, et pour les échanger; des mercenaires, ou hommes de la servitude, pour aider humblement les autres et leur obéir. Si ces castes n'avaient pas été murées l'une pour l'autre, c'était bien. L'erreur grave, qui ruina tout le système, fut de parquer héréditairement les hommes dans les mêmes fonctions, et de ne pas admettre que le cerveau d'un çoudra pût souvent égaler ou surpasser celui d'un brahmane.

Le but vers lequel doit aujourd'hui marcher le progrès, c'est, par les créations intellectuelles, de décupler les forces physiques de l'homme, pour rendre dix fois moins nombreuse la classe des çoudras de l'Europe; de multiplier sans cesse la rapidité des communications, la facilité des échanges; d'amoindrir le labeur musculaire dans l'industrie et l'agriculture, pour émanciper les vaicyas; de marier ensemble les nations pour abolir totalement les kchattryas, et de réunir enfin toutes les forces intellectuelles dans une immense classe de brahmanes scientifiques appelant et élevant sans cesse à elle les classes mineures. Cela se fait.

CHAPITRE IV.

SÉRIATION DES BESOINS.

Nous avons étudié les divers groupes des besoins naturels, en les isolant les uns des autres, absolument comme le scalpel de l'anatomiste isole un muscle, un nerf, un viscère pour en rendre possible la description ; mais chez l'être humain, comme chez tout être, rien n'est isolé ; toutes les fonctions, toutes les facultés, tous les appétits, comme tous les organes, se lient et se soutiennent.

Ainsi, au premier coup d'œil d'ensemble jeté sur l'évolution de l'individu et de la société, de l'unité et de la collectivité, nous voyons les besoins naturels à l'homme se lier en série, se succéder, se dominer les uns les autres suivant une loi naturelle à travers le progrès de l'âge ou des siècles.

I

Comme une plante, qui grandit et se développe feuille à feuille, bourgeon à bourgeon, l'homme acquiert successivement ses besoins et ses facultés. C'est par une graduelle évolution, qu'il passe de la vie végétative à la vie de conscience, de la conscience au désir, du désir à la volonté.

Pendant la vie embryonnaire, l'homme n'est qu'un agrégat de cellules et de fibres, se transformant et se multipliant suivant certaines lois, exactement comme il arrive chez un végétal. Vers le cinquième mois de la gestation, le fœtus exécute dans la matrice (1) des mouvements sentis par la mère et qui bien certainement ne sont pas les premiers. Eprouve-t-il alors le besoin de mouvement ou des impressions désagréables, suite de positions gênantes et qui le poussent à changer d'attitude ? Cela est fort douteux.

Plus la grossesse avance, plus ces mouvements acquièrent d'énergie. Nul doute que le fœtus n'en garde pas la mémoire. Conscients ou inconscients, ce sont des phénomènes instantanés, ne laissant pas de traces.

A partir du septième mois au plus tard, le fœtus paraît doué de la sensibilité générale. Cette propriété fondamentale existe chez les avortons de cet âge, même chez ceux de six mois, et, chez les femmes grosses de sept à huit mois et dont la paroi abdominale est mince, la palpation de l'enfant est parfaitement sentie par lui, car il réagit ordinairement par un mouvement brusque. Déjà la vie s'animalise graduellement.

Quant à l'enfant né à terme, il est certainement doué de la sensibilité cutanée et d'une impressionnabilité sensitive, tactile, assez développée. En effet, immédiatement après la naissance, l'impression produite par le contact de l'air froid et aussi la gêne de la circulation, qui brusquement change de mode, arrache à l'enfant des cris de douleur. Puis, quand les organes respiratoires fonctionnent régulièrement, quand l'enfant est envelopé de vêtements chauds, il se tait et dort. Dort-il ?

Nous aimons mieux dire, avec Gratiolet (2), qu'il

---

(1) Wrisberg, Burdach, etc., ont vu des fœtus de cinq mois remuer leurs membres (Bischoff, *Développement de l'homme et des mammifères*).

(2) Même idée dans Dugès (*Physiologie comparée*, t. I, p. 461).

n'est point encore éveillé. Le sommeil n'est qu'une détente cérébrale entraînant l'abolition partielle ou totale, mais momentanée, de la vie de conscience, de la raison. L'homme le plus homme est celui qui paye le moindre tribut à la vie végétative, au sommeil. Mais l'enfant nouveau-né, pourvu seulement de la conscience dans son mode le plus grossier, complétement privé des facultés, ne fait que continuer la vie fœtale, en attendant le réveil ou plutôt l'éveil.

Il est douteux qu'à cet âge l'enfant éprouve même les besoins d'excrétion. Il est probable qu'il sent le besoin de digestion, la faim. Du moins sa bouche exerce des mouvements de succion et le sein de sa nourrice apaise ses cris. Il est alors bien débile et bien humble, l'*homo sapiens*, l'être qui, dans la plénitude de son développement, devient le dominateur du monde. Il entre dans la phase des besoins nutritifs, mais ne les possède encore qu'imparfaitement, aussi est-il inférieur à la plupart des animaux. Mais cet être chétif, que la mort moissonnerait impitoyablement, s'il était abandonné à lui-même, porte en lui le germe des plus hautes facultés.

Son évolution se poursuit lentement. Chaque jour, chaque instant lui apportent un progrès. L'ère sensitive commence. Peu à peu les relations avec le monde extérieur se multiplient, les sens se spécialisent. Après un laps de temps variable entre un et deux mois, suivant les organisations, les portes de la vue s'ouvrent. L'enfant suit des yeux les objets brillants et se met à voyager dans un monde enchanté. Tout étant nouveau pour lui, chaque sensation lui plaît ; il en sourit de plaisir.

Évidemment il n'apprécie point les distances et tend les mains vers la lune aussi bien que vers son hochet, mais il extériore déjà les sensations visuelles, cela est évident, et ne permet pas de supposer que l'extérioration soit le résultat d'un jugement.

En même temps que la vue, l'ouïe s'éveille et le toucher commence sa longue éducation. Le goût est encore fort imparfait, ainsi que l'odorat. L'enfant boit tous les liquides, sans paraître les distinguer.

Désormais la sensibilité ira se perfectionnant sans cesse ; mais pour qu'elle atteigne son plus haut degré de développement, il faudra que l'intelligence vienne comparer et juger les sensations, que la mémoire puisse en garder le souvenir, et que l'imagination, fille de la mémoire, les puisse retracer, si la volonté l'ordonne.

C'est un fait important que cette absence de la sensibilité spéciale chez l'enfant naissant. Le cerveau est muni de toutes ses parties constituantes. Les organes des sens sont parfaits au point de vue anatomique; pourtant, ils sont inutiles. Les images se décalquent, se peignent sur la rétine du nouveau-né, aussi bien que sur celle de l'adulte, et le nerf optique, simple conducteur, doit transmettre au cerveau l'excitation spéciale qu'il reçoit; c'est donc le *sensorium commune*, qui ne fonctionne point, c'est la conscience qui ne peut percevoir la sensation ; soit que le cerveau attende pour cela une modification inconnue encore, que lui apportera le progrès de la vie, soit qu'une sorte d'éducation de la sensibilité spéciale soit nécessaire. Un fait bien curieux d'histoire naturelle observé sur les espèces aveugles des cavernes plaide pour cette dernière hypothèse :

« Deux individus de l'une de ces espèces aveugles (le rat des cavernes du Kentucky (Neotoma), ont été capturés par le professeur Silliman, à environ un demi-mille de l'entrée du souterrain, et non par conséquent dans ses dernières profondeurs. Leurs yeux, bien que privés de la faculté visuelle, étaient cependant brillants et de grande dimension, et lorsque ces animaux eurent été exposés pendant un mois environ à une lumière graduellement croissante, ils devinrent capables de percevoir vaguement les objets qu'on leur présentait et commencèrent à clignoter (1). »

C'est l'histoire du développement de la vue chez le nouveau-né.

Quoi qu'il en soit, l'enfant a fait quelques pas bien importants dans la route de la vie. Le voilà muni de la sensibilité spéciale et même de l'impressionnabilité sensitive aussi bien que de la nutritive, qui s'affirme par le besoin de la faim.

Les besoins sensitifs spéciaux s'accusent de plus en plus chez l'enfant. Son oreille boit avidement les sons. Il étend la main vers tous les objets qui frappent sa vue et a très-probablement déjà la conscience des mouvements.

Cette série de modifications de la sensibilité est presque achevée dans ses traits principaux vers l'âge de cinq à six mois. La sensibilité morale est encore très-confuse. Aussi le nouveau-né, qui sait cependant se plaindre, crier, s'irriter peut-être, ne peut encore pleurer avant l'âge de quatre à cinq mois. Sans doute toute vive douleur, quelle que soit sa nature, peut arracher des larmes ; cependant, chez l'être bien développé, les pleurs sont surtout sous la dépendance de l'impressionnabilité affective. L'homme adulte, qui se casse un bras sans verser une larme, sanglote à une représentation d'*Othello*.

Mais voici qu'apparaissent chez notre enfant les faits affectifs et intellectuels ; car la répétition des sensations

---

(1) Ch. Darwin, *De l'origine des espèces*.

analogues ou semblables finit par éveiller une faculté, faible et vacillante d'abord, comme toutes les facultés naissantes. C'est la mémoire. L'enfant reconnaît sa mère et sa nourrice; il sait, quand il a faim, faire des efforts maladroits pour découvrir le sein qui le nourrit. Un visage inconnu l'effraye. Il sourit à sa nourrice, qui seule sait apaiser ses cris ; car les premières lueurs de l'impressionnabilité affective ont brillé. Bientôt l'entendement suit la mémoire, mais borné d'abord à la perception de quelques grossiers rapports de concomitance, de succession, de cause à effet. Plus tard se dessinera l'intelligence, que l'on soupçonne déjà. Cette seconde période nous conduit vers la fin de la première année.

L'être s'éveille de plus en plus à la vie de relation. Il commence à se traîner ou à marcher en titubant vers les objets qu'il désire. De même que la réitération des sensations a suscité la manifestation de la mémoire, ainsi la perception continuelle de rapports nouveaux fait éclore l'intelligence, précieuse faculté à laquelle l'homme doit sa suprématie.

Avec le pouvoir de coordonner quelques rapports des plus simples naît le désir d'exprimer les idées par des signes, par des sons vocaux. Produit spontané de l'intelligence humaine, le langage a d'abord un caractère individuel, et chaque enfant se crée une langue pauvre, incomplète, mais à lui, avant d'apprendre celle des gens qui l'entourent.

L'enfant congénitalement sourd ou celui qui a été élevé en dehors de toute société (Gaspard Hauser) ne parle point ; mais nul doute qu'une troupe d'enfants élevés en commun, vivant en société, n'arrivent nécessairement à se créer une langue à eux, pauvre certainement, mais parente de celle de leur race.

L'expérience est à faire ; mais il n'y a pas aujourd'hui, en Égypte ou ailleurs, de despote assez hardi pour la tenter.

Une fois possesseur d'une langue intelligible, c'est-à-dire vers deux ans, l'enfant est muni de toutes ses facultés, bien débiles encore, mais qui grandiront avec lui.

Ce qui le caractérise alors, c'est une impressionnabilité vive, de plus en plus affective, et une excessive mobilité. Tout marque sur la cire molle de son cerveau; mais une empreinte efface l'autre. Aussi ne vit-il guère que dans le moment présent. Incapable d'attention, il est captivé tout entier par la sensation actuelle, et n'a guère d'horizon sur le passé et sur l'avenir. Riant et pleurant presque au même instant, abandonnant un jouet pour un autre, sans cesse en mouvement, il a beaucoup de désirs, d'émotions fortes, mais toujours éphémères. Il a des impressions affectives ; il aime sa mère, est jaloux des enfants et même des animaux qui lui ravissent une portion des caresses maternelles. Il est très-irritable, violent. Du reste, à peu près étranger à la pitié et à toutes les émotions désintéressées, il est franchement égoïste.

Ici l'état moral se lie très-bien à l'état physique. Mobilité, impressionnabilité fugace, mémoire irraisonnée, facile et fugitive; tels sont les traits caractéristiques de l'âme de l'enfant, c'est-à-dire d'un être dont le cerveau se développe.

Chez l'enfant, les éléments cérébraux, cellules et fibres, sont jeunes, plus mous, plus variables dans leur constitution moléculaire que ceux de l'adulte; ils sont donc facilement excitables, mais sans cesse ils se multiplient, soit par prolifération (Virchow), soit par genèse spontanée (Robin). C'est, pour ainsi dire, une fusion vivante, qui, sans cesse modifiant et renouvelant l'être cérébral, efface aujourd'hui la trace d'hier.

Pendant la période de croissance, il y a nécessairement genèse d'éléments nouveaux, peut-être rénovation plus ou moins générale, substitution de cellules cérébrales neuves aux vieilles qui se dissolvent, cependant on a peine à admettre la rénovation totale et incessante des éléments cérébraux, surtout chez l'adulte. Dans ce cas, en effet, comment comprendre la mémoire?

Il est plus probable que les éléments cérébraux une fois formés, complets, persistent jusqu'au déclin de la vie, supposition que viennent corroborer le peu d'effet de l'inanition prolongée sur le volume cérébral (le cerveau semble alors dévorer les autres organes)(1) et aussi les caractères moraux du vieillard, chez qui la fixité, l'antipathie pour le changement, dominent jusqu'au moment où une destruction lente des éléments nerveux ou un ralentissement considérable de leur mouvement nutritif déprime ou abolit les facultés.

Au contraire, plus l'être humain est jeune, plus l'équilibre moléculaire de ses cellules cérébrales est muable et instable, plus le registre de sa vie consciente est ou-

---

(1) Le fait suivant jugerait la question, s'il est exact.

Un Corse, le nommé Viterbi, condamné à mort pour vendetta, résolut, pour échapper à la honte du supplice, de se laisser mourir de faim. Il fit son dernier repas le 2 décembre 1821, et nota jour par jour ses impressions à partir de ce moment jusqu'au 18 du même mois, jour de sa mort.

Pendant cet intervalle, il ne but qu'un verre et demi d'eau et quatre cuillerées de vin. Nul autre aliment. Le besoin de la faim s'apaisa chez lui au bout de quelques jours et n'a jamais été comparable à l'intensité atroce de la soif. C'est qu'en effet, pendant l'inanition, les tissus graisseux, musculaires, etc., fondant sans cesse, tiennent dans une certaine mesure lieu d'aliments solides, tandis que rien ne remplace les aliments liquides.

vert aux sensations, aux impressions nouvelles. Alors les empreintes laissées par le monde extérieur dans la substance des cellules cérébrales se produisent et s'effacent avec une égale facilité. Nous avons vu un enfant de trois ans changer de langue au bout de deux mois, en changeant de pays. C'est le bon moment pour l'enseignement pratique des langues, que l'enfant apprend en jouant.

Pas de changement brusque depuis l'âge de quatre ou cinq ans jusqu'à la puberté. Peu à peu l'enfant sort de la phase surtout sensitive pour entrer dans la phase affective. Lentement et sans secousse les facultés, mais surtout l'impressionnabilité affective, se développent et s'accentuent. Cette impressionnabilité rend l'enfant capable d'affection pour les autres ; elle aide en même temps la croissance des facultés intellectuelles par les stimulants de l'éducation, de l'orgueil. Les différences sexuelles s'accusent aussi de plus en plus. La petite fille est plus sédentaire; elle habille, soigne sa poupée et la gronde. Le petit garçon recherche les jeux bruyants, violents.

Mais le véritable épanouissement de la période affective s'opère surtout à la puberté. L'instinct sexuel ap-

---

Voici ce qu'écrivait Viterbi le 18 décembre à onze heures, quelques heures avant sa mort :

« Je suis au moment de mourir avec la sérénité du juste. La faim ne me tourmente plus et la soif a entièrement cessé. La tête a perdu sa lourdeur ; ma vue est nette et claire. Enfin, un calme parfait règne dans mon cœur, dans ma conscience, dans tout mon être. Les courts instants qui me restent à vivre s'écoulent doucement, de la même manière que l'eau d'un limpide ruisseau dans une riante plaine. La lampe va s'éteindre faute d'huile pour s'alimenter... »

Donc intégrité à peu près complète de l'intelligence et conséquemment du cerveau. (*Esquisse des mœurs et de l'histoire de la Corse*, par M. Sorbier, premier avocat général. In-8).

paraît, et il domine l'être comme un tyran. L'homme devient vraiment homme, la femme vraiment femme. Chez l'un et l'autre, l'impressionnabilité affective acquiert une sensibilité exquise. De fortes impressions morales, fréquemment répétées, provoquent la génération de désirs durables ; on est apte à la passion. Alors, du moins chez l'être normalement doué, les besoins nutritifs et sensitifs sont complétement primés par les besoins affectifs. Amour sexuel passionné, amour mystique non moins fort, dévouement désintéressé pour l'être aimé réel ou fictif, splendeurs de l'imagination, ivresses ou tortures des émotions morales, nous vous avons tous connus ; mais peu à peu, chez certains hommes du moins, chez ceux qui parcourent le cycle complet, vous devenez moins vivaces, moins impérieux, vous cédez la place au désir de la fortune, à l'ambition chez beaucoup, chez quelques-uns, qu'il faut considérer comme les échantillons les plus complets de l'espèce, à l'amour du travail intellectuel, quel qu'en soit le but, sciences proprement dites, études sociologiques ou morales! C'est le couronnement de l'être, la phase intellectuelle aussi incontestable que les autres, aussi nécessaire chez les hommes complétement doués.

II

Cette série des besoins naturels, que nous venons de voir se dérouler chez l'enfant, nous la retrouvons sans peine en étudiant les métamorphoses sociales.

Déjà Saint-Simon a noté ou plutôt ébauché cette idée générale (1). Puis il l'a abandonnée pour emprunter ses caractéristiques sociales aux phases religieuses.

---

(1) *OEuvres choisies de Saint-Simon*, t. II, p. 105.

C'est prendre l'effet pour la cause ; car les religions, aussi bien que les arts, les sciences, les formes sociales, sont simplement et nécessairement l'expression des besoins dominants. A. Comte a suivi les traces de son maître, et avant eux Helvétius et Condorcet avaient adopté une classification de même valeur fondée sur le genre de vie prédominant. L'homme, d'abord chasseur, devenait ensuite pasteur, puis agriculteur. N'est-il pas évident qu'une classification basée sur les besoins dominants embrasse tous ces modes partiels, toutes ces habitudes, toutes ces formes sociales, qui en dépendent étroitement?

De même que l'individu, la collectivité humaine passe successivement par divers âges rigoureusement enchaînés et s'engendrant l'un l'autre.

Contemplons l'homme à l'aurore de sa vie vraiment humaine, alors que, commençant à se détacher de l'animalité, il sait déjà bégayer quelques onomatopées, quelques centaines de mots, et se tailler grossièrement une arme en silex. Alors pour lui la grande et capitale affaire, c'est de manger et de ne point être mangé. Sans vêtements, sans abri, les intempéries et la faim, une faim féroce, le torturent incessamment. Nul lien social, pas même de famille, car on ne peut nommer ainsi une association temporaire où la femme est une bête de somme destinée le plus souvent à être dévorée par son mari et ses enfants, quand sa courte jeunesse sera flétrie ou quand la chasse aura été trop longtemps mauvaise (Australiens). A cette phase sociale, l'intelligence est tout à fait rudimentaire ; elle équivaut à peine à celle d'un très-jeune enfant européen. Ainsi les Weddahs des jungles de Ceylan n'ont aucune idée des nombres. Ils n'ont pas de mots pour dire « un » ou « deux ». L'un d'eux avait oublié les noms de son père et de sa mère ; il lui fallut un effort de mémoire pour se souvenir du nom de sa femme, qu'il avait vue trois jours auparavant. Même à une période sociale plus avancée, les parents ne meurent jamais de mort naturelle. Le parricide est une habitude, parfois un devoir, et l'on se débarrasse de ses vieux parents en les enterrant vivants (Viti).

Mais il faut voir ces pauvres êtres là où ils doivent lutter contre les étreintes d'un climat de fer. Cette polyphagie, que nous décrirons comme une dégoûtante maladie, la plupart des Esquimaux en sont plus ou moins atteints. Regardons-les avec Lyon (*Journal* de Lyon), quand ils ont capturé un veau marin ou une proie importante quelconque. « Kouilittuck me fit connaître, dit-il, un nouveau genre d'orgie des Esquimaux. Il avait mangé *jusqu'à ce qu'il fût ivre*, et à chaque moment il s'endormait, le visage rouge et brûlant, la bouche ouverte. A côté de lui était assise Arnaloua (sa femme), qui surveillait son époux, pour lui enfoncer, autant que faire se pouvait, un gros morceau de viande à moitié bouillie dans la bouche en s'aidant de son index : quand la bouche était pleine, elle rognait ce qui dépassait des lèvres. Lui mâchait lentement, et à peine un petit vide s'était-il fait sentir, qu'il était rempli par un morceau de graisse crue. Durant cette opération, l'heureux homme restait immobile, ne remuant que les mâchoires et n'ouvrant pas même les yeux ; mais il témoignait de temps à autre son extrême satisfaction par un grognement très-expressif, chaque fois que la nourriture laissait le passage libre au son. La graisse de ce savoureux repas ruisselait en telle abondance sur son visage et sur son cou, que je pus me convaincre qu'un homme se rapproche plus de la brute en mangeant trop qu'en buvant avec excès. Les femmes, après avoir donné de leur mieux la pâtée à leurs maris, jusqu'à ce que ceux-ci se soient endormis et ne s'étant pas négligées elles-mêmes, n'avaient plus maintenant qu'à caqueter et à mendier, selon leur habitude. »

Quelle fête en Australie quand une baleine morte vient échouer sur le rivage ! C'est le bien idéal, c'est le bonheur parfait.. « Des feux allumés sur-le-champ portent au loin la nouvelle de cet heureux événement. Les Australiens se frottent de graisse par tout le corps et font subir la même toilette à leurs épouses favorites ; après quoi ils s'ouvrent un passage à travers le gras jusqu'à la viande maigre, qu'ils mangent tantôt crue, tantôt grillée sur des bâtons pointus. » A mesure que d'autres indigènes arrivent, « leurs mâchoires travaillent bel et bien dans la baleine, et vous les voyez grimpant deçà delà, sur la puante carcasse, à la recherche des fins morceaux. » Pendant des jours entiers, « ils restent près de la carcasse, frottés de graisse fétide des pieds à la tête, gorgés de viande pourrie jusqu'à satiété, portés à la colère par leurs excès et engagés ainsi dans des rixes continuelles, affectés d'une maladie cutanée, que leur donne cette nourriture de haut goût, offrant enfin un spectacle dégoûtant. Il n'y a rien au monde, ajoute le capitaine Grey, de plus repoussant à voir qu'une jeune indigène aux formes gracieuses sortant de la carcasse d'une baleine en putréfaction (1). »

Cependant on ne peut invoquer en faveur des Australiens, que l'on est ici tenté d'appeler des asticots humains, la circonstance atténuante du climat, dont bénéficient les Esquimaux et aussi les habitants de la Terre de Feu, plus curieux encore à étudier, car ils nous rappellent absolument les Européens préhistoriques qui ont entassé les amas de coquilles (kjökkenmöddings) du Danemark.

(1) Lubbock, d'après le livre de Grey : *Explorations dans l'Australie du Nord-Ouest et de l'Ouest.*

Chez ces derniers, pendant que l'homme poursuit le gros gibier, la femme recueille des crustacés, des mollusques, plonge dans l'eau, en toute saison, à la recherche des œufs de mer. Le gros gibier étant assez rare, les patelles, les moules, les crustacés, forment la principale nourriture. Chaque petite tribu ou plutôt chaque petit groupe est en guerre perpétuelle avec le groupe voisin, et les vaincus sont invariablement mangés par les vainqueurs. Aux hommes, les jambes, aux femmes, les bras et la poitrine; le reste est jeté à la mer. Dans les hivers rigoureux, « quand ils ne peuvent se procurer d'autre nourriture, ils prennent la plus vieille femme de la troupe, lui tiennent la tête au-dessus d'une épaisse fumée, qui provient d'un feu de bois vert, et l'étranglent en lui serrant la gorge. Ils dévorent ensuite sa chair, morceau par morceau, sans en excepter le tronc. Quand on leur demandait pourquoi ils ne tuaient pas plutôt les chiens, ils répondaient : « Le chien prend l'Iappo », c'est-à-dire la loutre (1). »

Hâtons-nous de passer à la période suivante, à la période sensitive. Les Taïtiens, tels qu'ils étaient lors du voyage de Cook, nous représentent le mieux cet état. Les caractères sont d'une mobilité excessive. En une minute on passe du calme, de la gaieté, à la colère. Tout ce qui brille ou a une vive couleur, excite d'ardents désirs. Un cochon se donne volontiers pour une plume rouge. Poulaho, un chef de l'île des Amis, reçut avec des transports de reconnaissance du capitaine Cook une assiette d'étain, en déclarant que, toutes les fois qu'il aurait besoin de visiter une autre île, il laisserait cette assiette à Tongatabou pour le représenter en son

---

(1) *Voyages de l'*Adventure *et du* Beagle, cité par Lubbock (*l'Homme avant l'histoire*).

absence. Nulle idée de la pudeur, nul respect pour les vieillards. Nul sentiment de justice. Le mot *loi* n'a pas d'équivalent dans la langue, pas plus que le mot « merci ». L'association des Areoïs érige en obligation la débauche et l'infanticide.

On aime le chant, la danse, les représentations scéniques ou plutôt mimiques. On a de grossiers instruments de musique, une certaine poésie ne célébrant naturellement que ce que l'on aime ou admire : la guerre, l'amour physique, des dieux multiples et grossièrement conçus à l'image de l'homme. On croit à une vie future ; mais elle n'est nullement la récompense ou la punition des actes de ce monde ; elle en est simplement la continuation et l'image.

D'ailleurs une certaine industrie, un grand amour de la parure, du tatouage, assez d'art pour se construire des maisons, des monuments (moraï en corail), des armes bien faites. Quelquefois on cultive certaines plantes. Dans tous les cas, soit générosité spontanée du sol, abondance de gibier, etc., l'alimentation est suffisamment garantie. Il y a même quelques animaux domestiques (chien, cochon).

Ceux-ci étaient complétement inconnus aux indigènes du nord de l'Amérique, vivant dans un état social analogue, tellement peu sensibles aussi aux jouissances morales, que l'idiome algonquin n'avait pas de mot pour dire *aimer*. Il y a cependant un commencement d'organisation sociale, des tribus nombreuses, obéissant à des chefs, même une hiérarchie. Beaucoup de peuples sont encore aujourd'hui à cette période, notamment les nègres visités par le capitaine Speke dans la région des sources du Nil.

La phase suivante est particulièrement celle des besoins affectifs. C'est qu'une meilleure organisation sociale, une industrie plus développée, ont eu pour corollaires une abondance relative et de grands progrès intellectuels. L'amour est toujours une grande affaire; mais il est moins brutalement physique. On aime souvent pour le bonheur d'aimer, pour le plaisir cérébral; car les besoins nutritifs facilement satisfaits se subalternisent de plus en plus. La famille est mieux constituée, plus unie. L'enfance et la vieillesse sont respectées toujours, souvent sacrées. La personne et la propriété sont plus ou moins bien sauvegardées. Il y a des lois, des idées de justice. La monogamie est généralement obligatoire, et la femme n'est plus une bête de somme, ni même un simple instrument de plaisir. De grandes agglomérations d'hommes se sont constituées. Il y a des intérêts, des devoirs communs, une patrie, des idées, des passions de gloire et de patriotisme.

La religion est toujours très-puissante, mais plus épurée. Le polythéisme se simplifie, les dieux se purifient et s'ennoblissent comme l'homme qui les a créés et les adore. Ils sont encore forts et despotiques, mais plus doux, plus humains. A la fin de cette période, on atteint même le monothéisme et le panthéisme.

Cette phase affective comprend à peu près toute la période historique, de plus en plus sensitive et même nutritive, à mesure que l'on plonge dans le passé en remontant à son origine, franchement affective dans sa période moyenne et tendant vers la fin à la phase supérieure et suprême, la phase intellectuelle.

Cette dernière, aucune collectivité d'hommes ne l'a encore abordée; c'est la phase de l'avenir; sans être prophète, on la peut prédire. Les nobles besoins intellectuels et les besoins affectifs les plus élevés, qui d'abord ont été le glorieux apanage de quelques individus exceptionnels, deviennent et deviendront de plus en plus communs, de plus en plus forts. Déjà on honore les êtres d'élite, chez qui ils resplendissent à un haut degré ; on s'incline devant ces types vraiment et complétement humains. De plus en plus, fatalement, par le seul travail du *struggle for life* (combat pour vivre), ces êtres d'élite se multiplieront. Le jour où ils constitueront la majorité sociale, l'humanité aura atteint ce millénium tant de fois rêvé. Adieu la superstition, adieu le despotisme, adieu la guerre et la violence brutale. L'homme sera vraiment noble, vraiment digne, vraiment indépendant, et les efforts de tous tendront sans cesse à dompter de plus en plus la nature, à perfectionner sans cesse l'organisation sociale, afin de donner à l'homme toute la somme de bonheur dont il est susceptible.

Nous en sommes loin encore ; mais la planète roulera dans son orbite bien des myriades de siècles avant que l'humanité s'éteigne, et cette splendide vision, que nous ne pouvons qu'entrevoir et désirer, nos descendants la verront passer du songe à la réalité.

III

Mais il ne suffit pas de noter les traits principaux de cette évolution individuelle et sociale. Il nous reste à nous demander quelles en sont les causes, quel en est le mécanisme. A de telles questions, nulle réponse n'était possible, il y a peu d'années encore. Aujourd'hui, la grande doctrine de l'évolution résout sans difficulté ces vastes problèmes.

Physiquement, moralement, intellectuellement, l'homme a grandi et progressé sous la pression constante et multiforme de la loi de sélection et de la loi d'hérédité. La loi de sélection a, pour l'homme comme pour tous les êtres organisés, assuré la survivance du plus apte. Mais l'homme, étant assez mal pourvu d'armes naturelles, a dû, de bonne heure, s'associer plus ou moins pour durer, pour lutter contre le monde extérieur. Le plus apte à vivre a donc été généralement le plus sociable ; or le plus sociable a été, d'ordinaire, le plus intelligent, le plus capable de protéger sa famille, de l'aimer ; le plus enclin à profiter des avantages sociaux, le plus habile à les accroître. A son tour, la vie sociale, se compliquant de plus en plus, est devenue un puissant aiguillon de progrès.

Mais les conflits avec le monde extérieur laissent leur trace dans le cerveau humain ; ils en modifient l'équilibre. C'est pourquoi les progrès moraux et intellectuels, accomplis par un individu et surtout par une série d'individus, se sont transmis et se transmettent encore, en partie, par l'hérédité ; c'est-à-dire qu'une certaine conformation cérébrale, un certain arrangement, une certaine structure des cellules nerveuses conscientes se produisent lentement sous la pression des circonstances extérieures, et sont ensuite légués par l'individu à ses descendants. De là résulte que le cerveau de l'enfant nouveau-né, quoique dépourvu de toute idée innée, est riche de tendances, d'instincts innés, qui se déceleront quand le développement sera complet et les circonstances extérieures favorables. Il y a là tout un résumé des expériences des ancêtres, de leurs qualités et de leurs défauts, de leurs vertus et de leurs vices, même un penchant à accepter sans peine les idées, les préjugés de la race et de la nation, à sentir et à penser comme elles, tout un clavier moral et intellectuel prêt à vibrer. A six mois, un enfant européen sourit ou pleure automatiquement à la vue d'un visage humain riant ou courroucé ; pourtant il n'a sûrement pas fait la moindre observation physiognomonique. Il sourit et pleure comme il suce le mamelon de sa nourrice, par une simple action réflexe spontanément établie, de longue date, dans le cerveau de la race.

Mais peuples et races, n'étant que des collections d'individus, sont sûrement soumis aux mêmes lois générales, dont les effets sont seulement plus complexes pour les sociétés. Dans le sein d'une collectivité humaine, le trésor des expériences, des notions, des instincts acquis va s'enrichissant toujours. Or, comme les divers groupes humains sont en perpétuelle compétition pour l'existence, la sélection et l'hérédité font encore ici leur office, et le groupe le plus apte supplante ses rivaux. Mais ce groupe sera presque toujours le mieux développé cérébralement, au moins du côté social, celui qui aura formulé la morale la meilleure, c'est-à-dire la plus utile socialement, la morale qui permettra le mieux à la nation de tirer le meilleur parti de toutes ses forces vives. Sans doute un groupe social progresse en raison de son intelligence, mais il progresse surtout en raison du dévouement de chacun à tous, en raison de son altruisme, pour nous servir d'une expression comtiste.

Les contrastes sont éloquents. Au plus bas degré social, le Pécherais de la Terre de Feu mange sa femelle quand il a faim. Tel Européen bien doué, au contraire, donne sans hésiter sa vie pour sa famille; tel autre, mieux doué encore, se sacrifie joyeusement pour la patrie, pour l'humanité, pour la justice, pour la vérité. C'est que le cerveau du premier est une page presque blanche; il ne s'y opère que des actes réflexes, conscients, mais fort simples. Les besoins brutaux dominent sans contrôle; il n'y a pas plus d'humanité qu'il n'y a de prévoyance. Dans le cerveau du second, au contraire, il y a tout un monde d'idées, de sentiments; les désirs égoïstes y sont contre-balancés, maîtrisés par les souvenirs du passé, les lointaines visions de l'avenir, par le sentiment du devoir, par la notion de la loi, etc. L'un n'a que des souvenirs concrets, une imagination indigente, tout juste capable de reproduire presque exactement les petits événements de la vie quotidienne ; il est à peu près incapable de penser au lendemain ; chez lui, comme chez les animaux, chez nos enfants, tout désir se traduit instantanément en acte. L'autre, au contraire, a la tête richement meublée ; chez lui, les désirs sont rarement simples ; ils s'éveillent souvent par essaims, se faisant échec l'un à l'autre. Chez l'Européen développé, l'imagination n'est plus la simple reproduction des faits de la vie usuelle, une sorte de mémoire colorée ; elle est ce que H. Spencer appelle constructive, c'est-à-dire que le cerveau de l'homme développé peut grouper de cent manières tout un monde de souvenirs dûment enregistrés, qu'il peut supposer, évoquer, voir dans l'avenir une plus ou moins grande portion du possible.

Les peuples parcourent donc une échelle ascendante ; mais certaines races, comme certains individus, s'arrêtent à un degré plus ou moins élevé. Le Pécherais, l'Esquimau sont de simples estomacs servis par des organes. A un degré beaucoup plus élevé, pendant les phases moyennes de la civilisation, on voit prédominer plus ou moins les besoins affectifs ou sociaux, besoin d'aimer, de haïr d'autres hommes, de primer au milieu d'eux, etc. Chez certains peuples, par exemple chez les Italiens du seizième siècle, les besoins sensitifs élevés, les besoins artistiques prennent un puissant essor. Quant aux besoins moraux et intellectuels d'ordre supérieur, aux besoins de justice, de vérité et de science, déjà nous les pouvons admirer chez quelques nobles échantillons de l'espèce humaine ; mais, pour les voir entraîner tout un peuple, il faudrait pouvoir trouer le rideau qui nous cache l'avenir.

Néanmoins l'échelle péniblement gravie par l'humanité depuis l'âge de pierre jusqu'à nos jours nous permet de nous consoler des misères du présent, en rêvant, en évoquant devant nous, à la manière des voyants, des temps meilleurs.

Sans doute les forces humaines sont encore bien limitées ; sans doute l'homme est loin d'avoir brisé les liens, dont l'enserre le monde ambiant ; pourtant chaque jour ces liens se relâchent un peu ; chaque jour l'homme apprend de plus en plus à corriger, à perfectionner, en lui et en dehors de lui, l'œuvre imparfaite et spontanée de la nature. De plus en plus il s'éloignera de l'animalité, de mieux en mieux il saura se repétrir lui-même. Les métamorphoses, qu'il a déjà subies, nous garantissent, qu'il en pourrait subir bien d'autres et qu'il les subirait vite, s'il était soumis à une éducation vraiment scientifique, à un entraînement convenable.

Quoi ! l'on peut créer des chevaux tout muscles pour la course, des bœufs tout graisse pour la boucherie et l'on ne pourrait former une race d'hommes au front large et au cœur fort, capables de penser et de vouloir !

Heureux nos arrière-neveux ! Ils verront avec un douloureux étonnement combien, chez leurs ancêtres, il y avait encore de colonnes vertébrales reptiliennes, de consciences affamées de bassesse, avec quelle triste facilité, dans ces temps malheureux, tout despote pouvait trouver des légions de valets toujours prêts, les uns à asséner docilement la justice, les autres à maintenir la bonne harmonie entre la Providence et le plus fort, d'autres à verser des flots de sang pour la plus grande gloire du Dieu des armées, tant d'autres encore, pour qui une fonction lucrative ne pouvait être vile. Les générations futures, auprès desquelles nous serons des Pécherais et des Esquimaux, les générations futures liront tout cela ; mais, comme la loi du progrès leur sera familière, comme elles sauront que le bien est sorti du mal et le mal de l'exécrable, elles plaindront leurs aïeux sans trop les mépriser.

LIVRE II.

DES ÉLÉMENTS DE LA PASSION.

Sentio, ergo sum.

CHAPITRE I.

DE L'IMPRESSIONNABILITÉ.

I

Les biographes de Descartes nous assurent qu'il eut, dans sa jeunesse, la passion du jeu et n'en triompha qu'à force de volonté et de philosophie. Ce moment de délire dut être bien passager, et le philosophe l'avait certainement oublié quand David Hals nous le peignit avec cette physionomie placide, douce, éclairée par une expression d'imperturbable sérénité qui défie la passion. Quant à nous, nous ne pouvons ressusciter en imagination l'illustre auteur du *Discours sur la méthode*, qu'en lui donnant un tempérament lymphatique, un cerveau très-richement doué du côté intellectuel, beaucoup plus pauvrement du côté affectif. L'auteur du *Traité des passions* n'y eût pas décrit dogmatiquement l'étrange mécanique cérébrale de la passion qu'il imagine, s'il eût souvent ressenti les ardentes étreintes des phénomènes moraux qu'il étudiait. Aussi, alors qu'il cherche une base solide à sa philosophie, le voyons-nous s'enfermer dans un poêle allemand, y réfléchir tranquillement et donner pour fondement à l'édifice philosophique qu'il va construire la *pensée*, la conscience des phénomènes intellectuels. Il semble ne pas voir les autres phénomènes de conscience ; car, si la proposition : *Cogito, ergo sum*, est incontestable, les suivantes ne le sont pas moins : « Je vois, donc je suis ; je souffre, donc je suis ; j'ai faim, donc je suis », etc. En un mot, tous les phénomènes de conscience, quels qu'ils soient, nous prouvent d'emblée et jusqu'à l'évidence que nous vivons, que nous sommes. Mais le tranquille Descartes, voué, du moins à ce moment de son existence, aux spéculations purement intellectuelles, s'attache tout naturellement aux actes qui forment le fond de sa vie cérébrale et nous laisse ainsi beaucoup à glaner dans le champ de l'étude psychologique.

Parmi tous les phénomènes de conscience, un groupe très-important a été à peu près oublié ou dédaigné par les philosophes. Ceux qui l'ont entrevu l'ont confondu avec les sensations et très-imparfaitement décrit. Je le dénomme *groupe des impressions*.

L'impression est un phénomène cérébral, dont les caractères sont d'être toujours passif et jamais indifférent. On peut définir l'impression tout sentiment de plaisir ou de douleur abstractivement considéré et dégagé de tout autre élément psychique, cas assez rare dans la réalité, comme nous le verrons plus loin ; car l'impression réagit presque toujours sur les facultés pour les stimuler, les émousser, les faire agir dans un sens donné. L'impression, c'est l'acte isolé, un mode d'une importante faculté ou plutôt propriété cérébrale, que nous désignerons naturellement sous le nom d'*impressionnabilité*.

Pour nous, médecins, habitués à considérer l'homme sous ses aspects les moins poétiques, à nous intéresser à tout ce qui est humain, l'impressionnabilité ne mérite nullement le dédain de la philosophie. Nous nous gardons de la reléguer dans les bas-fonds psychologiques et la considérons comme une des plus importantes propriétés de l'être. Plaisir ou douleur, voilà ses deux modes, mobiles plus ou moins visibles de tous les actes dont nous avons conscience, véritables centres d'attraction, autour desquels se groupent tous les actes cérébraux, comme les parcelles de fer aux pôles de l'aimant.

Au premier abord, il semble impossible de coordonner les impressions autrement que sous ces deux chefs, mais en généralisant autrement on arrive à une classification plus précise et plus rationnelle. Quelle différence, en effet, entre le plaisir causé par le bien-être d'une santé parfaite, celui que donne au gourmet un excellent dîner, et l'impression agréable accompagnant un travail intellectuel intéressant, ou bien les joies purement affectives ! Quelle différence de couleur encore entre ces dernières impressions morales et celles qu'éveillent en nous la vue d'une belle œuvre d'art, l'audition d'une mélodie touchante ! Oui, l'impressionnabilité, en tant que propriété fondamentale, est une, mais les causes variables qui la mettent en jeu donnent lieu à des impressions variables comme elles ; l'instrument a plusieurs notes.

II

En s'examinant au point de vue des causes qui peuvent produire chez l'homme des impressions de peine ou de plaisir, o   qu   e le cerveau peut être chatouillé agréablement ou douloureusement froissé, d'abord par le jeu plus ou moins régulier de la vie nutritive. Le moi philosophique, hélas ! ne s'isole pas de la vie organique. Au début prodromique d'une maladie, dont l'explosion va se faire, on éprouve une impression de malaise sans localisation. Ces impressions vagues et prosaïques, que la philosophie romantique dédaignera toujours, sont les échos d'une modification générale de l'être. Elles dépendent *totius substantiæ* et sont les degrés thermométriques de la vie organique. Elles jouent, en psychologie, un rôle bien important. Les facultés cérébrales, les plus superbes aussi bien que les plus humbles, subissent leur influence. L'Imagination et l'Intelligence, ces nobles filles de la cellule nerveuse, fléchissent ou s'exaltent, suivant l'état de leur base organique. C'est vainement que la volonté lutte contre ces inexorables nécessités matérielles. Les ailes de l'ange se déploient ou s'affaissent sans attendre notre bon plaisir.

A ces malaises pathologiques se peut comparer l'abattement profond, qui suit une dépense exagérée de force vitale par quelque moyen que ce soit, c'est-à-dire un excès de fonctionnement d'un organe ou d'un ensemble d'organes, d'où résulte une oxydation plus rapide des éléments qui constituent ces organes, en résumé une forte dépense matérielle (1). Cet abattement est un avertissement, que nous donne la vie nutritive, et dont nous devons profiter. Que tout marche

---

(1) La contraction use la chair musculaire, qui s'oxyde et fournit des dérivés azotés (créatine, acide urique, sarkine), des dérivés hydrocarbonés (sucre et acide lactique, qui acidifie le suc musculaire), enfin de l'acide carbonique, produit ultime. Il est probable que des réactions analogues se produisent dans le tissu nerveux, car on y trouve des produits dérivés analogues. (G. Sée, *Du sang et des anémies.*)

bien au contraire, et l'on jouit d'un délicieux bien-être : on est bon à tout faire ; on est prêt à tout braver ; les facultés fonctionnent avec toute l'énergie dont elles sont susceptibles. Cela veut dire que, chez nous, l'hématose est active et parfaite, qu'un sang vivifiant vient baigner l'organe de la pensée, que les aliments sont digérés et assimilés sans que la machine fasse effort, surtout que le mouvement de nutrition intime, le courant matériel à travers nos tissus par endosmose et exosmose, ainsi que les oxydations et régénérations de tissus, qui en sont la conséquence, s'effectuent régulièrement et sans difficulté. Chaque organe, chaque élément de notre être vit facilement et en donne avis à la conscience, au moi psychologique trônant dans l'encéphale, par l'intermédiaire du roi des tissus, du tissu nerveux. Multiplier les exemples serait inutile. Ces modifications de l'impressionnabilité, dépendant de la vie nutritive, nous les nommerons naturellement *impressions nutritives*.

III

Je viens d'examiner les impressions que donnent à l'être cérébral les phénomènes vitaux s'accomplissant dans les diverses régions du corps. Les relations avec le monde extérieur sont la cause, l'origine d'impressions d'une couleur différente.

Dans l'état normal, les appareils spéciaux, les fils nerveux conducteurs, qui relient l'homme au monde extérieur, ne nous donnent que des sensations, c'est-à-dire des *impressions indifférentes*, si je puis m'exprimer ainsi ; mais que la vibration des fibres nerveuses soit exagérée, aussitôt la sensation se transforme en véritable impression : elle devient douleur ou plaisir. Ainsi le tact régulier, simple, nous avertit de la présence des corps étrangers à notre pauvre microcosme, et rien de plus. Mais que l'un de ces corps, heurtant violemment nos tissus, contusionne, déchire, lacère nos papilles, immédiatement nous éprouvons une douleur vive, puissante. Sur les limites du tact sont encore le chatouillement, le toucher génésique, impressions franchement matérielles, voluptueuses. Le goût, l'odorat nous donnent aussi un grand nombre d'impressions, plus peut-être que de sensations.

Un caractère est commun aux trois sens de la volupté, du goût, de l'odorat, c'est que, malgré l'intensité des impressions qu'ils provoquent, il nous est impossible de nous représenter ces impressions par le seul travail de l'imagination. Le fait contraire est tout à fait exceptionnel; quelques gourmands se figurent, disent-ils, les impressions gustatives avec une telle netteté que l'eau leur en vient à la bouche.

Relativement au pouvoir impressionnel, le sens de l'ouïe se range immédiatement après le sens du goût. Le plaisir sensuel causé par certaines mélodies est parfaitement comparable à la saveur sucrée. Je ne parle ici que de l'impression purement sensitive et néglige à dessein d'autres impressions plus élevées, plus vagues, plus cérébrales, si cela se peut dire, que donne la musique.

L'impression de plaisir sensitif causée par la vue d'une belle couleur, d'un beau paysage, d'une belle œuvre d'art, est beaucoup moins vive que la sensation ou pour mieux dire l'impression musicale. Peut-être n'existe-t-elle que pour un certain nombre d'hommes spécialement doués, soit originairement, soit par l'éducation. Mais cette absence de plaisir physique est largement compensée par la netteté de la perception et son importance intellectuelle.

On peut même diviser les sens spéciaux en deux catégories bien distinctes : les sens localisateurs et les sens extériorants. Les premiers, savoir : le toucher, le goût, l'odorat, jouent en idéologie un assez pauvre rôle, tandis que la vue et l'ouïe ont une énorme importance intellectuelle. L'ouïe sert de transition entre les sens localisateurs et les sens de l'extérioration, car, outre sa faculté d'extérioration, l'oreille peut nous donner des sensations localisées analogues à la saveur, à l'odeur. J'ai déjà cité certaines sensations ou plutôt certaines impressions musicales. Au contraire, l'œil ne localise pas ; c'est le sens extériorant par excellence et aussi le bras droit de l'intelligence dans ses relations avec le monde extérieur. Aussi ce précieux pourvoyeur du moi intellectuel est pour ce dernier un énergique excitant. La pathologie nous fournit à ce sujet des faits bien curieux. En 1862, un aliéné atteint de cataracte est opéré à Montpellier par le docteur Bouisson, et l'opération lui rend en même temps la vue et la raison. Maintes fois les ophthalmologistes ont observé des cas de délire nerveux chez les cataractés opérés par extraction et soumis après l'opération à l'application du bandeau oculaire.

Baillarger a raconté l'histoire d'un malade, à qui il suffisait de fermer les yeux pour avoir des hallucinations. La même chose est arrivée à l'auteur de ce livre, durant une maladie grave, après avoir absorbé une certaine dose d'extrait de belladone.

Pour dormir, c'est-à-dire pour abdiquer notre intelligence, nous fuyons la lumière et presque tous les animaux obéissent à la même loi.

De cette diversité dans le rôle des sens spéciaux, il résulte que les *impressions sensitives* sont variables suivant les sens. La vue nous donne des impressions non localisées, presque cérébrales. Souvent il en est de même pour l'ouïe, sens mixte.

Les impressions sensitives, vraiment typiques, nous sont données par les trois sens localisateurs, que j'appellerais volontiers *tactiles*. Elles ont pour caractères distinctifs de continuer la sensation, dont elles ne sont que l'exagération. Elles commencent là où la sensation cesse d'être indifférente. Mais la limite est loin d'être tranchée. Ainsi une sensation peut s'élever à l'état d'impression et inversement une impression peut s'amoindrir jusqu'à devenir sensation simple.

IV

Il me reste à signaler un troisième groupe d'impressions, les plus élevées, les plus nobles, *les plus humaines*, celles dont parlait Aristote en écrivant ceci : « Chaque sens a son plaisir; *il en est de même de la pensée et de l'imagination*. Leur activité la plus parfaite est la plus agréable, et la plus parfaite est celle qui s'exerce sur l'objet qui leur convient le mieux (1). »

Certainement tout se tient dans la machine humaine. Les plus hautes facultés de l'*homo sapiens* n'existeraient pas, si les fonctions les plus végétatives ne leur servaient de supports, de nourrices; mais enfin ces dernières et les impressions qu'elles donnent sont communes à l'homme et aux animaux, certaines, aux animaux les moins élevés dans la série. Et certainement le plaisir de la pensée est aussi supérieur au plaisir génésique que le cerveau est supérieur, en bonne hiérarchie organique, aux organes de la génération. Mais tâchons de bien définir les aristocratiques impressions dont nous nous occupons.

---

(1) *Éthique*, Nicom., livre VII, chap. xii ; livre V, chap. iv.

Nous avons vu l'homme recevant le plaisir ou la douleur du jeu plus ou moins parfait des fonctions de la vie organique, puis des réactions du monde extérieur sur ses organes. Mais fermons autant que possible les portes de la sensibilité spéciale. Isolons-nous loin du bruit, loin de tout contact; fuyons même les bienfaisantes effluves de la lumière. Serons-nous alors à l'abri des atteintes de la douleur et des tressaillements du plaisir? Non; car nous continuerons à vivre par le fonctionnement des organes intellectuels. Mille impressions de bonheur, de douleur, pourront nous agiter, nous faire jouir ou souffrir. Ne nous restera-t-il pas nos passions, ces solides attaches sociales? quelquefois même de pures conceptions intellectuelles pourront nous rendre heureux ou malheureux et assez pour que ces *impressions*, uniquement cérébrales, agitant tout notre être, troublent, bouleversent les fonctions de la vie nutritive.

Les deux précédentes classes d'impressions étaient communes à l'homme et à la plupart des animaux. Les dernières n'existent que chez les animaux les plus supérieurs et surtout chez l'homme.

Ces *impressions cérébrales* ont pour caractère de n'être jamais localisées. Elles éclosent, vivent et meurent dans les centres nerveux ; précisons davantage, dans les hémisphères cérébraux. Elles ne tiennent directement, ni à la sensibilité générale, comme certaines impressions nutritives, ni à la sensibilité spéciale, comme les impressions sensitives.

En examinant attentivement l'importante classe des impressions cérébrales, elle me paraît subdivisible en deux sous-classes. En effet, certaines impressions sont liées spécialement à nos relations sociales. Elles tiennent, quoique indirectement, au monde extérieur, comme le plaisir que nous ressentons à la vue d'un ami, de nos enfants, d'un être aimé quel qu'il soit, etc. Mais d'autres impressions sont autant que possible dégagées du milieu extérieur. Elles se lient seulement au jeu de nos facultés intellectuelles. C'est à cette sous-classe, qu'appartient la joie du savant méditant et élucidant un problème scientifique, de l'homme de génie s'acharnant à la poursuite d'une grande idée. Je réserve à ces très-nobles impressions la qualification d'*intellectuelles* ; aux premières, celle d'impressions *affectives*. Un jeune homme se voit aimé de la femme qu'il adore et il éprouve une joie affective, tandis que Gutenberg, contemplant sa première épreuve, est délicieusement ému par une joie intellectuelle. Tout homme intelligent a senti plus ou moins le plaisir du travail intellectuel, ce plaisir des plaisirs, dont le pauvre Etienne Dolet, glorieux martyr des féroces préjugés de son temps, parlait ainsi : « On ne saurait croire combien la rédaction de mes Commentaires (sur la langue latine) m'a coûté de patience, de veilles, de sueurs ! combien de jours elle m'a pris, combien de nuits elle m'a dévorées ! Combien de fois j'ai dû m'abstenir de nourriture et de sommeil ! Que dis-je ? Il a fallu m'interdire moi-même toute relâche, tout loisir, toute distraction, tout commerce avec mes amis, tout plaisir honnête, en un mot, l'usage même de la vie. Mais j'avais sous les yeux, comme une perspective consolante, la postérité si digne de respect ; je rêvais l'éternité de mon nom (1). »

Que la distinction soit quelque peu subtile, je ne le nie pas, mais je la crois fondée. Ces impressions n'ont

---

(1) *Étienne Dolet, sa vie et son martyre*, par J. Boulmier, Paris, 1857.

pas la même nuance, et quoique la plupart des hommes puissent ressentir les unes et les autres, mais pour des motifs d'une importance variable, cependant les impressions intellectuelles typiques, celles qui peuvent servir de base à une passion intellectuelle aussi, ne sont le partage que d'un petit nombre d'hommes, les chefs de leur race, les pilotes de l'humanité dans les routes inexplorées encore de la science et même de la poésie ; car il faut ranger dans la catégorie des impressions intellectuelles celles que durent ressentir Valmiki, Homère, Dante, Shakspeare, alors qu'enivrés d'un divin enthousiasme ils pouvaient incarner leurs idées dans des expressions vivantes et passionnées.

V

Si l'impression affective ou sociale ne résulte pas immédiatement du jeu de la sensibilité spéciale ou même viscérale, est-ce à dire qu'elle en soit indépendante ? Nullement. Chaque impression morale est directement produite par des souvenirs évoqués, des images revivifiées, des idées suscitées par tout ce travail psychique. Le plaisir éprouvé par un amant à la vue de sa maîtresse se décompose en un désir quasi-nutritif, sollicitant énergiquement l'une des cordes de l'impressionnabilité, en souvenirs de jouissances jadis éprouvées, en tableau coloré de plaisirs futurs, en caresses d'amour-propre, en images du bonheur, que ressent aussi l'être aimé, etc. Tout cela est, pour une très-large part, de la sensibilité et de l'impressionnabilité sensitive emmagasinées.

Le plus noble et le plus rare des sentiments affectifs, le sentiment de la justice, s'analyse en souvenirs de violences éprouvées jadis, en revivification mentale de l'émotion désagréable, qui en résulte. On se figure les mêmes faits de conscience chez les autres, par suite, on les ressent un peu ; on souffre avec ceux qui les subissent ; on désire leur épargner des impressions douloureuses ; on a de l'indignation contre les auteurs de ces impressions, etc.

L'éducation, les préjugés, au milieu desquels on a grandi, jouent ici un grand rôle. Tel acte injuste et intolérable dans tel groupe social est insignifiant dans tel autre. Aux yeux du nègre africain, l'esclavage n'est nullement injuste. Certes, il n'est guère dans le cœur humain de sentiment plus fort que l'amour maternel, cependant il y a, dans l'Inde, des contrées où l'on tue le tiers des enfants féminins. C'est souvent la mère elle-même qui se charge de ce soin, soit en noyant sa fille dans du lait, soit en enduisant de poison le mamelon qu'elle lui donne à teter. Chez la plupart des hommes, l'amour de la vie est à tout le moins aussi puissant que l'amour maternel et sûrement la mort par le feu est atroce ; pourtant les Anglais ont toutes les peines du monde, dans l'Inde, à empêcher les veuves des hautes castes de se brûler vives : « Je dois me brûler, disait la veuve d'un rajah ; les femmes de basse caste ne se brûlent nulle part. » Ici l'orgueil est plus fort que le sentiment de la conservation et que la crainte de la douleur.

Naturellement les tendances héréditaires ont une grande influence sur le développement des sentiments moraux. Par sa conduite, chacun de nous moralise ou démoralise ses descendants ; mais il a été, bien davantage encore, moralisé ou démoralisé par ses ancêtres. Dans les sociétés, que nous avons appelées *nutritives*, la pitié est inconnue ; elle est bien rare encore dans les sociétés sensitives, batailleuses, prédatrices, selon l'expression de H. Spencer. Dans nos sociétés actuelles, soi-disant civilisées, la sympathie, le dévouement, la générosité, le sentiment de justice existent plus ou moins chez un bon nombre d'hommes ; mais l'égoïsme prime encore de beaucoup l'altruisme, chez presque tout le monde, au moins dans le train habituel de la vie. Dans l'intérieur de chaque groupe social, la bataille pour vivre, sans être sanglante, est bien âpre encore et elle entretient au fond des cœurs de vieux instincts sauvages, destinés à disparaître, quand la roue du progrès aura fait quelques tours de plus. De l'imperfection de notre état social résulte même parfois l'accouplement bizarre de sentiments, les uns nobles, les autres barbares. Ainsi l'antagonisme armé de toutes les nations oblige tout bon citoyen à se tenir prêt en même temps à assassiner l'étranger, qu'il n'a jamais vu, et à donner sa vie pour son pays.

VI

Rien de plus abstrait, de plus détaché du monde extérieur que le plaisir intellectuel, le bonheur d'apprendre, le désir des avoir ; mais ce plaisir repose, lui aussi, plus ou moins directement sur des sensations, sur des impressions d'ordre moins élevé ; car l'idée la plus quintessenciée n'est toujours, au fond, qu'un écho plus ou moins lointain de la sensibilité. Mais l'impression intellectuelle, et le désir de savoir qui l'engendre, ne sont plus des faits de conscience simples et irréductibles, comme la faim et la soif, par exemple ; elles sont le contre-coup de tout un concert de sensations enregistrées, de souvenirs, d'images évoquées, de phénomènes psychiques détachés de leur cause première, mobilisés, capricieusement groupés, suscitant des comparaisons, etc. ; aussi l'indépendance de l'intelligence et de l'impressionnabilité intellectuelle est toute relative. Le docteur Luys cite le fait d'un aliéné, dont les mauvais instincts paraissaient et disparaissaient suivant que sa peau devenait ou cessait d'être anesthésique (1). Le lien entre la moralité et la sensibilité est ici aussi étroit que possible ; celui qui rattache la moralité à l'intelligence est plus lâche, mais n'en existe pas moins. Les idiots sont dépourvus de tout sens moral et en général le cœur et l'esprit s'élargissent en même temps. Pourtant le côté moral et émotif de l'être humain a une certaine vie propre. Bien souvent l'aliénation commence par des désordres affectifs avant de troubler la raison. Telle perversion des sentiments, par exemple, la haine violente d'une mère pour ses enfants, n'est que le prodrome d'une manie aiguë. De même, chez certains savants, le développement intellectuel a éteint toute vie affective. Pour eux, il n'y a plus ni amis, ni famille, ni patrie, ni humanité, ni dignité morale, ni sentiment du juste. Indifférents à tout ce qui est en dehors du domaine intellectuel, où ils s'ébattent, où ils jouissent, les plus grandes iniquités sociales ne troublent pas leur quiétude. Que leur importe la tyrannie, pourvu qu'elle respecte les bocaux et les cornues de leur laboratoire ! Aussi les voit-on choyés, caressés par les plus avisés des despotes. Ce sont des êtres de luxe, dont l'existence et la présence honorent le maître, servent de passe-port à ses mauvaises actions et ne sauraient d'ailleurs le gêner en rien.

Une judicieuse observation de H. Spencer montre bien aussi qu'entre l'impressionnabilité sensitive et l'intelligence, par suite l'impressionnabilité intellec-

---

(1) Luys, *le Cerveau*, p. 206.

tuelle, il y a un certain antagonisme : « Les objets les plus communs, dit-il, causent du plaisir à l'enfant, tant que les qualités qu'ils présentent sont nouvelles pour lui ; mais, dès que, par une répétition constante, ces impressions complexes se consolident en connaissance parfaite des objets, deviennent liées ensemble d'une manière si automatique que le plus rapide regard suffit à mettre devant l'esprit tous les attributs et rapports unis ensemble, aussitôt les objets deviennent indifférents. Durant l'enfance, la jeunesse et l'âge viril, le même fait se manifeste journellement (1). » Il semble, que les cellules conscientes éprouvent du plaisir, alors seulement que leur équilibre moléculaire est troublé d'une certaine manière, et que l'impression corresponde à une orientation nouvelle des molécules de la cellule nerveuse. Une fois établi le nouveau mode d'orientation, la vibration nerveuse ne suscite plus une impression de plaisir. Dès lors, il y a seulement une notion acquise, un rapport enregistré.

VII

Les quelques pages précédentes ne contiennent que l'ébauche très-rudimentaire d'une étude, qui fournirait matière à un volume. Pour étudier complétement l'impressionnabilité, il faudrait l'examiner dans toute l'échelle animée, préciser à quel degré de perfection l'être est doué de la conscience des sensations et des impressions et où par conséquent il cesse d'être un agrégat cellulaire tout à fait comparable au végétal, pour s'élever à la dignité d'être psychique. Il faudrait

---

(1) Spencer, *Principes de psychologie*, t. I, p. 520 (tr. Ribot et Espinas).

montrer l'impressionnabilité d'abord purement nutritive, devenant successivement sensitive, puis spécialement cérébrale. Il faudrait encore, prenant l'homme à sa naissance, suivre chez lui les phases d'une évolution analogue de l'impressionnabilité, la montrer s'élevant, s'épurant, à mesure que le cerveau grandit et se perfectionne, puis redescendant l'échelle en sens inverse, à mesure que l'être, le cerveau, après avoir atteint l'apogée de son développement, incline vers une décadence de plus en plus rapide.

Mais mon but est uniquement de montrer sur quel terrain repose l'édifice des passions, des désirs humains, et ce terrain solide, c'est l'attrait du plaisir, la répulsion de la douleur, c'est-à-dire l'impressionnabilité. En donnant pour mobile aux actions humaines l'intérêt, Helvétius n'a vu qu'un coin de la vérité. L'intérêt, comme il le comprend, n'est guère que la satisfaction pure et simple des besoins grossiers, le plaisir, que donnent les sens, les cinq sens classiques et le sens génésique. Base incomplète assurément et très-justement critiquée. Il avait omis l'importante classe des impressions purement cérébrales, c'est-à-dire le côté le plus élevé, le plus noble, le plus pur du plaisir. Plaisir aussi détaché que possible du monde et de cette pauvre matière si injustement dédaignée, plaisir assez épuré, pour qu'en l'éprouvant on puisse le séparer des organes, le spiritualiser. Mais l'homme moral ne peut s'abstraire de l'organisme, et derrière le dévouement le plus spontané, le plus désintéressé, derrière l'apparente abnégation du savant, de l'homme de génie se sacrifiant sans hésitation à une grande idée, on ne peut pas ne pas reconnaître un immense plaisir moral ou intellectuel, d'autant plus vif que l'acte est plus grand, plus noble, plus difficile.

Je viens d'examiner les trois modes généraux de l'impressionnabilité et j'ai résolûment tracé les limites de chacun d'eux ; mais la nature n'est pas absolue comme ma classification, et l'observation nous montre que l'impressionnabilité est assez rarement affectée isolément dans chacun de ses modes. Ainsi le malaise nutritif, prodrome d'une maladie, s'accompagne ordinairement d'une impression morale de tristesse, d'ennui. L'impression sensitive agréable, produite par une belle et large mélodie, nous jette ordinairement, en stimulant certaines de nos facultés, dans un état d'émotion, dans une impression morale plus ou moins caractérisée. En général, la souffrance physique et la souffrance affective s'engendrent réciproquement. Cependant l'impression simple est observable. Je citerai comme exemples d'impressions isolées : dans le mode nutritif, la fatigue, suite d'une marche forcée ; dans le mode sensitif, l'impression produite par une saveur amère, le bruit strident d'une scie, d'une lime. Quant aux exemples d'impressions affectives ou intellectuelles isolées, mon lecteur ne peut manquer d'en constater, s'il a la patience de pratiquer pendant vingt-quatre heures le « connais-toi toi-même » socratique.

CHAPITRE II.

DÉSIR ET VOLONTÉ.

> « Tout prouve que, dans tous les états de la société humaine, on n'a supposé d'autre liberté que celle de pouvoir être déterminé et de se déterminer soi-même par les motifs les plus puissants. »
> (GALL, *Fonctions du cerveau,* t. I, p. 288.)

I

Chercher ce qui plaît, éviter ce qui déplaît, c'est l'histoire abrégée de la vie humaine ; et, d'une façon générale, on peut dire que l'homme n'est pas libre de ne pas chercher ce qui lui plaît le plus. Mais faut-il en tirer cette conclusion absolue que l'homme est l'esclave docile de ses impressions, de ses passions ? Grosse question, que l'humanité agite depuis qu'elle a conscience d'elle-même.

Je n'essayerai pas, par de subtiles distinctions, d'éluder l'obstacle. Rigoureusement parlant, oui, le libre arbitre est une chimère. Tout être organisé n'est qu'un fait partiel, perdu dans l'immensité du monde et entraîné par le grand, le fatal courant des lois immuables de l'univers. Nécessairement et sous peine de mort, notre organisation doit se modeler sur le milieu au sein duquel nous sommes plongés et où sans cesse nous puisons les matériaux de la vie. De cette organisation fatalement déterminée et variable seulement dans d'étroites limites, résultent des fonctions, des besoins, des facultés, qui lui sont nécessairement corrélatives. Il ne dépend pas de la volonté d'un homme d'être nègre, blanc ou Mongol, et cependant c'est ce moule, dans lequel l'a jeté la nature, qui déterminera sa manière de sentir, de penser, par suite de désirer et d'agir.

Mais il y a plusieurs nuances dans le désir, qui n'est, comme nous le savons, que la formule du besoin organique. Or, l'homme éprouve des besoins nutritifs, des besoins sensitifs, des besoins cérébraux. Trois grandes sources créant sans cesse et simultanément, par essaim, des désirs, qui souvent se contrarient et se combattent. La difficulté se trouve donc ramenée à n'être plus guère qu'un problème de mécanique. C'est le parallélogramme des forces. *Tout être, aussi bien que tout corps, alors qu'il subit des attractions multiples et d'intensité variable, obéit à leur résultante,* dont le sens est principalement déterminé par la force qui prédomine.

Donc l'homme n'est pas libre, puisque, pour être libre, il devrait s'abstraire métaphysiquement de ce qui constitue son être. Mais déjà j'entends les clameurs des vieux préjugés religieux et sociaux. « Quoi, l'homme n'est pas libre ! Mais ne voyez-vous pas, qu'en ébréchant la forte digue du libre arbitre, qu'a édifiée l'unanime consentement de l'humanité, vous allez donner carrière à tous les besoins brutaux, que l'homme, s'il est convaincu de son irresponsabilité, va se vautrer dans la fange, que c'en sera fait de tout ce que l'on respecte, de tout ce que l'on admire, de la sainteté des liens sociaux, de la moralité, de la famille ! »

Ce raisonnement, comme la plupart des raisonnements bâtis sur la métaphysique et la religion, serait bien fait pour nous enorgueillir, pour fortifier les espérances, que nous ajournons à l'avenir par découragement dans le présent.

8

Cette philosophie des vieux âges a été faite évidemment pour des êtres grossiers, assez voisins encore de la bestialité et chez qui le silence des nobles besoins intellectuels et moraux laissait le champ libre aux grossiers penchants de la brute; pour ces hommes ou du moins pour ceux qui ont créé la morale primitive, il est évident que les biens seuls vrais, seuls désirables, c'était l'assouvissement jusqu'à satiété de la faim, de la soif, des désirs voluptueux. Tous les besoins sont abdominaux, le cerveau leur est humblement soumis. Aussi la sanction de la morale est terrible et brutale, c'est un châtiment sanglant, atroce, dans ce monde et dans l'autre.

Certes, j'admets avec Spinosa et avec le bon sens, qu'une passion seule peut en dompter facilement une autre. D'où cette conséquence, qui doit servir de règle fondamentale dans l'éducation et la législation, que pour entraver les passions dangereuses à l'individu et à la communauté, il faut produire des impressions assez puissantes pour engendrer des désirs, qui agiront en sens inverse de la passion à vaincre, d'où la nécessité de peines d'autant plus sévères, d'autant plus terribles même, que l'être sera moins intelligent.

N'accusons pas trop le passé. C'est avec horreur aujourd'hui, que nous nous figurons les atroces supplices des civilisations primitives, le lit de fer rougi au feu, sur lequel Manou couchait l'adultère, l'écartèlement du moyen âge, etc., mais ces atrocités étaient peut-être nécessaires pour agir sur le cerveau d'êtres plus rudes, plus violents, plus voisins de l'animalité.

A-t-on affaire à des êtres plus perfectionnés, chez qui ont grandi et fleuri les penchants moraux, l'intelligence, alors le châtiment doit se mitiger de plus en plus. L'être n'est plus surtout susceptible de terreur, il est encore capable de pitié, de charité, de loyauté, de remords; il a du plaisir à être utile à ses semblables; leur malheur le peine, leur bonheur le réjouit; il porte en lui-même les Euménides vengeresses, et cela peut servir de base à une règle de conduite toute nouvelle, plus douce; car, commettre une action nuisible aux autres amène alors, par contre-coup nécessaire, de la douleur et du remords.

L'homme est un être perfectible et cette perfectibilité peut s'accroître par l'éducation. Donc, au lieu de forger des peines dans ce monde et dans l'autre, au lieu d'étayer de vieilles fictions philosophiques, des digues ruinées, qui ne contiennent plus le flot, travaillez à développer le cerveau, l'intelligence par un système d'éducation agissant successivement sur une série de générations, qui finiront par se transmettre des aptitudes morales, utiles au bien général, et vous arriverez à brûler les échafauds.

Espérant avoir rassuré quelque peu mon lecteur, je continue mon raisonnement. L'homme a des besoins nutritifs, sensitifs, cérébraux, et nous avons vu que le retentissement de ces besoins dans la conscience était d'autant moins fort qu'ils tenaient moins à la nutrition. La faim est certainement beaucoup plus nettement sentie que le désir de l'étude. C'est cette vague formule des besoins cérébraux, qui nous donne l'illusion du libre arbitre, et ici je suis heureux de laisser parler un grand philosophe : « Ainsi le nourrisson croit désirer librement le lait; l'enfant irrité croit désirer librement la vengeance ; c'est librement qu'il croit vouloir fuir s'il est effrayé. L'homme ivre croit prononcer, d'après une libre décision de l'esprit, ces paroles, qu'il voudrait bien n'avoir point dites quand il est à jeun. Ainsi l'homme en délire, le bavard, l'enfant et tous les gens de même farine, croient parler d'après une libre décision de l'esprit, alors cependant qu'ils ne peuvent contenir l'élan de leur parole. L'expérience nous enseigne par là aussi clairement que la raison, que la conviction du libre arbitre existe chez les hommes uniquement parce qu'ils ont conscience de leurs actions et nullement des causes qui les déterminent, et que par conséquent les décrets de l'esprit ne sont que les appétits variables nécessairement selon les diverses dispositions du corps... Je voudrais surtout faire bien remarquer cet autre fait, que pour accomplir un acte d'après une décision de l'esprit, il faut nécessairement en avoir le souvenir. Par exemple, nous ne pouvons prononcer une parole qu'à la condition de nous la rappeler. Or, il ne dépend pas du libre pouvoir de l'esprit de se souvenir d'une chose ou de l'oublier. Aussi croit-on que cela seulement est au pouvoir de l'esprit, savoir, la résolution de taire ou de dire ce dont on se souvient. Mais quand nous rêvons que nous parlons, nous croyons parler d'après une libre décision de la pensée, et cependant nous ne parlons pas, ou si nous parlons, c'est seulement par un mouvement spontané du corps. Enfin nous croyons en songe faire, par une décision de l'esprit, des choses qu'éveillés nous n'oserions accomplir. Et je voudrais bien savoir s'il y a dans l'esprit deux genres de décisions, les unes fantastiques, les autres libres... Ceux donc qui croient parler ou se taire ou faire quoi que ce soit d'après une libre décision de l'esprit, ceux-là rêvent les yeux ouverts (Spinosa) (1) »

---

(1) « Sic infans se lac libere appetere credit, puer autem iratus vindictam velle et timidus fugam. Ebrius deinde credit se ex libero mentis decreto ea loqui, quæ postea sobrius vellet tacuisse. Sic delirans, garrula, puer et hujus farinæ plurimi ex libero mentis decreto credunt loqui, quum tamen loquendi impetum, quem

Donc, à parler rigoureusement, l'homme n'est pas libre; sollicité sans cesse par des désirs nombreux et simultanés, il obéit au plus fort, tout en ayant conscience des autres, et c'est aussi pour cela qu'il se croit libre. Mais cette conscience même de la liberté, il la perd, quand un désir prime de beaucoup tous les autres. Tous nous sentons que, dans les moments d'émotion puissante, dans le délire de la colère, dans l'enivrement de l'enthousiasme, notre prétendue liberté a complétement sombré.

Je reviens à la distinction du désir et de la volonté. Comme toutes les distinctions psychologiques, c'est une affaire de nuance. Déjà j'ai défini *volonté le pouvoir de faire converger toutes les puissances de l'être vers un but donné, quand ce pouvoir agit avec une apparente liberté*. Dans le cas contraire, la volonté prend le nom de désir. *Le désir, c'est l'évidente impulsion du besoin*,

---

habent, continere nequeant, ita ut ipsa experientia non minus clare, quam ratio docet, quod homines ea sola de causa liberos se esse credant, quia suarum actionum sunt conscii et causarum, a quibus determinantur, ignari; et præterea quod mentis decreta nihil sint præter ipsos appetitus, quæ propterea varia sunt pro varia corporis dispositione... Nam aliud est quod hic apprime notari vellem nempe quod nos nihil ex mentis decreto agere possumus, nisi ejus recordemur. Exempli gratia, non possumus verbum loqui, nisi ejusdem recordemur. Deinde in libera mentis potestate non est, rei alicujus recordari vel ejusdem oblivisci. Quare hoc tantum in mentis potestate esse creditur, quod rem, cujus recordamur, vel tacere, vel loqui, ex solo mentis decreto possumus. Verum quum nos loqui somniamus, credimus nos, ex libero mentis decreto loqui, nec tamen loquimur, vel si loquimur, id est corporis spontaneo motu fit... Somniamus denique, nos ex mentis decreto quædam agere, quæ, dum vigilamus, non audemus; atque adeo pervelim noscire, an in mente duo decretorum genera dentur, phantasticorum unum et liberorum alterum... Qui igitur credunt, se ex libero mentis decreto loqui vel tacere, vel quidquam agere, oculis apertis somniant. » (Spinosa, *Ethices*, pars III, prop. ii, schol.)

provenant d'un certain état de l'organisme et qui nous pousse à accomplir un acte déterminé, d'où résultera une impression agréable. Le vrai désir est l'impulsion manifestement irraisonnée dans son essence ; à la plus haute puissance, il est irrésistible ; alors, despote inflexible, il courbe devant lui toutes les facultés et les oblige à lui obéir et à le servir.

Tous les besoins, les besoins cérébraux aussi bien que les autres, peuvent donner naissance à de vrais et puissants désirs. La volonté proprement dite, c'est-à-dire le désir en apparence libre, dépend surtout des fonctions cérébrales. C'est une décision précédée d'une délibération. L'homme ayant le pouvoir de percevoir des rapports, de les comparer entre eux et de déduire de cette comparaison des rapports nouveaux, s'il accomplit tout ce travail intellectuel à l'occasion d'un fait, d'un être, d'une idée, d'une situation, il en résulte presque toujours la prévoyance d'un bien ou d'un mal ; naturellement il craint le second et *il veut* le premier, qu'il ne peut pas ne pas vouloir.

Donc (je reviens sur mes définitions à cause de leur importance), *le désir c'est l'impulsion franchement irraisonnée ; la volonté, c'est l'impulsion délibérée.*

Exemple. — Un homme paresseux *désire* naturellement le repos ; mais si le raisonnement lui montre avec évidence, qu'en s'astreignant à des veilles, à des études pénibles, il atteindra un bien quelconque, auquel il attache un grand prix, *il voudra* travailler.

Deuxième exemple. — Prenons la forme sèche et mathématique, dont Spinosa a tant abusé.

Soit un homme doué ou affligé de besoins voluptueux très-énergiques. La vue d'une belle femme éveillera presque nécessairement en lui *le désir* de la posséder. Mais s'il a des facultés intellectuelles et morales développées, il pourra considérer, d'une part, les ennuis, les périls, les inconvénients de toute sorte, auxquels la poursuite de son désir l'exposera; d'autre part, l'indignité de sa conduite, si, pour posséder cette femme, il lui faut transgresser ce qui, par suite de son organisation, de son éducation, est pour lui une loi morale. Tout cela ne l'empêche pas de désirer, mais *il veut* éviter les maux qu'il voit dans l'avenir, d'où lutte entre le *désir* et la *volonté*, ou plutôt entre le désir irraisonné de la volupté et le désir raisonné du repos et de l'estime de soi-même.

II

Pour désirer, il suffit presque d'être impressionnable. Il est probable que le nouveau-né geignant sur les genoux de sa nourrice désire être délivré du maillot qui le gêne. Quand plus tard, dans quelques années, la mémoire-imagination retracera à l'enfant des impressions jadis perçues, le désir n'en sera que plus violent, mais l'existence de ces facultés n'est pas indispensable au désir.

Qu'il en est autrement pour la volonté! Pour que cette noble faculté existe, il faut que l'être soit muni :

1° De la conscience dans tous ses modes (j'appelle conscience le sentiment de ce qui se passe en nous).

2° Du faisceau bien complet des facultés.

La distinction du désir et de la volonté ressort aussi bien de l'étude de l'individu que de celle de l'homme en général.

Jetons les yeux autour de nous. Chez l'enfant, pas de volonté, mais des désirs violents et courts; chez le jeune homme, volonté faible, intermittente, subordonnée au désir. Sous ce rapport, la femme est assez souvent jeune toute sa vie. La volonté dans toute sa plénitude, dans toute sa force sereine, ne se rencontre guère que chez l'homme adulte, quand l'impressionnabilité s'est émoussée, quand les passions d'ordre inférieur se sont attiédies, quand les facultés intellectuelles sont à leur apogée.

L'homme qui sait le mieux maîtriser ses penchants brutaux, est celui dont une longue éducation individuelle et héréditaire a développé l'intelligence et la raison. Très-généralement l'homme du peuple obéit sans résistance à l'impression, au désir du moment. C'est chez les races incultes, voisines de l'état de nature, que l'on observe le plus d'actes violents, brutalement passionnés. Dans nos sociétés modernes, les crimes contre les personnes diminuent sans cesse à mesure que marche le progrès intellectuel ; et dans notre histoire, le meurtre, le rapt, le viol, etc., sont d'autant plus communs que l'on remonte plus loin dans le passé. Qui peut lire *Grégoire de Tours* sans horreur? Et sans aller aussi loin, quelle hideuse époque que celle où régnèrent les fils de Catherine de Médicis. De même, les chroniques italiennes du quinzième siècle nous peignent l'homme comme un animal énergique, puissant, beau quelquefois, mais toujours violent, instinctif, indomptable. C'est encore aujourd'hui le caractère dominant du peuple dans certaines provinces italiennes, dans la Romagne, dans les Calabres.

Chez l'humanité comme chez l'individu, l'impressionnabilité décroît avec l'âge, et le désir, toujours engendré par elle, subit le même sort. Dans le premier âge, c'est presque instantanément que se déroule la série des actes. Impression, désir, acte, trois faits, qui ne sont alors séparés par aucun intervalle appréciable. C'est un vrai coup de feu ; la détente frappe, la poudre s'enflamme, le projectile part. A mesure que l'homme vieillit et se calme, raisonne et prévoit, l'acte devient de plus en plus tardif; entre lui et le désir se creuse un intervalle, qu'occupent le raisonnement, la volonté raisonnée. Il y a lutte, effort contre-balançant le désir primitif; la poudre brûle mal et la balle ne part pas.

Certainement cet apaisement ne s'obtient qu'aux dépens de l'énergie, de la force, cependant il doit être considéré comme le thermomètre du développement intellectuel. L'homme, d'abord pure machine, animal, devient de plus en plus maître de lui, maître des autres et semble se rapprocher de cet état divin, qu'il n'atteindra jamais, la liberté absolue. En d'autres termes, plus l'homme devient intelligent, plus il prévoit, *plus il a de mobiles*, plus il a conscience des multiples incitations qui le sollicitent, plus, par suite, il délibère, tout en finissant par céder au mobile dominant, de quelque ordre qu'il soit. Cependant ce mobile-roi est plus ou moins noble, suivant le degré de développement de l'individu ou de la race. Aussi, chez l'homme complétement doué, complétement développé, le mobile affectif ou intellectuel subjugue habituellement les autres, mais sans être plus libre qu'ils ne le sont (1).

LOIS.

1° Le désir est d'autant plus ardent que l'impressionnabilité est plus vive.

2° La volonté est proportionnelle à la rectitude de la raison et en raison inverse de l'impressionnabilité.

---

(1) Lire l'histoire de Margarita Cogni dans les Mémoires de lord Byron publiés par Moore, les chroniques italiennes de Stendhal, le journal de Paul Jove, les chroniques de Burkard, les Mémoires de Benvenuto Cellini, et surtout Taine, *Histoire de la littérature anglaise* (seizième siècle).

III

Ce qui précède se peut facilement traduire en langage physiologique. Tout homme possède dans sa constitution mentale un fond héréditaire et un fond acquis. En effet, chaque homme naît avec un système nerveux hérité, c'est-à-dire modelé par les innombrables expériences des ancêtres. Le cerveau de chaque enfant est plein d'aptitudes latentes; c'est un champ ensemencé. Cellules et fibres sont disposées à vibrer facilement dans tel sens plutôt que dans tel autre. Sur ce fond ancestral se greffent, d'ordinaire, quelques particularités individuelles, fortuites. Dans tous les cas, il y aura, dans l'écorce cérébrale, certains districts cellulaires plus richement doués que les autres; c'est la raison des aptitudes spéciales, des originalités, des instincts vertueux ou vicieux, sur lesquels l'éducation n'a pas plus de prise que la main sur la surface polie d'un miroir. Ces instincts peuvent être tellement dominants, qu'ils ne laissent point de place à la délibération.

La volonté alors cède le pas au désir. Sur les natures moyennes, mieux équilibrées, l'influence du milieu, l'éducation ont un grand pouvoir. Par la répétition soutenue des mêmes actes, on créera des habitudes, des aptitudes nouvelles, on donnera aux cellules conscientes une orientation acquise. A-t-on affaire, au contraire, à des cerveaux où l'hérédité est puissante, on ne réussit point, d'ordinaire, à étouffer les instincts et les désirs; mais en les favorisant, en faisant vibrer le système nerveux, suivant la tonalité, qui lui est propre, on exagérera, on décuplera sans peine les aptitudes, les qualités et les défauts. En langage philosophique, on amoindrira de plus en plus la liberté.

Mais, en définitive, désirs et volitions ne sont que des temps et des modes de l'action réflexe consciente. C'est toujours de la sensibilité et de l'impressionnabilité suscitant des phénomènes affectifs et intellectuels, puis des actes. Il est clair que ces actes seront d'autant plus irréfléchis que le trésor des notions acquises sera plus indigent. Chez l'enfant, chez le sauvage, chez l'homme inculte, la sensation, l'impression se traduisent instantanément en actes. C'est une action réflexe consciente, dont rien ne vient entraver le cours. Chez l'être muni d'un cerveau perfectionné, il en va différemment. L'instrument conscient est ici plus complexe ; l'incitation sensible ébranle des districts divers de la couche corticale, et ces districts sont riches en empreintes conscientes. Sous le choc reçu, l'expérience du passé se ravive, mille souvenirs, mille notions surgissent, d'autres désirs viennent contrebalancer celui qui a mis en mouvement toute la machine cérébrale. Alors il y a confrontation, en un mot, une volition délibérée au lieu d'un désir. Par suite, l'acte sera moins automatique ; il y aura d'abord de l'hésitation, car la conscience évoque des possibilités multiples ; elle serre les freins, afin de pouvoir au besoin changer de route.

Dans l'organisation mentale, dont nous venons de parler, le côté sensitif et impressionnable de l'être conscient s'atténue ; les cellules sentantes sont gouvernées par les cellules intelligentes ; il y a rarement de ces impressions violentes, de ces désirs impétueux, qui emportent tout comme un flot irrésistible. M. Luys affirme, qu'il reconnaît sans peine le sexe des cellules sensitives d'une moelle épinière quelconque. Chez la femme, ces cellules auraient généralement des dimensions plus grandes. Il en est vraisemblablement de même pour les cellules cérébrales spécialement affectées à la sensibilité consciente, à l'impressionnabilité, chez tous les êtres, hommes ou femmes, qui sont très-sensitifs, très-impressionnables, plus instinctifs que réfléchis, en résumé partout où l'action réflexe est simple, et où il n'y a pas même l'apparence du libre arbitre.

CHAPITRE III.

DE L'ÉMOTION.

Si j'avais le bonheur d'être poëte, quelles émouvantes tirades je ferais sur l'émotion ! le lecteur serait touché, et par conséquent gagné et convaincu. Quand il faut agir sur les hommes, combien l'émotion a plus de force qu'un raisonnement glacé. Voici une conviction solide, inébranlable en apparence, mieux que cela, une passion égoïste comme elles le sont toutes. Vous l'assiégez avec toutes les machines de guerre de la logique. Insuccès complet. La forteresse est inexpugnable. Mais soyez assez heureux ou assez habile pour provoquer une émotion, et vous voilà par escalade au cœur de la place.

Au point de vue froidement psychologique, cette toute-puissante fièvre de l'émotion peut se définir une impression morale vive avec tout un cortége de phénomènes psychiques et physiques.

I

Prenons un exemple poétique comme le sujet. Vous voyez au théâtre représenté par d'excellents acteurs un drame émouvant, par exemple l'admirable *Othello* de Shakspeare. De plus en plus captivé par l'intérêt toujours grandissant de l'action, vous regardez le terrible Maure près d'étouffer Desdémona. Par une suite d'opérations cérébrales si rapides qu'à peine vous en avez conscience, l'idée de cette jeune femme, belle et innocente, qui va mourir assassinée, remue toutes les fibres de votre cerveau. Cependant vous n'êtes pas le jouet d'une illusion complète; mais l'idée de cette horrible situation, de sa possibilité, suffit pour éveiller en vous une vive impression de douleur morale. Pourquoi? C'est que vous portez en vous-même le germe des passions, dont le poëte vous offre le simulacre. Peut-être avez-vous été aussi mordu par la jalousie.

> It is the green-ey'd monster, which doth mock
> The meat it feeds on (1).
> (*Othello*, acte IV.)

Vous vous identifiez avec le personnage fictif d'Othello, et, vous incarnant dans ce type passionné, *vous vous voyez* égorgeant un être adoré. Vous sentez par anticipation les tenaillements du remords, qui suivra cette exécrable action, et si vous ignorez le dénoûment du drame, vous *désirez* qu'un obstacle arrête le bras du meurtrier ; tout cela en subissant une impression affective pénible, anxieuse.

Mais la scène change, le meurtre est consommé. Votre émotion change aussi. Plus de désir. Le mal est irrémédiable. Il ne vous reste qu'une impression de douleur si vive qu'elle vous arrache des larmes, pendant que votre imagination et votre mémoire vous retracent les péripéties de l'horrible tragédie, à laquelle vous venez d'assister.

La simple lecture d'*Othello* pourra produire sur vous une émotion pareille, plus vive peut-être, si votre imagination est puissante; car vous vous chargerez vous-même d'arranger les circonstances et les person-

---

(1) C'est le monstre aux yeux verts qui produit — l'aliment dont il se nourrit.

nages du drame de la façon la plus propre à vous émouvoir.

Nombreuses comme les étoiles du ciel sont les émotions, qui peuvent agiter le cœur humain. Qu'est-ce que la honte? une impression de douleur affective causée et nourrie par le souvenir d'une action, d'un fait entraînant avec soi, dans notre opinion, une idée d'infériorité, de démérite.

La pitié n'est aussi qu'une impression pénible, causée par la vue du malheur d'autrui avec retour sur nous-mêmes ; car de pareilles souffrances nous attendent peut-être ; il s'y joint le désir de soulager celui qui souffre.

Et l'enthousiasme, est-ce autre chose qu'un désir causé par une vive impression morale ? La patrie est envahie, menacée, humiliée : impression de douleur engendrant aussitôt le désir ardent de la délivrer, de la venger, désir si puissant qu'il nous donne la conscience d'une exagération de notre pouvoir et nous porte à braver tous les obstacles. La colère, la peur, etc., s'analysent aussi facilement (1).

(1) Le fait suivant, que j'emprunte aux Mémoires inédits de M. Monnier (du Jura), est un bel exemple d'émotion complète, d'une vive excitation de l'impressionnabilité réagissant sur les facultés intellectuelles en les stimulant dans un sens donné et provoquant simultanément des troubles physiques.

Rouget de l'Isle racontait à M. Monnier, qu'après un dîner chez le maire de Strasbourg, Dietrich, dîner égayé par la présence des deux charmantes demoiselles Dietrich, et où l'on dégusta des vins fins, Dietrich exprima le regret, qu'il n'y eût pas un chant de guerre national au lieu de la *Carmagnole* et du *Ça ira*. Puis il engagea le jeune sous-lieutenant à en composer un.

Peu après, Rouget de l'Isle se retire discrètement chez lui, y prend son violon, et, continue M. Monnier d'après Rouget lui-même, il trouve dans ses coups d'archet les notes inspirées et inspiratrices qu'on attendait de lui. « Les paroles, me disait-il, venaient

Ainsi donc la dissection psychologique de l'émotion nous y fait trouver d'abord une *forte impression affective*, c'est la base; puis une série de faits psychiques, c'est-à-dire cérébraux, qui sont du domaine de la *mémoire*, de l'*imagination* et par-dessus tout du *désir*. Tous ces éléments, nous les retrouverons dans la passion proprement dite ; c'est qu'en réalité l'émotion n'est qu'une passion de courte durée.

II

La plupart des émotions fortes, pitié, peur, enthousiasme, sont facilement contagieuses. C'est que l'organisation cérébrale, plus ou moins parfaite chez chacun, étant analogue chez tous, il en résulte, chez tous les membres de la famille humaine, blancs ou noirs, jaunes ou rouges, un fond psychique commun. Facultés, besoins physiques et affectifs, désirs, tout cela se ressemble essentiellement avec des différences dans l'énergie. Aussi, que l'impressionnabilité, la plus fondamentale de nos propriétés cérébrales, soit mise en jeu assez fortement chez notre voisin, pour qu'il en résulte une émotion avec son cortége de signes physiques, cette vue seule nous jettera dans un état cérébral analogue. De même qu'une corde en vibrant détermine la vibration d'une corde voisine pouvant donner la même note, ainsi nous rougissons de la honte d'un de nos semblables, nous souffrons de sa douleur, nous nous exaltons de son enthousiasme.

C'est exactement de cette manière que se propagent

avec l'air, l'air avec les paroles. Mon émotion était au comble, mes cheveux se hérissaient. J'étais agité d'une fièvre ardente, puis une abondante sueur ruisselait de mon corps, puis je m'attendrissais et des larmes me coupaient la voix. » Ainsi fut composée la *Marseillaise*.

un grand nombre de maladies nerveuses : hystérie, chorée, catalepsie, extase, épilepsie, manies, monomanies. Nous recommandons aux lecteurs curieux une brochure publiée par le docteur Constans, sur une épidémie d'hystéro-démonopathie, en 1861, à Morzines en Savoie. Cette monographie, très-scientifiquement faite, note tous les détails de la contagion et fait bien comprendre les faits observés jadis à Loudun et en tant d'autres lieux.

Il y a bien d'autres faits analogues dans les annales de la science médicale, par exemple, des faits d'avortement provoqué chez des sages-femmes par le spectacle d'un accouchement, ce qui a aussi été observé chez les animaux ; car un bon nombre d'émotions sont identiquement les mêmes chez l'homme et chez l'animal supérieur. C'est toujours l'histoire des cordes vibrant par voisinage, quelque chose d'analogue aux bâillements, que provoque la vue d'une personne qui bâille, aux maux de cœur, que donne la vue d'une indigestion.

III

Intimement liées à la vie organique, les émotions, ces violents soubresauts du cerveau, réagissent énergiquement sur toutes les fonctions.

Tout le monde connaît les principaux signes physiques des émotions fortes. Tous se ramènent physiologiquement à un trouble dans la relation entre les centres nerveux, où siége l'émotion morale, et les nerfs périphériques.

Par suite de cette émotion, ou bien une excitation anormale est transmise au réseau nerveux, d'où résultent diverses contractions musculaires, par exemple des battements violents du cœur ou des troubles dans diverses sécrétions qui s'exagèrent; ou bien l'émotion a pour résultat physiologique de suspendre plus ou moins complétement la relation entre le système nerveux périphérique et les centres nerveux, ce qui équivaut à une section des rameaux nerveux et provoque des troubles fonctionnels, analogues à ceux qu'étudie le physiologiste vivisecteur. « Supposons que l'encéphale soit fatigué par le travail intellectuel, par des préoccupations incessantes, des passions... (ajoutons des émotions); supposons que l'innervation de la moelle s'use par les abus sexuels ; dans ces divers cas, les centres cérébro-rachidiens s'épuisent dans leur action, au point de subir une sorte de paralysie; *ils se trouvent pour ainsi dire séparés des nerfs périphériques*, qui, dès lors, sont privés de leurs foyers de nutrition ; ces nerfs, ainsi isolés de leurs sources, se dégradent, sinon dans leur texture, au moins dans leurs fonctions. Que cette dégradation vienne à atteindre les nerfs sympathiques et pneumogastriques, toutes les grandes fonctions de la vie vont se modifier : le cœur et le poumon cessent d'agir selon le rhythme normal; la circulation éprouve des stases dans les glandes vasculaires, et la formation des globules devient défectueuse, etc. (1). »

Les signes physiques, grossièrement apparents, des émotions fortes se déroulent généralement dans l'ordre suivant :

Le cerveau ébranlé par une violente secousse morale ne vit plus que pour elle. Il y a concentration de l'activité nerveuse sur un point, d'où interruption plus ou moins complète des relations entre les centres nerveux et les autres organes. Les muscles volontaires,

---

(1) G. Sée, *Du sang et des anémies*, 1866.

oubliés par l'axe céphalo-rachidien, sont débilités, quelquefois complétement frappés d'impuissance. Les jambes fléchissent; un athlète est alors plus faible qu'un enfant. Les organes des sens spéciaux deviennent à peu près inutiles. L'oreille n'entend plus; les yeux ne voient plus, etc. On peut alors subir une blessure grave, une mutilation sans presque rien sentir.

Les fonctions organiques n'échappent point au trouble général. Le cœur, dont l'appareil nerveux est mixte, mi-partie volontaire et organique, dont les fibres musculaires sont striées, est troublé le premier. Parfois ses battements se précipitent un instant; mais bientôt ils se ralentissent et souvent se suspendent, d'où la pâleur de la face et parfois la syncope. La respiration partage naturellement le sort de la circulation. Les sécrétions sont troublées; le travail de la digestion s'arrête. Comme les autres muscles, les sphincters paralysés se relâchent, ils perdent même leur tonicité.

Naturellement les fonctions intellectuelles proprement dites sont à peu près suspendues, qu'il y ait ou non syncope. Impossible de s'occuper de ce qui est étranger à l'impression morale actuelle. Mais cette période de dépression est de courte durée. Le flot de la vie, momentanément suspendu ou ralenti, se précipite avec violence; une énergique réaction se produit.

A la concentration de l'activité nerveuse succède une large expansion. Le système musculaire redevient actif et quelquefois même acquiert une étonnante puissance. Les sens se réveillent; mais l'attention, toujours captivée par une idée unique, ne permet pas à l'être ému de percevoir ce qui n'a point trait à l'émotion; aussi les facultés intellectuelles ne peuvent fonctionner énergiquement que dans le sens de l'impression morale. Pour la même raison, on est encore peu ou point sensible à la douleur *sensitive*.

De faibles qu'ils étaient, les battements du cœur deviennent violents, rapides, tumultueux. Le cerveau se congestionne, la face est vultueuse, la respiration rapide, haletante. Les sécrétions se font avec une activité anormale. Souvent les larmes coulent abondamment ; souvent un flot biliaire s'épanche dans l'intestin. Tout l'appareil glandulaire gastro-intestinal est probablement affecté ; car il y a souvent des vomissements, etc. Chez la nourrice, la sécrétion lactée, que l'émotion commence généralement par suspendre, ne se rétablit pas toujours.

Parfois les reins excrètent une énorme quantité d'urine aqueuse, incolore. Si la bile est sécrétée en trop grande abondance pour être rapidement expulsée, elle est résorbée et il y a ictère. En général, sueur abondante.

Que faut-il penser des qualités venimeuses, spéciales, dont l'émotion doterait parfois certaines humeurs ? Il paraît certain qu'après une émotion forte le lait des nourrices devient souvent impropre à entretenir la vie de l'enfant. On a dit, d'après quelques faits, que la morsure d'un homme en colère donnait à la blessure une gravité particulière. Dans un cas, la rage aurait été inoculée à un homme par la morsure d'un chien furieux, mais nullement enragé (discussion sur la rage, Académie de médecine, 1863). On regarde comme démontré que le venin de la vipère est plus dangereux, quand l'animal est irrité. Dans ces cas, l'émotion agirait en viciant l'humeur sécrétée ou en exagérant ses principes actifs. Comment ? Pour répondre à cette question, il faut attendre que le chimiste et le micrographe soient assez habiles pour déterminer les caractères des virus, dont nous ne connaissons encore que l'action pathologique.

Quoi qu'il en soit, au bout d'un temps ordinairement assez court, l'excitation organique désordonnée, produite par l'émotion, tombe, laissant après elle la fatigue, l'affaissement, qui succèdent toujours à une dépense exagérée.

Tout finit là pour les organismes jeunes, vigoureux; mais chez les gens débiles, malades ou âgés, les suites d'une émotion forte sont souvent terribles. Les organes préalablement malades supportent plus mal leur part du désordre général et restent souvent enflammés, congestionnés, etc.

Si la période dépressive est trop violente, elle peut tuer par suspension de l'action nerveuse centrale, probablement par cessation des battements du cœur.

Chez certaines organisations, la réaction peut occasionner ou une apoplexie ou une rupture d'anévrysme, ou un accès de goutte, de fièvre, diverses névroses, etc.

Naturellement les suites pathologiques de l'émotion sont diverses, suivant les tempéraments. Elles frapperont le cerveau et les organes de la circulation et de la respiration chez le sanguin, le système hépatique du bilieux, le fonctionnement nerveux dynamique du nerveux.

La période de réaction est variable aussi, suivant l'organisation. Elle est plus rapide, plus violente, plus explosive chez le sanguin et le nerveux, plus tardive chez le bilieux, plus rare et plus faible chez le lymphatique.

Je viens d'indiquer très-imparfaitement les principaux effets des impressions morales fortes sur l'organisme. L'étude inverse serait tout aussi intéressante; car les états organiques engendrent ou provoquent une foule d'impressions, de désirs, d'émotions ; autant de preuves établissant « l'étroicte couture du corps et de l'esprit ». La paralysie générale donne la monomanie orgueilleuse, le délire des grandeurs. Avant l'attaque, l'épileptique éprouve souvent, sans autre cause, l'émotion de la peur (Moreau, de Tours). Presque toujours les affections hépatiques s'accompagnent de tristesse, de mélancolie. Il en est de même pour la plupart des affections gastriques. Certaines congestions des organes génito-urinaires provoquent l'éclosion d'amoureux désirs.

Avec quelle docilité le prétendu moi psychique obéit à l'influence tyrannique des maladies, de certains médicaments ou aliments ! Combien l'homme affamé diffère du même homme qui a bien dîné ! Quelques grammes de café nous donnent, en stimulant le mouvement vital, un sentiment de bien-être, une opinion exagérée de nos forces. Notre pauvre cerveau engendre subitement toute une moisson de désirs. L'opium nous transporte dans un paradis fait selon nos goûts ; les tristes solanées nous épouvantent souvent par de lugubres visions. Une congestion cérébrale engourdit pour un temps, quelquefois fausse pour toujours le plus vaste génie. Que les métaphysiciens expliquent, s'ils le peuvent, cette union scandaleuse des substances matérielle et immatérielle. Il y a certainement là au moins une mésalliance.

IV

Essayons, à l'aide des récentes données de la physiologie et de l'anatomie cérébrales, d'expliquer le mécanisme et les effets de l'émotion.

En dernière analyse, l'émotion est une excitation

cérébrale violente, mais ne portant vraisemblablement que sur certains groupes de cellules conscientes. Cette excitation est très-forte ; c'est dire qu'elle nécessite un afflux sanguin considérable, dans les districts cellulaires mis en jeu. Si l'excitation n'est pas trop violente, les battements du cœur sont d'abord plus ou moins excités; dans presque tous les cas, primitivement ou secondairement, les mouvements se ralentissent ou même s'arrêtent, quand l'ébranlement transmis au nerf vague dépasse les limites physiologiques. Toujours les contractions des vaisseaux capillaires périphériques produisent cette anémie de tous les organes, le cerveau excepté, qui accompagne fatalement tout fonctionnement cérébral, même faible, ainsi que l'ont établi les belles expériences du professeur Mosso (1).

Mais, dans l'émotion, la suractivité cellulaire du cerveau est bornée à un seul mode, c'est-à-dire à un seul groupe de cellules cérébrales; il en résulte que les autres districts cellulaires de l'écorce du cerveau sont plus ou moins paralysés; aussi la vivacité des souvenirs, des images, des idées ne s'exerce que dans un sens donné et au détriment de la majeure partie de l'organe pensant. Par compensation, cette surexcitation localisée laissera des traces profondes, qui revivront facilement, disparaîtront lentement et serviront longtemps de centre, autour duquel se grouperont tous les phénomènes psychiques.

L'être très-émotif sera donc à la fois facile à passionner et très-peu maître de lui, très-peu libre. Chez lui, l'appareil nerveux intelligent sera le très-humble serviteur de l'appareil sensitif et impressionnable. On commettra souvent des actes analogues à celui-ci ra-

---

(1) *Biologie*, livre VI, chap. x.

conté par Alfieri dans ses Mémoires : « Elie (son domestique) entra pour arranger mes cheveux, comme à son ordinaire, avant de m'aller coucher ; en me serrant une boucle avec son fer, il me tira un cheveu assez fortement ; sans dire un seul mot, je me lève, plus prompt que la foudre, je prends un chandelier et le lui jette à la figure. »

L'action d'Alfieri est une action réflexe, analogue à celle de la grenouille décapitée, qui retire la patte, quand on y laisse tomber une goutte d'acide. La seule différence est que, chez le poëte italien, l'action réflexe était consciente, tandis qu'elle est inconsciente chez la grenouille sans tête.

Comme il est naturel, l'aptitude à l'émotion décroît, à mesure que l'être humain se perfectionne, devient plus réfléchi, plus intelligent, à mesure qu'il prévoit et compare davantage, à mesure que s'enrichit la réserve des notions inscrites dans les cellules cérébrales. Parfois même, on tombe dans l'excès contraire, la balance est renversée. Dans ce nouvel état, l'homme n'est plus guère susceptible d'émotion, c'est-à-dire que, chez lui, les cellules conscientes, chargées de sentir, d'emmagasiner et de revivifier au besoin les images, ont perdu la primauté, qu'elles exercent chez l'enfant, le sauvage, l'homme inculte, la plupart des femmes. Alors les sensations et impressions sont débiles, les souvenirs ternes, les images effacées ; par suite, l'être est devenu incapable de ces impulsions soudaines et irrésistibles, qui poussent aux crimes violents et aussi aux actions les plus généreuses. Qu'une intelligence très-développée coexiste avec cet appauvrissement émotif, et nous aurons le type de ces penseurs, de ces savants étiolés et égoïstes, absolument incapables de toute action forte, dans leur genre, aussi incomplets que l'enfant se dépitant pour un jouet cassé, ou que tel chef Néo-Zélandais pleurant, parce que des matelots avaient jeté de la farine sur son manteau.

Nous rencontrons ici un antagonisme mental, dont le pédagogue et le législateur devront tenir grand compte. De données statistiques, desquelles nous aurons à reparler, il résulte qu'en France l'éducation diminue bien les crimes contre les personnes, mais ceux-là seulement ; car le vol sans violence, la fraude, les abus de confiance, et tous les délits des faibles sans moralité sont plus fréquents chez les gens soi-disant bien élevés. Si tel devait être le résultat dernier de l'éducation, de l'instruction vulgarisées, ce serait à désespérer du progrès et à s'enfuir chez les sauvages. Notre conviction est que les choses peuvent et doivent aller tout différemment et nous reviendrons plus tard sur cette importante question.

LIVRE III.

DE PASSIONS PROPREMENT DITES.

CHAPITRE I.

DÉFINITION DE LA PASSION.

> « One stern, tirannic thought, that made all other thoughts its slaves. » (1)
> (Th. Hood.)

I

Suivant une observation formulée par M. Renan dans son livre sur l'origine du langage, l'homme, dans toutes ses recherches, dans toutes ses créations, débuterait toujours par la vue générale, intuitive d'une idée, d'un fait, etc.; c'est plus tardivement, plus lentement, que vient l'analyse; elle n'est qu'un perfectionnement; de loin les détails d'un paysage échappent ou se confondent; pour les voir, il faut approcher, parcourir la contrée; mais alors bien souvent vous perdez la vue de l'ensemble.

Conformons-nous à cette observation, qui paraît juste, et abordons d'emblée la définition de la passion.

Nous n'en finirions pas, si nous prenions à tâche de reproduire ici toutes les définitions que les philosophes,

---

(1) Une pensée violente, tyrannique, qui s'asservit toutes les autres.

les théologiens, les moralistes, les médecins, ont à l'envi les uns des autres données de la passion. Parmi les plus raisonnables, qui sont en petit nombre, je citerai celle du docteur Descuret, qui nomme les passions *des besoins déréglés ;* celle de Bergier, qui dit : « Nous appelons *passions* les inclinaisons ou les penchants de la nature poussés à l'excès, parce que l'homme est purement passif lorsqu'il les éprouve. » La définition qu'en donne Broussais dans son beau livre *De l'irritation et de la folie,* est bien plus complète : « On trouve, dit-il, dans les passions un besoin instinctif, qui sollicite l'intellect et un travail perpétuel de ce dernier, qui calcule tous les moyens de le satisfaire. »

Le besoin, c'est-à-dire l'impulsion organique sentie, qui constitue la base de la passion, peut toujours se rapporter aux trois grands groupes de besoins nutritifs, sensitifs, cérébraux, que nous avons étudiés ; mais, pour mériter le nom de *passion,* il faut qu'il soit exalté ou modifié, soit par une organisation spéciale, par ce que les médecins ont barbarement appelé une *idiosyncrasie,* ou bien par l'éducation, l'habitude, etc. C'est à ces formes anormales de besoins exagérés et devenus le pivot de l'existence, qu'il faut réserver le nom de *passion.*

Pour Descartes, la passion n'est au fond et dans sa cause la plus prochaine que l'agitation, dont les esprits meuvent la petite glande, qui est au milieu du cerveau (glande pinéale). Par respect pour les mânes du grand douteur, nous ne nous occuperons pas davantage de la glande pinéale, des esprits et de leurs écarts pernicieux.

Revenons à une définition moins romantique. Nous avons vu que l'homme est doué d'impressionnabilité, l'un des modes les plus importants de la conscience, que cette impressionnabilité sert à lui faire sentir ses besoins, lesquels ne sont que les voix entendues des organes demandant à vivre, que ces besoins formulés dans la conscience deviennent des désirs. Cette série de phénomènes constitue le jeu régulier, normal de la vie psychologique ; mais que, par l'effet de l'organisation ou de l'habitude, un besoin prime tous les autres, prenne une forme nouvelle ou engendre un désir énergique et durable comme lui, il est devenu passion.

Passion, c'est-à-dire désir violent et durable, dominant en roi tout l'être cérébral.

Ce que nous avons dit dans les chapitres précédents nous dispense de donner ici les différences qui distinguent la passion des impressions, des désirs simples, des émotions, faits cérébraux, avec lesquels on l'a jusqu'ici presque toujours confondue, à ce point que dans un livre moderne un auteur estimé nous a donné une liste en trois colonnes des passions principales, liste qu'il dit avoir empruntée à Platon, Aristote, Cicéron, Descartes, Hobbes, etc., et où l'on trouve l'admiration, l'angoisse, l'allégresse, l'audace, le deuil, la discorde, l'estime, la faveur, la bonté, l'irrésolution, les lamentations, les pleurs, la sécurité, le saisissement, etc. (1), une mosaïque disparate.

La base de la passion c'est le *désir*, et les caractéristiques du désir passionné sont la *violence* et la *durée*.

II

De la définition précédente, il résulte qu'un dénombrement complet des passions est impossible. Tout désir peut grandir jusqu'à la passion, et qui pourrait

---

(1) Lélut, *Physiologie de la pensée.*

compter les désirs de l'homme? Cela fût-il possible aujourd'hui pour nous, Caucasiques, que dans cent ans il faudrait changer toute la liste, et qu'aujourd'hui même il faudrait un dénombrement spécial pour chaque race, même pour chaque peuple. Mais si nous ne pouvons cataloguer les passions, nous pouvons facilement les classer, et cette classification sera simplement la reproduction de celle des besoins, des impressions, des émotions, éléments primordiaux de la passion. Nous pouvons donc grouper sous trois chefs toutes les passions humaines, et ici nous sommes certain d'être d'accord avec le passé et l'avenir et de tracer un cadre applicable à toutes les races d'hommes sous toutes les latitudes.

L'homme a des passions nutritives, des passions sensitives et des passions cérébrales.

CHAPITRE II.

PASSIONS NUTRITIVES.

I

Qu'elles sont prosaïques ! La psychologie métaphysique n'a jamais daigné les voir ; mais cependant qu'il est utile de les étudier ! Leur analyse est si facile et elle éclaire si bien la nature des passions, quelles qu'elles soient ; elle montre si bien l'indissoluble mariage, qui lie les désirs passionnés à l'état de la trame organique.

Ici, la psychologie ne peut cheminer qu'en s'appuyant sur la physiologie, sa modeste sœur, qu'elle ferait bien de quitter rarement.

Nous avons vu que la vie n'est qu'un mouvement matériel à travers les tissus organisés. Ce mouvement ne peut être enrayé sans trouble fonctionnel ; aussi, que les matériaux alimentaires, indispensables aux échanges nutritifs manquent en totalité ou en partie, aussitôt il en résulte un contre-coup cérébral, un violent accès de faim ou de soif. Il faut à tout prix que l'homme trouve dans ses aliments quotidiens 21 grammes d'azote et 230 grammes de carbone, sous peine de voir fondre ses tissus, de se dévorer lui-même. Notons cependant que l'habitude excite ou ralentit les besoins nutritifs. Les éléments organiques habitués à puiser dans le liquide intercellulaire ou dans le sang des matériaux abondants sont plus exigeants, plus impérieux ;

ils ne renoncent pas sans peine à être largement assouvis.

Tous les médecins savent combien l'habitude d'une chère succulente rend rebelle à la diète.

Naturellement les seules passions nutritives, que l'on puisse étudier, sont relatives à la digestion. Je laisse de côté la gourmandise-passion, qui est autant une passion sensitive qu'une passion nutritive, pour m'occuper de la gloutonnerie, de la polyphagie. Ici le bilan nutritif n'est plus en équilibre : ou l'absorption est prodigieusement rapide ainsi que l'élimination, ou bien, et cela est plus probable, l'absorption est lente, imparfaite, et il est besoin, comme chez les herbivores, d'une énorme ingurgitation alimentaire, pour que l'assimilation d'une quantité convenable de matières nutritives soit possible. Les polyphages sont ou maigres ou d'un embonpoint très-modéré.

Les polyphages les plus fameux sont : le grenadier Tarare et Denise L'hermina. Le premier dévorait, dit-on, un quartier de bœuf en vingt-quatre heures (1), déchirait et déchiquetait un chat tout vivant, volait des cataplasmes pour les manger.

Denise L'hermina, dont le docteur Descuret nous raconte l'histoire, fut polyphage dès les premiers moments de sa vie. Tout enfant, elle mangeait plus que quatre enfants de son âge. A l'âge adulte, elle dévorait parfois 24 livres de pain en une nuit, quelquefois 30 à 32 livres de pain en vingt-quatre heures. De temps en temps, elle allait brouter de l'herbe, qu'elle digérait assez bien.

Chez elle, c'était la nutrition, qui fonctionnait avec une prodigieuse rapidité ; car les selles étaient rares et

---

(1) *Dictionnaire des sciences médicales*, Homophage.

la passion polyphagique ne fut modérée sensiblement que par des excès alcooliques habituels.

Cette bestiale passion a le caractère dominant des besoins nutritifs, dont elle n'est que l'exagération. Elle est irrésistible, et les partisans les plus fervents du libre arbitre confesseront nécessairement que la liberté divine, dont ils gratifient l'homme, est parfaitement absente chez le polyphage, véritable machine à digérer. Pour Denise, voir un pain et ne pas le dévorer était absolument impossible. Mourante, elle force sa sœur à manger près d'elle, et ses dernières paroles sont :

« Puisque le bon Dieu ne veut plus que je mange, que j'aie du moins le plaisir de voir manger. »

On trouve, en analysant la polyphagie, tous les éléments constitutifs de la passion ; mais ce qui prédomine, c'est le besoin et le désir brutal. Cependant le rôle du cerveau n'est pas nul. Denise pensait sans cesse à manger, ne pouvait parler d'autre chose, se figurait sans cesse des aliments et recourait à tous les moyens pour en trouver. A la seule idée de donner un pain, son œil étincelle, elle s'emporte. Cependant elle est charitable et donne volontiers de l'argent. Ce n'est pas non plus une idiote ; c'est une ancienne maîtresse d'école ; elle a reçu une certaine instruction.

L'analyse de la passion alcoolique, de l'alcoolisme, est aussi simple. En outre, nous pouvons ici, grâce aux travaux de la physiologie moderne, bien préciser l'état organique coexistant avec la passion.

Des organes digestifs l'alcool passe par endosmose dans le système circulatoire, et de là, dans la trame même des tissus, où il baigne les éléments anatomiques.

Son premier effet est une courte excitation de la circulation générale (1) et une congestion cérébrale, que l'on peut voir, en pratiquant sur le crâne une couronne de trépan (2); l'hémodynamomètre accuse d'abord sous son influence une augmentation de la tension artérielle. A cette excitation correspond sans doute le sentiment de bien-être, de force, qu'éprouve d'abord le buveur. Mais bientôt l'anémie cérébrale succède à la congestion; le mouvement nutritif intime se ralentit. Les oxydations, qui constituent l'acte primaire de la nutrition, s'accomplissent faiblement et imparfaitement; aussi l'exhalation d'acide carbonique par les poumons diminue, quelquefois tombe de 24 à 51 pour 100. La graisse n'est plus détruite par la respiration; elle persiste dans le sang. Il est probable que l'oxydation imparfaite des matières albuminoïdes produit aussi une certaine quantité de graisse. A la longue, l'urine se charge d'acide urique, déchet des matières protéiques moins oxydé que l'urée normale.

En outre, l'alcool, avant d'être éliminé en nature, séjourne dans les tissus et surtout dans les centres nerveux, où il est brûlé pour une bonne part.

De cette double cause : temps d'arrêt de la nutrition et action topique sur les éléments nerveux, résulte l'ivresse, c'est-à-dire le trouble ou l'abolition momentanée des facultés intellectuelles.

Que les accès alcooliques soient fréquemment réitérés, les troubles fonctionnels deviennent permanents; c'est qu'alors il y a aussi trouble anatomique permanent.

La lésion produite dans les tissus par les abus alcoo-

---

(1) Perrin, Lancereaux, *Dictionnaire encyclopédique des sciences médicales* (ALCOOLISME). — Râcle, *De l'alcoolisme*, thèse pour l'agrégation.

(2) *Les Aliments d'épargne*, par A. Marvaud.

liques se résume en quelques mots : c'est une vieillesse anticipée. Les éléments anatomiques subissent avant l'âge la transformation, la régression graisseuses. Glandes, muscles, os, cellules nerveuses, tout cela s'infiltre de graisse. Quelquefois, en certains points, le tissu cérébral se fond en une véritable émulsion.

A cette période anatomique correspondent le *delirium tremens*, le tremblement des membres, les convulsions, l'imbécillité, l'abolition des facultés génésiques, etc.

On peut suivre phase par phase l'évolution de la passion bestiale. Une première dose d'alcool a procuré un bien-être factice, une impression nutritive agréable ; en abolissant la mémoire, elle a fait oublier les ennuis, les maux de la vie. Mais ensuite la vie, frappée dans son essence, fléchit. A l'excitation anormale succède une dépression correspondante. Les éléments anatomiques vivent faiblement; ils ont besoin d'un excitant. Le précieux breuvage devient plus nécessaire que jamais ; on y a recours. Et peu à peu la dépression vitale s'exagère ; d'intermittente elle devient chronique, et l'alcoolisme élague successivement tout ce qui constitue l'homme intelligent et social. La vie de relation est retranchée branche à branche, à commencer par la cime.

D'abord les facultés intellectuelles sont déprimées. Les notes les plus importantes du clavier cérébral deviennent muettes. L'entendement, l'intelligence se voilent ; la volonté raisonnée meurt par suite. Plus de place pour les passions nobles. La parole, cette manifestation par excellence de l'intelligence, est embarrassée, indécise. La langue indocile traduit mal des pensées confuses. L'imagination est terne et ne retrouve un peu de vigueur que sous l'influence de l'excitant fatal. Alors le désir brutal et stupide domine en maître.

A son tour, la locomotion est atteinte. La démarche est incertaine et titubante ; les mouvements de la main tremblotants et mal assurés. Bientôt les sens spéciaux sont frappés : la vue est trouble, l'ouïe dure, l'odorat obtus, le tact grossier ou aboli. Souvent, sans s'en douter, l'alcoolisé laisse tomber de sa main les objets qu'il tient. Graduellement il descend vers l'abrutissement complet. Plus de volonté raisonnée, plus de prévoyance. Alors l'homme, intellectuellement décapité, n'est plus qu'une brute altérée d'alcool, une machine abjecte, qui boit, dort, se réveille pour boire encore jusqu'au jour où une apoplexie, une manie ébrieuse, une paralysie quelconque, le retranchent définitivement de la société.

II

La Suède fabrique annuellement près de 200 000 hectolitres d'eau-de-vie consommés presque en totalité dans le pays.

Les distilleries d'Écosse produisent annuellement près de 600 000 hectolitres d'alcool, dont plus de 200 000 sont consommés en Écosse même.

A Paris, la consommation moyenne annuelle a été, pour chaque habitant (de 1851 à 1854), $14^l,25$ d'eau-de-vie, tandis qu'en Suède elle est de 80 à 100 litres.

On évalue à 50 000 le nombre des individus tués chaque année par l'alcool en Angleterre.

A Saint-Pétersbourg, les excès alcooliques tueraient annuellement 635 personnes environ (Schlozer).

En France, la consommation alcoolique est beaucoup plus grande au nord de la Loire qu'au midi, et la statistique de l'Europe entière montre également que l'ivrognerie est surtout un vice septentrional.

C'est que la constitution, le tempérament, le mouvement vital et par suite les besoins et les désirs sont en inévitable corrélation avec le climat. L'Européen du Nord, obligé de lutter contre l'âpreté d'un climat de fer, de se claustrer dans sa maison, est nécessairement enclin à demander aux boissons alcooliques un bien-être passager, une chaleur factice (1).

C'est l'impressionnabilité sensitive, qui sauve l'Européen du Midi. Pour lui, la nature est si clémente; son ciel est si brillant, son atmosphère si tiède. Pas n'est besoin de lutter contre le monde extérieur pour vivre, pour être heureux. Peu de fatigues, peu de besoins nutritifs, un vif penchant pour la musique et les plaisirs de l'imagination, voilà son lot. Comment abdiquerait-il pour s'engloutir dans l'ivresse stupide?

Un autre fait d'observation générale de la plus haute importance, c'est que l'alcoolisme est en raison inverse de l'intelligence; que, même dans les pays où il domine en tyran, il s'asservit surtout l'homme du peuple sans éducation, sans instruction, à qui les plaisirs intellectuels sont inconnus.

Cette règle est générale; elle n'est pas sans exception. Il est notoire, par exemple, qu'en Russie, nombre d'hommes distingués, même éminents, finissent par l'ivrognerie. A quelle cause attribuer ce fait anormal? Pour une part sans doute au milieu social et politique, plus accablant qu'ailleurs, peut-être aussi à un atavisme moral, à de vieux instincts héréditaires, rabaissant l'individu au niveau de ses ancêtres, quand, avec les progrès de l'âge, s'affaiblissent les hautes facultés cérébrales, d'acquisition plus récente.

(1) L'alcool n'élève pas la température du corps.

La latitude si importante en Europe, quand il s'agit de la passion ébrieuse, semble avoir peu ou point d'influence chez les peuples encore sauvages. Tous, sous quelque climat qu'ils vivent, se ruent à l'envie et jusqu'à la mort vers les plaisirs de l'alcoolisme. C'est que l'alcool apaise la faim, et, pour ces pauvres gens, manger est l'affaire capitale de la vie; c'est aussi que leur intelligence est tout à fait rudimentaire. Des besoins nutritifs énergiques, pas de contre-poids intellectuels, la perspective d'un moment d'ivresse heureuse ; comment résisteraient-ils? Aussi l'alcool fauche et détruit par myriades Polynésiens, nègres d'Afrique, indigènes américains.

De ce qui précède, nous pouvons déduire et formuler en quelques mots la prophylaxie de l'alcoolisme.

Les deux antidotes infaillibles sont : la diffusion d'une éducation saine et complète, qui rende l'homme capable de goûter les plaisirs de la pensée ; la suffisante satisfaction par une bonne organisation sociale des besoins nutritifs de premier ordre.

CHAPITRE III.

PASSIONS SENSITIVES.

> « L'*inspiration*, le *je ne sais quoi*, ce qui va à *l'idée* et qui *frappe l'âme*, sont des mots écrits en caractères noirs sur des nuages bleus. »
> (Proudhon, *Du principe de l'art.*)

I

Il s'agit d'esthétique, tâchons de ne pas déraisonner. Si nous cherchons, en rapportant ce que nous appelons le beau artistique aux faits cérébraux d'ordre primordial, que nous avons déterminés, quelle est la vraie nature de ce beau, dit *idéal*, nous sommes bientôt obligés, en ne considérant que ce qui en forme l'élément capital, de classer le beau parmi les faits cérébraux passifs et non indifférents, parmi les impressions.

Mais les impressions de beauté se trouvent seulement à la partie supérieure de l'échelle des impressions. Il n'y a pas de beau nutritif; il n'y a pas même de beau tactile, pas plus que de beau gustatif, pas plus que de beau olfactif. Seuls, les sens intellectuels, non localisateurs, l'ouïe et la vue, nous donnent des impressions de beauté. Enfin, plus haut encore, nous trouvons un beau moral, qui est plus du domaine du poëte que du domaine de l'artiste, et un beau purement intellectuel, scientifique ou philosophique ; mais ce dernier échappe complétement à l'artiste : il plane plus haut que l'art.

La vérité de ce qui précède sera facilement mise en

lumière par une brève analyse du beau dans la musique et dans la peinture.

II

La musique a-t-elle le pouvoir d'éveiller chez la plupart des hommes un sentiment, des idées identiques? Peut-on la comparer, même de loin, au langage que la mélopée a probablement précédé? Oui et non.

Il est des airs bien caractérisés, qui font éclore presque nécessairement, chez les hommes *de même race*, la même émotion. Tout homme de race européenne, qui entend la *Marseillaise*, se sent plus ou moins échauffé, même transporté, s'il est jeune et impressionnable, par l'enthousiasme guerrier. Pourquoi cela? Qu'un homme soit dominé par une émotion forte, par exemple, un accès de colère ; sa voix, ses cris prennent un timbre, un mouvement particulier, analogue chez tous les hommes. Il en est de même pour la douleur, l'enthousiasme guerrier, la terreur, pour toutes les émotions fortes, composant la gamme de l'impressionnabilité chez tous les hommes normalement organisés.

Cette concordance entre les modulations de la voix et l'émotion nous est même commune avec un grand nombre d'animaux ; c'est, suivant l'expression de Diderot, « le cri animal de la passion ».

D'où il résulte, que les airs ayant de la similitude avec ces nuances de la voix dans l'émotion, produisent presque nécessairement le sentiment correspondant chez l'auditeur. Car les inflexions de la voix sont nécessairement liées à l'impression morale, aussi nécessairement que les gestes, et cela chez tous les peuples de la terre.

Il en est de même de certaines attitudes musculaires, de certains mouvements instinctivement produits par une émotion forte. C'est la mimique des passions, si utile à connaître pour le peintre et le sculpteur.

C'est à ces airs expressifs, à physionomie tranchée, que l'on donne le nom de *mélodies*. Leur caractéristique est une grande simplicité, et, pour produire tout leur effet, ils doivent être rendus par la voix humaine ou des instruments dont le timbre est analogue.

C'est une émotion traduite par des sons modulés. Elle gagne toujours à être exprimée par une seule voix ou un seul instrument. Elle est alors en quelque sorte plus humaine.

Partout la musique mélodieuse est la musique populaire. Partout, à Java comme en Irlande, elle a été la musique primitive. C'est la mélodie, qui forme la charpente des compositions musicales chez les peuples sensuels, passionnés, mélancoliques.

Car la mélodie exerce une action double sur l'homme, et c'est le moment de l'analyser.

1° Elle donne une impression de plaisir purement sensitif, tout à fait comparable à une saveur ;

2° Elle provoque une émotion.

Mais que le compositeur, au lieu de nous émouvoir par des airs simples, reflets de ses impressions, travaille à combiner, à coordonner le jeu d'un grand nombre d'instruments, différents de timbre, d'intensité, de telle sorte que tous ces sons divers se produisent ensemble sans se heurter, il en résulte un ensemble *harmonieux*, qui ne répond dans notre cerveau à aucune trace d'émotion. Aussi éprouvons-nous une impression de plaisir sensitif et un plaisir presque intellectuel, celui de voir des difficultés vaincues.

Mais, pour éprouver ce plaisir, il est besoin d'avoir

l'oreille musicale, soit naturellement, soit par l'éducation. C'est de la musique savante. Elle plaira surtout à l'homme placide, plutôt porté vers les abstractions intellectuelles que vers les impétueux mouvements de la passion. C'est au tranquille Allemand, que convient surtout l'harmonie ; mais pour faire pleurer ou frémir un Italien, un Espagnol, etc., il faut de la musique mélodieuse, et c'est là la seule vraie musique. Représenter des émotions, tout au plus des onomatopées imitatives, c'est là le vrai rôle de la musique, art essentiellement sensitif et affectif ; l'intellectuel n'est pas de son domaine.

Voici comment se déroulent naturellement les effets d'une mélodie puissante. Exemple : le *Miserere* du *Trovatore* :

1° C'est une vive impression de plaisir tout sensuel, causé par la succession de sons agréables ;

2° Une émotion plus ou moins forte ;

3° Puis sur cette émotion, prise comme donnée, l'imagination crée une scène fantastique en harmonie avec les goûts, le tempérament, les habitudes de l'auditeur.

Mais l'émotion est douce ; car on sait bien que l'air plaintif que l'on entend, la situation critique que l'on se crée ne sont qu'un jeu. Or, l'émotion est généralement agréable à l'homme, quand elle n'est pas liée à un danger évident ou à un froissement de l'amour-propre intéressant cet amour de soi-même, que l'on a appelé *instinct de conservation*. Aussi avec quel bonheur ne nous reportons-nous pas par la mémoire aux situations les plus critiques de notre vie ! C'est que dans ces moments, fussent-ils de douleur et d'angoisse, nous sentons fortement la vie ; et quelle joie d'être victorieusement sorti d'un danger !

Il est des airs mal caractérisés, à la fois mélodie et harmonie, mais sans grande couleur; trop peu énergiques pour émouvoir, ils prédisposent seulement aux idées tendres.

Il va sans dire, que, pour éprouver le plaisir musical mélodique, il est besoin d'une impressionnabilité facilement excitable; car ici l'émotion est assez peu dépendante du degré de perfection de l'organe de l'ouïe. Tel pianiste émérite et fort savant dans son art peut jouer inexorablement les mélodies les plus passionnées avec une absence parfaite d'expression (1), tout en observant scrupuleusement les lois physiques de l'harmonie. Il n'émeut point, c'est qu'il n'est point ému. Au contraire, un homme, dont l'oreille est peu musicale, qui chante faux et n'a jamais étudié la musique, peut y être extrêmement sensible; il lui suffit d'être sous l'influence d'une passion ou très-apte à se passionner, c'est-à-dire impressionnable.

Au musicien froid, à oreille habile, restent le plaisir sensitif, que donnent des sons harmonieux, le plaisir de juger la difficulté vaincue, le plaisir de vanité, que donne la conscience d'être un habile homme; *cuique suum*.

En résumé, le beau musical, le beau dit *idéal* de la musique, se ramène à une impression forte et agréable, produite par des sons musicaux.

III

La valeur artistique et esthétique de chaque sens spécial est rigoureusement proportionnelle au nombre

---

(1) L'expression paraît tenir beaucoup au mouvement.

et à la puissance des impressions morales et intellectuelles, qu'il peut éveiller.

Point de beau artistique, avons-nous dit, pour le tact, le goût, l'odorat, sens inférieurs, dont les impressions purement sensitives ne laissent après elles qu'un vague souvenir. L'imagination ne peut faire revivre ces impressions grossières, qui ne parlent pas à l'intelligence.

Il n'en est plus de même pour l'ouïe, sens plus noble, plus étroitement lié au cerveau, qu'il excite dans des limites assez restreintes, mais avec une grande puissance. Les impressions auditives restent dans la mémoire, qui peut les évoquer toujours ; aussi y a-t-il un beau musical.

Mais la suprématie artistique et intellectuelle appartient naturellement au plus intellectuel des sens, au sens de la vue, sens extériorant, sens cérébral par excellence. Le peintre peut parler à l'esprit, aux plus hautes facultés, aussi surpasse-t-il autant le musicien qu'il est lui-même surpassé par le poëte. Car le beau le plus beau, c'est le beau poétique, le beau de l'écrivain, qui par la magie du style, c'est-à-dire des mots-images, peut évoquer dans notre imagination mille tableaux nuancés, variés, se succédant l'un l'autre et provoquant, stimulant la pensée.

A la naissance de toutes les sociétés, dès qu'il y a civilisation rudimentaire, le musicien chante. Il suffit pour cela que l'homme soit capable d'aimer, de haïr, de goûter ou de souffrir quelques puissantes impressions morales, d'en garder le souvenir et de le fixer en quelques paroles rhythmées. Mais la peinture, art savant, nuancé, intellectuel, n'apparaît que bien longtemps plus tard.

Cependant l'analyse du beau en peinture isole sans

peine les mêmes éléments que ceux du beau musical. Seulement la part sensitive a perdu ce que le côté intellectuel a gagné.

Supposons-nous en présence du chef-d'œuvre pictural le plus en harmonie avec nos goûts, c'est-à-dire avec notre organisation, Michel-Ange ou Raphaël, ou Titien, Rembrandt ou Gérard Dow, etc.; nous éprouvons d'abord une impression de plaisir tout sensuel, si notre œil est fait pour apprécier l'harmonie des tons, des couleurs, l'habile distribution de la lumière, la pureté des lignes, etc., mais cette impression vague, nullement localisée, nous mord beaucoup moins que l'impression musicale. Beaucoup d'hommes même ne l'éprouvent point, pas plus qu'ils n'admirent un beau paysage ou une belle description poétique. Puis, si l'œuvre est vraiment belle, c'est-à-dire, si à la beauté de l'exécution s'unit celle du sujet, de l'idée, de l'émotion ou de la passion fixée sur la toile, le rôle de notre cerveau commence véritablement : l'idée que l'artiste a exprimée, l'émotion qu'il a sentie, nous la percevons, nous la sentons aussi. Notre imagination captivée nous transporte dans le temps, le pays qu'il a plu au peintre de choisir, et nous admirons, nous nous indignons, nous pleurons. L'impression cérébrale n'est pas rigoureusement liée à l'impression sensitive comme dans la musique. Un tableau irréprochablement exécuté peut nous laisser froid; une ébauche d'élève peut nous émouvoir.

Ce qui précède pourrait se répéter presque textuellement pour le statuaire, moyen d'expression analogue, moins puissant seulement.

IV

Le beau architectural peut aussi se ramener aux mêmes éléments, mais est lié bien moins étroitement à l'impressionnabité. Il y a cependant encore une impression sensitive, résultant de l'agencement, de l'harmonie des lignes, et une impression affective. Ainsi, les formes fantastiques, grêles, élancées d'une cathédrale gothique, la hardiesse de la nef, le demi-jour lugubre et parcimonieusement mesuré; tout cela nous cause une vague impression de tristesse. Nous songeons au terrible Dieu du catholicisme, inexorable pour les impies.

Au contraire, l'architecture grecque, si doucement harmonieuse, où la lumière rit si joyeusement, nous donne une impression gaie aussi et souriante. Nous ne songeons plus à la mort, à la vengeance, mais à la vie luxuriante, parée de tous ses plaisirs. Ces temples sont merveilleusement appropriés au culte des dieux helléniques, des passions humaines ou des grandes et bienfaisantes forces de la nature anthropomorphiquement divinisées.

A ces impressions morales s'ajoute ordinairement un sentiment d'admiration engendré par l'idée de la puissance, de la difficulté vaincue. Naturellement cette impression dépend fort peu de la forme. A ce point de vue, on admire également les pyramides, les cathédrales, les aqueducs romains, les menhirs gaulois. C'est même, en présence d'un vaste monument, l'impression qui frappe plus ou moins tout le monde. Vient ensuite l'impression morale gaie, triste, etc.; et, pour l'élite, pour les artistes, par droit de naissance ou par droit de conquête, naît l'impression sensitive causée par la beauté de la forme.

V

Que dans ses poétiques rêveries, considérées bien à tort comme philosophiques, Platon ait rapporté l'idée du beau à une entité métaphysique, cela lui était licite. L'intuition poétique ne relève que fort peu du raisonnement; mais, pour tout homme que n'enivre pas l'enthousiasme métaphysique, la proposition suivante est incontestable, parce qu'elle est appuyée sur l'observation de tous les temps, de tous les hommes et de tous les pays : le beau varie avec la race, la nation, la religion, l'état social, l'âge, le tempérament et même l'état moral, si essentiellement changeant. Il est inutile de s'appesantir longtemps sur la démonstration de cette vérité si vraie, surtout après l'analyse qui précède; car l'impression de beauté dépend évidemment des sens spéciaux et du degré de développement cérébral ; or, tout cela change suivant la race, la nation, l'époque, etc.

Plaçons deux Européens devant le *Jugement dernier* de Michel-Ange : l'un sera transporté d'admiration, l'autre ne verra qu'une débauche de dessin, des formes exagérées et impossibles. J'ai choisi mes deux spectateurs parmi les gens éclairés et doués de quelque éducation artistique. Si j'avais pris un charretier Bas-Breton ou un savant lymphatique, passionné pour l'algèbre, l'impression eût été absolument nulle. C'est que, pour admirer le fougueux génie de Michel-Ange, il faut être surtout sensible à l'idée de la force, de la passion énergique.

A la vue d'une tête à perruque, un sauvage du Canada éprouve une émotion semblable à celle qu'un groupe de Canova donne à un amateur européen éclairé (fait cité par Stendhal).

Rien de plus facile que de faire pour la musique des observations analogues. Pour tel habitant de la rue Saint-Denis et même de beaucoup d'autres rues de la vieille Lutèce, le beau idéal en musique, c'est une chanson à boire, une ariette d'opéra-comique ; tandis que, pour émouvoir un Italien passionné, il faut les grands airs de Bellini, etc.

Pour nous, Français du dix-neuvième siècle, la musique de Lulli n'est qu'un bruit monotone, mais Mme de Sévigné pleurait en l'écoutant. Pour l'oreille d'un Arabe, la musique de Rossini n'est qu'un bruit désagréable, et pourtant le son monotone du rebbeb à deux cordes jette ce même homme dans un état d'excitation enthousiaste.

Les Mongols paraissent absolument insensibles à nos chefs-d'œuvre lyriques et leur gamme diffère essentiellement de la nôtre. « La note fondamentale des échelles tonales dans l'Inde, dans la Perse, chez les Egyptiens, les Arabes et tous les peuples sémitiques, les Lydiens et les Grecs, et enfin les Turcs, est le *la*...

Aucun des peuples de la race jaune n'a le *la* pour note initiale de son échelle tonale. Les Chinois, les Japonais, les Mongols ont le *fa* pour premier son, et, loin d'admettre les petits intervalles entre les sons de l'échelle, ils n'ont pas même le demi-ton. Leurs gammes ne sont composées que de cinq tons, tous placés à des distances d'un ton avec une lacune de tierce au centre de la gamme. De là vient, qu'entre les mélodies indiennes, persanes ou arabes et les mélodies chinoises ou japonaises, il n'y a aucun point de contact, soit sous le rapport tonal, soit sous celui du caractère et de la forme... Les Lapons sont le seul peuple qui ne chante pas... J'ai constaté, que, parmi les peuples de l'Océanie, ceux qui étaient anthropophages avaient des sons, qui ne dépassaient pas trois sons différents…. Les habitants d'Otaïti même n'avaient que quatre sons (flûte à deux trous) » (1).

Des mélodies adaptées à l'organisation des nègres les rendent frénétiques ; les sons du banjo les font pleurer et rire presque à la fois, et cependant, selon Livingstone, les Béchuanas et les Makololos, peuplades athées de l'Afrique australe, n'auraient aucune espèce de musique. En voilà plus qu'il n'en faut, pour prouver que l'idée du beau absolu est une chimère métaphysique.

VI

Aurons-nous jamais une bonne classification, un exact dénombrement des facultés cérébrales ? A coup sûr, la classification de Gall, à peu près adoptée par A. Comte, n'est point fondée sur la vérité et la raison ; et en attendant qu'un homme de génie vienne fondre en une brillante synthèse les faits épars dans la science et couler en bronze une psychologie scientifique, nous sommes obligés de nous en tenir à ces généralités vagues, résultat d'observations générales, dont j'ai donné le tableau.

Certainement les facultés admises par Gall sont trop nombreuses et trop facilement décomposables. Notre classification des faits cérébraux, plus générale et plus irréductible, suffit d'ailleurs pour expliquer les aptitudes spéciales, les vocations énergiques, qui toutes dépendent du degré de puissance et de perfection, soit des sens spéciaux, soit de l'impressionnabilité morale, soit des facultés intellectuelles.

Un enfant, par exemple, a l'ouïe très-délicate ; son

(1) Fétis, *Bulletin de la Société d'anthropologie*, 21 février 1867.

oreille perçoit très-exactement les sons correspondant à la plus ou moins grande rapidité des vibrations sonores de l'air. Chez lui, ce piano vivant, que, suivant les recherches du marquis de Corti et du docteur Helmholtz, nous portons tous dans l'oreille interne, est exceptionnellement construit. Les fibres nerveuses de plus en plus courtes, qui s'étalent régulièrement dans la membrane spirale du limaçon, en émergeant de l'axe, sont très-nombreuses, très-régulièrement décroissantes de la base au sommet, et chacune d'elles ne pouvant entrer en vibration que sous l'influence d'une note spéciale, c'est-à-dire d'un nombre déterminé de vibrations aériennes, le triage des notes s'effectue dans l'oreille avec la plus grande facilité, la transmission de chaque son aux centres nerveux, vraisemblablement à l'une des circonvolutions cérébrales postérieures, est rapide et énergique. De cette organisation spéciale il résulte nécessairement que l'impressionnabilité sera surtout mise en jeu par les sons musicaux ; les impressions sensitives musicales primeront toutes les autres ; elles captiveront l'intelligence, qui forcément s'exercera à leur sujet, et si l'enfant a une intelligence suffisamment développée pour apprendre la mécanique de l'art musical, assez d'imagination pour créer, il deviendra, en grandissant, Mozart, Haydn, Rossini, etc.

De même, si l'ouïe cède le pas à la vue, si l'*œil est juste*, si les harmonies de couleurs restent longtemps vivantes dans la mémoire, si l'on peut facilement les évoquer et y trouver du plaisir, si l'intelligence est assez puissante pour acquérir les connaissances techniques nécessaires, nous aurons une vocation de peintre et, les circonstances aidant, peut-être un Raphaël ou un Michel-Ange.

Au contraire, voici un être, chez qui, avec un développement très-modéré de la sensibilité spéciale, coïncide une énorme puissance intellectuelle, un large développement des lobes frontaux, le résultat sera très différent. Mozart et Rubens mettaient leur bonheur à combiner l'un des sons, l'autre des couleurs, et à peindre ainsi les émotions et les passions humaines ; l'être dont nous parlons ne vivra que pour combiner des idées, il s'appellera Pascal, Newton, Descartes, Spinosa.

Ce que j'ai dit à propos de l'ouïe et de la vue est également applicable à chaque sens spécial, à chaque source d'impression. Tel Italien que l'art enivre ne vit que pour lui ; tel Allemand noue avec la science un chaste et indissoluble mariage d'inclination ; tel Français songera toute sa vie aux jouissances de l'amour sensuel ou de la vanité, tandis qu'un indigène de la Nouvelle-Calédonie fera consister le bonheur dans la somnolence idiote, qui suit une abondante curée d'anthropophages.

Mais nous avons vu plus haut que l'art de Michel-Ange est plus intellectuel que celui de Mozart ; il s'ensuit donc, que, plus que le peintre, le musicien doit être asservi à la perfection du sens spécial : c'est, en effet, ce que confirme l'observation.

Nombre de peintres, de sculpteurs, d'architectes, et des plus grands, sortent indifféremment des diverses catégories sociales. Giotto, Andrea del Castagno furent pâtres dans leur enfance. Cimabué, Michel-Ange étaient de race noble ; un bon nombre étaient fils de marchands ; mais presque tous les grands génies de la composition musicale, Haydn, Mozart, Rossini, etc., étaient fils de musiciens. Ici l'hérédité spéciale semble nécessaire.

Un fait général encore, c'est la précocité d'aptitude,

surtout chez les grands musiciens, souvent aussi chez les grands peintres.

Mozart, dont nous avons déjà parlé, joua du violon d'instinct, composa six sonates à huit ans ; à dix ans, un opéra bouffe, etc. Sa figure excessivement impressionnable, ses traits sans cesse en mouvement exprimaient toujours la peine ou le plaisir.

A treize ans, Haydn compose une messe et se met à étudier seul le contre-point.

Rossini, un peu moins précoce, compose cependant à seize ans une symphonie, *Il pianto d'armonia*.

De même pour beaucoup de peintres. Tout enfant, Cimabué, forcé d'assister à des leçons de grammaire, se délassait en dessinant avec fureur sur ses livres des hommes et des chevaux.

Giotto, enfant et pâtre, fut découvert par Cimabué, pendant qu'il dessinait sur le sable des sujets réels ou imaginaires.

Masaccio fut toute sa vie tellement absorbé par son art, qu'il oubliait de demander de l'argent à ses débiteurs.

Quoique doué des aptitudes intellectuelles les plus variées, Léonard de Vinci s'occupa très-jeune à modeler et à dessiner. Mêmes dispositions précoces chez le féminin Raphaël et chez le fougueux Michel-Ange (1). Ce dernier, sans cesse enfiévré par la passion artistique, ne mangeait que pour vivre, se relevait la nuit pour travailler ; souvent il se jetait tout habillé sur son lit pour ne point perdre de temps à se vêtir et à se dévêtir (2).

---

(1) M. J.-B. Delestre possédait un dessin exécuté par Gros, âgé de huit ans, et représentant la *mort de César*.

(2) Vasari, *Histoire des peintres*; Stendhal, *Histoire de la peinture en Italie;* Lannau-Rolland, *Michel-Ange et Vittoria Colonna.*

Il vécut célibataire, probablement chaste, ou à peu près, et la passion, qu'il éprouva pour Vittoria Colonna, fut analogue à celle de Pétrarque pour Laure, éminemment froide, platonique, cérébrale, et s'épandant en sonnets alambiqués. A un prêtre qui lui demandait pourquoi il ne s'était pas marié : « J'ai, dit-il, une femme de trop, c'est mon art, et mes ouvrages sont mes enfants. »

Même amour de l'art, puissant et indomptable, chez Léopold Robert (1), aussi timide, chétif, faible de caractère que Michel-Ange était bilieux, violent, énergique et indomptable. Certainement les traits communs à deux natures aussi dissemblables doivent bien mettre en relief les vrais caractères de l'organisation artistique.

Michel-Ange travaillait avec une frénétique rapidité. « Il était entraîné, dit Benvenuto Cellini, par certaines fureurs admirables, qui lui venaient en travaillant. » Blaise de Vigenère dit avoir vu Michel-Ange sexagénaire abattre plus d'écailles d'un marbre très-dur en un quart d'heure que n'eussent pu faire trois jeunes tailleurs de pierre en trois ou quatre. « Il y allait d'une telle impétuosité et force, que je pensais que tout l'ouvrage dût aller en pièces. »

Léopold Robert travaille lentement. « Je tâte, dit-il, je tâte jusqu'à ce que je sois content, ou pour mieux dire jusqu'où la patience me conduit. » Il ne croit jamais avoir bien fait et fut tenté d'anéantir son tableau des *Pêcheurs de l'Adriatique*. Mais il est possédé comme Michel-Ange de la passion du travail artistique. « Je ne perds pas, écrit-il, une heure de temps sans regret, quand je peux travailler depuis le commencement du jour jusqu'à la nuit, *et ce n'est pas par devoir, c'est par*

---

(1) *Léopold Robert*, par Feuillet de Conches.

passion. Je suis si heureux quand je puis travailler ainsi ! »

La princesse Élisa Napoléon fut la Vittoria Colonna de Léopold Robert et il l'aima aussi idéalement, cérébralement, mélancoliquement. Sa vraie passion fut celle de Michel-Ange, l'amour de la beauté artistique, du *bel dal bel*, comme disait le Florentin, qui, vieux et presque aveugle, se faisait conduire jusqu'au belvéder du Vatican pour palper, caresser presque de ses vieilles mains tremblotantes le torse de l'Hercule Farnèse.

Un autre trait commun à la plupart des prédestinés de l'art, c'est, outre l'impressionnabilité sensitive, qui engendre leur vocation, une impressionnabilité morale vive. « Un homme sans passions, » écrivait avec une grande justesse Léopold Robert, « est incapable de faire un artiste distingué. »

C'est qu'en effet la perfection, la correction mécanique d'une œuvre d'art ne suffisent point pour en faire un chef-d'œuvre. Tout chef-d'œuvre artistique et même poétique n'est que le signe aussi parfait que possible d'une impression, d'une émotion, d'une passion ; c'est une émotion matérialisée et immobilisée. Or, le beau absolu n'étant qu'une chimère, il faut en outre que l'émotion, la passion chantée, peinte ou sculptée, soit de nature à être facilement éprouvée par les contemporains de l'artiste. Il faut que l'impressionnabilité de l'artiste et celle de ses contemporains vibrent à l'unisson.

Mais l'étude des phases sociales, que parcourt l'humanité, nous a montré que l'homme en général, quand son développement est complet et sans entraves, tend à s'approcher de la phase intellectuelle, qui se dérobe presque au pouvoir de l'art. La plupart des idées abstraites défient la note musicale, le pinceau et le ciseau. Le bel âge des beaux-arts se trouvera donc nécessairement aux époques moyennes, quand la civilisation étant déjà avancée, le sentiment purement esthétique de la beauté des sons ou des formes étant assez développé, on voit éclore l'ère des besoins moraux et sociaux, des passions religieuses, des luttes nationales, en résumé cette phase où l'imagination est puissante et surtout au service de la haine, de l'amour, etc.; c'est dans ce sens que Stendhal a pu dire avec justesse : « Le sentiment artistique est proportionnel à l'aptitude à se passionner. »

On peut donc prédire que les arts sont destinés à jouer dans les sociétés modernes de l'Europe un rôle de plus en plus secondaire, de plus en plus effacé. Il n'est pas d'encouragements officiels, de subventions, d'écoles, qui puissent faire rétrograder le cours naturel des civilisations. Or l'humanité actuelle a besoin bien plus d'industriels, de savants et de penseurs que d'artistes. Les chefs-d'œuvre artistiques de l'avenir seront créés par des Raphaël et des Michel-Ange à naître au sein des races humaines, qui n'ont point encore abordé les phases sociales supérieures.

Mais me voilà bien loin de mon sujet, qui est avant tout une description anatomique des passions et des ressorts de l'homme. J'y reviens en citant quelques fragments écrits par l'Américain Audubon, artiste et ornithologiste, qui a dépeint admirablement les causes et la nature de sa vocation : « Je répétais à peine les premiers mots, qu'un enfant bégaye et qui causent tant de joie à une mère. Je pouvais à peine me soutenir, quand le plaisir que me donnèrent les teintes diverses du feuillage et la nuance profonde du ciel azuré me pénétraient d'une joie enfantine. Mon intimité commençait avec cette nature que j'ai tant aimée... Je grandis, et ce besoin de converser pour ainsi dire avec la nature physique ne cessa pas de se développer en moi. Quand je ne voyais ni forêt, ni lac, ni mer aux vastes rivages, j'étais triste et ne jouissais de rien. Je cherchais à me rappeler mes promenades favorites en peuplant ma chambre d'oiseaux ; puis, dès qu'un moment de liberté me rendait à moi-même, je me hâtais d'aller chercher les roches creuses, les grottes couvertes de mousse, bizarres retraites des mouettes et des cormorans aux ailes noires..... Pendant des heures entières, mon attention charmée se fixait sur les œufs brillants et lustrés des oiseaux, sur le lit de mousse molle, qui renfermait et protégeait leurs perles chatoyantes, sur les rameaux, qui les soutenaient balancés et suspendus, sur les roches nues et battues des vents, qui les préservaient des ardeurs du soleil. Je veillais avec une sorte d'extase secrète sur le développement qui suivait le moment de leur naissance... j'avais dix ans. Cette passion d'histoire naturelle (artistique) augmentait à mesure que je grandissais... »

L'enfant travaille sans maître pendant cinq ans à dessiner ses chers oiseaux, qu'il ne peut conserver, puis son père l'envoie à Paris étudier chez David. Il s'y ennuie, mais apprend les principes de l'art. Enfin, de retour dans sa patrie, la passion de son enfance se ranime et l'entraîne. Il passe des années loin de sa famille, vaguant le long des fleuves, sur les rives des lacs, dans les immenses forêts, observant et dessinant toujours.

« Lecteur, dit-il, ce n'était point un désir de gloire, qui me conduisait dans cet exil. Je voulais seulement *jouir de la nature*. Enfant, j'avais voulu la posséder tout entière ; homme fait, le même désir, la même ivresse vivaient dans mon cœur. Jamais alors je ne conçus l'espérance de devenir utile à mes semblables. *Je ne cherchais que mon amusement et mon plaisir* (1). »

En résumé, pour être un artiste distingué, il faut : 1º tenir de la nature, soit par cas fortuit, soit par hérédité, l'organisation spéciale, qui détermine le courant sensitif dominant et permet d'acquérir rapidement et complétement l'éducation artistique appropriée ; 2º être doué d'une impressionnabilité sensitive et morale vive, mais capable de garder longtemps de l'émotion éprouvée un souvenir assez puissant pour émouvoir encore.

Mais le sexe féminin a fourni bien moins d'artistes remarquables que l'autre. C'est que pour créer une belle œuvre d'art, il faut, en outre, un travail soutenu, une puissance d'attention rare chez la femme. Car l'observation suivante, vraie du temps de Malebranche, est vraie aujourd'hui, et sera vraie en général longtemps encore : « Les femmes ne considèrent que l'écorce des choses et leur imagination n'a point assez de force et d'étendue pour en percer le fond et en comparer toutes les parties sans se distraire (2). »

VII

Faut-il croire avec H. Spencer (3), que tout ce qui est esthétique a pour caractère d'être inutile ? Jamais verdict plus sévère ne fut prononcé contre les beaux-arts, et il faut bien convenir que ce jugement est juste pour une large part. Mais il y a bien des degrés dans l'expression esthétique depuis le gibbon, qui, assure

---

(1) Ph. Chasles, *Étude sur la littérature et les mœurs des Anglo-Américains au dix-neuvième siècle.*
(2) Malebranche, *Recherche de la vérité.*
(3) *Principes de psychologie*, t. II, chap. IX.

Darwin (1), modulait une octave, jusqu'à Mozart, depuis les Weddahs de Ceylan, qui n'ont pas de mots pour désigner et distinguer les diverses couleurs, jusqu'à Raphaël et Michel-Ange. Dans leurs formes inférieures, les productions artistiques n'ont évidemment d'autre effet que de procurer à l'homme une impression agréable des plus simples ; alors l'harmonie des sons, des couleurs ou des lignes est tout dans une œuvre d'art, et cette œuvre a juste le même degré d'utilité qu'un bonbon bien fait. Nombre de chefs-d'œuvre artistiques sont absolument dépourvus de valeur morale ou intellectuelle, aussi quantité d'artistes fort célèbres ont été des sots en dehors de leur métier. Tel était, par exemple, Thorwaldsen, qui, toute sa vie, fut un être borné, bon seulement à modeler et sculpter des pastiches de l'antique fort agréables à voir (2).

Si les arts ne devaient jamais dépasser cette phase inférieure, leur décadence et leur disparition seraient presque fatales, puisqu'elles résulteraient nécessairement de la marche en avant de l'humanité. Des exceptions, trop rares, il est vrai, nous prouvent qu'il en peut, qu'il en doit être autrement, mais à la condition qu'on abandonne la théorie de l'art pour l'art. Il faudra, coûte que coûte, mettre dans l'esthétique des notions morales et intellectuelles. La musique de l'avenir ne sera pas, comme le croit tel compositeur allemand, gonflé de vanité monomaniaque, un charivari baroque, escortant une mythologie sauvage ; la peinture de l'avenir ne visera plus à flatter les instincts érotiques, en peignant, chaque année, sur des centaines de tableaux, les femmes nues, qui donnent aux expositions

---

(1) *Expression des émotions.*
(2) Thorwaldsen, *sa Vie et son OEuvre.* Eug. Plon.

annuelles de Paris un faux air de mauvais lieu. Un jour, pour être poëte, il sera nécessaire d'avoir des idées, et, chose bien plus étonnante, on ne sera compositeur qu'au même prix. Alors poëte et musicien, s'entr'aidant l'un l'autre, s'efforceront de représenter, d'une manière frappante et vivante, tel fait, telle action capables d'enthousiasmer les spectateurs en les ennoblissant. Sur les organisations sensitives et moralement impressionnables, qui, longtemps encore, seront fort communes dans l'espèce humaine civilisée, la musique produit une excitation forte. Byron, Alfieri nous ont laissé à ce sujet des observations curieuses. C'était en écoutant ou après avoir écouté de la musique, que le dernier faisait, dit-il, le plan de ses tragédies. Écoutons-le décrire ce qu'il éprouva dans sa jeunesse, après avoir entendu, pour la première fois, un opéra bouffe : « Cette musique vive, brillante et variée fit sur moi la plus profonde impression. Elle laissa, pour ainsi dire, un sillon d'harmonie dans mes oreilles et dans mon imagination; elle agita les fibres les plus cachées de mon cœur, au point que, pendant plusieurs semaines, je tombai dans une mélancolie extraordinaire, mais qui cependant n'était pas sans agrément. Il en résulta un ennui et un dégoût pour toutes mes études et en même temps une fermentation toute particulière des idées les plus fantastiques, qui aurait pu m'inspirer des vers, si j'avais su en faire, et qui m'aurait fait exprimer les sentiments les plus passionnés, si je ne me fusse pas ignoré moi-même (1). » Même le sage Stuart Mill raconte, dans son autobiographie, que, dans sa jeunesse, au plus fort d'une crise morale, il a trouvé, dans la musique, des consolations.

(1) *Mémoires* d'Alfieri.

Il va de soi que, si les musiciens se mettent à penser, à plus forte raison, en sera-t-il de même des peintres, qui disposent d'un moyen d'expression bien autrement précis. Eux aussi s'attacheront donc à exprimer des sentiments, des idées nobles et à les faire partager à leurs contemporains.

Telles sont, pour les artistes de l'avenir, la voie, la vérité et la vie.

CHAPITRE IV.

DES PASSIONS CÉRÉBRALES.

Chez l'homme, toute la vie de conscience a le cerveau pour organe et pour théâtre. Donc, à proprement parler toutes les passions sont cérébrales. Mais, dans les passions inférieures, les passions nutritives, par exemple, le cerveau joue un rôle fort simple ; il sent le besoin et le formule par un désir plus ou moins impérieux. Sans doute, dans les passions sensitives, les phénomènes psychiques sont plus complexes ; au désir se joint un certain travail de l'imagination, une représentation anticipée de l'impression sensitive désirée, même une certaine combinaison d'idées ; mais c'est surtout dans les passions, que nous proposons d'appeler cérébrales, que le travail du cerveau est considérable ; là, toute la vie de conscience est surexcitée ; il y a, à la fois, des impressions, des désirs, des créations d'images, des idées, des raisonnements.

Pas de passion cérébrale où l'on ne puisse démêler tous ces éléments psychiques ; mais leur proportion est loin d'être toujours la même. Dans certaines passions cérébrales, ce sont l'impressionnabilité et l'imagination, qui agissent surtout ; dans certaines autres passions, la scène psychique est occupée principalement par l'intelligence et la raison. Sous ce rapport même, les passions cérébrales se peuvent ranger en série. Dans l'amour, la haine, la jalousie, les passions mystiques, c'est surtout à des plaisirs à la fois sensitifs et affectifs, que l'on aspire. Aussi donnerons-nous à ces passions le nom générique de *passions affectives*.

S'agit-il de patriotisme ou d'aspiration passionnée à une réforme religieuse ou sociale, alors le désir s'élargit et s'élève. Ce n'est plus de jouissances individuelles, dont on a soif ; l'égoïsme cède le pas à l'altruisme. On vise au salut, au bonheur, à l'amélioration d'un groupe humain, d'une collectivité. Les passions de ce genre méritent donc le nom de *sociales*.

Enfin, dans un troisième groupe de passions plus nobles encore, l'être humain se détache, dans une plus large mesure, des plaisirs sensitifs et même affectifs ; c'est dans le jeu des plus hautes facultés cérébrales, qu'il cherche et trouve le bonheur. Ce qu'il poursuit alors, c'est le savoir, c'est la vérité. Or, comme les facultés intellectuelles élevées sont, de toutes, les plus rares et les plus précieuses, comme, par essence, la science et la vérité profitent à l'humanité entière, comme sans elles, il ne peut y avoir de grand et durable progrès social, l'homme, qui leur consacre sa vie, sans arrière-pensée et sans calcul, celui pour qui la recherche du vrai est un but et non un moyen, celui-là représente le plus élevé des types humains.

Nous allons passer en revue et esquisser ces trois groupes de passions cérébrales.

CHAPITRE V.

PASSIONS AFFECTIVES.

I.

Les passions affectives sont les plus communes des passions cérébrales. Il n'est guère de personnes qui ne les ressentent dans nos sociétés plus ou moins civilisées ; aussi ce sont elles que les romanciers aiment à peindre et les poëtes à chanter. Pourtant ce sont les moins élevées des passions cérébrales, celles dans lesquelles l'intelligence et la raison occupent le moins de place. En revanche, ce sont celles qui suscitent le plus d'images colorées. C'est pourquoi elles ont inspiré tant de métaphores. Elles sont, plus que celles des groupes suivants, voisines de la sensation, de l'impression sensitive.

Nous allons tâcher d'isoler les éléments qui constituent ces passions, de déterminer leur rôle, de peindre la naissance, l'épanouissement, la transformation ou la mort du drame psychologique qu'elles provoquent et auquel son caractère d'irrésistibilité fatale a fait donner le nom significatif de passion.

Ce seul caractère de spontanéité indique assez que c'est dans les propriétés passives de l'être moral qu'il faut chercher les racines de la passion. Aussi avons-nous défini la passion un désir violent et durable et le désir un besoin perçu, révélé par l'impressionnabilité.

Tout besoin naturel ou artificiel non satisfait est l'occasion d'une impression désagréable, dont l'énergie va toujours croissant jusqu'au moment où l'homme, cédant au désir de s'en délivrer, donne au besoin la pâture qu'il demande. L'impression désagréable se transforme alors en une vive impression de plaisir, dont l'être garde la mémoire et qu'il désire renouveler. S'il s'agit d'un besoin nutritif important, dont la non-satisfaction entraîne la mort, le désir passionné, c'est-à-dire durable, ne peut évidemmeut pas naître ; mais dans le cas contraire, si l'homme n'obéit pas ou ne peut pas obéir au désir, souvent alors celui-ci grandit, grandit sans cesse, domine tous les autres désirs ou plutôt les étouffe, il devient passion.

Alors les facultés asservies n'agissent plus que dans sa sphère d'attraction. La volonté (désir délibéré), quelquefois rebelle au début, fléchit bientôt docilement et se laisse absorber par le désir. La mémoire ne fonctionne que pour retracer à l'être le souvenir du plaisir désiré, si déjà il a été perçu, sinon l'imagination se charge d'en créer une image toujours exagérée, quelquefois fantastique, et l'être fasciné, enivré par cette image trompeuse, la contemple sans cesse avec un sentiment de volupté, qui réagit sur le désir en le vivifiant encore. Que sera donc la réalité, puisque l'image seule en est si douce à regarder ?

Alors l'intelligence cherche, trouve, combine les moyens d'atteindre le but si ardemment désiré et toute autre occupation lui est impossible. La vie n'est plus qu'une fièvre ardente avec des rémissions, des exacerbations. L'émotion succède à l'émotion. Quelle joie, quand tout paraissant succéder à nos vœux, nous n'avons plus qu'à étendre le bras pour nous emparer du trésor sans lequel nous ne pouvons vivre ! Quelle amère douleur, quand un nouvel obstacle surgissant tout à coup, nous rejette loin, bien loin, en proie au doute, au découragement ou à la rage. Alors on désire la mort et quelquefois on y cherche un refuge ou bien, par un nouvel effort, on se précipite de nouveau vers l'idole insaisissable.

Nous avons donc comme éléments psychiques de la passion :

1° Un besoin avec le désir qui le formule ;

2° L'impression de gêne, qui accompagne tout désir non satisfait ;

3° Le souvenir ou l'image souvent infidèle du plaisir, qui accompagnera la satisfaction du besoin ;

4° De ce travail cérébral résulte une exaltation du désir, qui devient impérieux, inéluctable, et force l'intelligence et toutes les facultés à lui obéir et à le servir.

II

On peut comparer la passion à une plante, qui, pour germer, croître et fleurir, a besoin d'un sol particulier, de certaines conditions d'insolation et d'aération spéciales.

Dès l'enfance ou la première jeunesse, l'homme destiné à être le jouet de fortes passions affectives se distingue des autres par une impressionnabilité morale vive, une ardente imagination, qui va parfois jusqu'à l'hallucination.

Les poëtes, je dis les vrais poëtes, sont les prédestinés de la passion affective. Grimm répétait souvent et avec beaucoup de justesse, qu'un poëte ou un homme de génie, n'importe dans quelle profession « doit avoir une âme qui se tourmente, un esprit violent ».

Byron est du même avis. « Je crois véritablement que ni vous, ni moi, ni qui que ce puisse être, à tempérament poétique, ne peut échapper à une forte passion de quelque genre : c'est la poésie de la vie. Qu'aurais-je connu ou écrit, si j'avais été un tranquille mercantile, politique ou un lord de la chambre? Il faut qu'un homme voyage et se mêle à la foule ou bien il n'y a pas de vie. » (Lettre à Moore.) A propos de la remarque de Grimm, il dit : « S'il en était ainsi, je serais poëte par exemple. » « La poésie, dit-il ailleurs, c'est l'expression de la passion excitée, et il ne peut pas plus y avoir une vie toute de passion qu'un tremblement de terre perpétuel ou une fièvre éternelle. » (*Mémoires* par Moore.) « Il était, dit son ami Moore, presque incapable de suivre un raisonnement régulier et en cela comme en beaucoup d'autres particularités de son caractère, ses caprices, ses accès de larmes, ses engouements et ses désenchantements, on pouvait observer des ressemblances marquées avec la nature instinctive et passionnée des femmes (1). »

Toute sa vie il fut le jouet de passions affectives, d'émotions incessantes. A l'âge de huit ans, il devient passionnément amoureux d'une petite fille, Marie Duff, et quand, huit ans plus tard, il apprit son mariage avec un autre, il tomba, dit-il, presque en convulsions : « Je

---

(1) Un autre poëte, Alfieri, dont le caractère a de grandes analogies avec celui de Byron, dit, dans ses *Mémoires*, n'avoir jamais pu comprendre la quatrième proposition d'Euclide : « Quant à la géométrie, dont je fis le cours, et qui consistait dans les six premiers livres d'Euclide, je n'en pus jamais comprendre la quatrième proposition, et je ne l'entends pas même à présent, ayant eu toujours la tête absolument antigéométrique. » Il était aussi extrêmement sensible à la musique. « Rien ne m'agite le cœur et la tête d'une manière aussi puissante et aussi irrésistible que toute espèce de sons et surtout ceux des voix de femmes et de contre-alto. Rien n'éveille en moi plus de sensations différentes et terribles. Les plans de presque toutes mes tragédies n'ont été faits qu'en entendant de la musique ou quelques heures après en avoir entendu. » (*Mémoires* de V. Alfieri.)

fus près d'en étouffer... je n'avais certainement aucune idée des sexes, même plusieurs années après, et cependant mes chagrins, mon amour pour cette petite fille, étaient si violents, que je doute quelquefois que j'aie jamais véritablement aimé depuis... » « Que son image m'est restée charmante dans la tête ! ses cheveux châtains, ses yeux d'un brun clair et doux ; jusqu'à son costume ! je serais tout à fait malheureux de la voir à présent. »

Dès l'enfance, il avait des accès de rage silencieuse. A douze ans, il devint amoureux de sa cousine Marguerite Parker (treize ans). « Ma passion eut pour moi ses effets ordinaires. Je ne pouvais dormir, je ne pouvais manger ou prendre du repos, et quoique j'eusse lieu de croire qu'elle m'aimait, l'unique emploi de ma vie était de penser au temps qui devait s'écouler avant que nous pussions nous revoir. C'était habituellement douze heures de séparation. Mais j'étais fou alors et ne suis pas beaucoup plus sage aujourd'hui. »

Le jeu passionné de Kean produisait sur lui un effet si violent, qu'en le voyant représenter sir Gilles Overeach, il prit une espèce d'attaque convulsive (Moore). Plus tard, il écrivait d'Italie à Moore : « J'ai assisté hier soir à la représentation de la *Mirra* d'Alfieri, dont les deux derniers actes m'ont jeté dans des convulsions ; je ne veux pas dire des spasmes de petite maîtresse, mais une agonie de larmes réprimées et de frissons douloureux, que je ne suis pas sujet à éprouver pour des fictions. »

Il était excessivement sensible à la musique, et Moore lui voyait souvent les yeux pleins de larmes, lorsqu'il écoutait les mélodies irlandaises, surtout celle commençant par ces mots : « Quand je te vis alors jeune et plein d'espérance. »

Il n'écrivit jamais que sous l'impression de la colère, de la rage, de l'amour. Sans la critique impitoyable, qui accueillit ses premières poésies (*Heures d'oisiveté*), bien médiocres en effet, il n'eut peut-être pas été poëte. La lecture d'un article écrasant publié à ce sujet dans la *Revue d'Édimbourg*, produisit sur lui une impression si forte, qu'un ami lui demanda s'il venait de recevoir un cartel, tant l'expression de ses regards était menaçante. Aussitôt, il composa la fougueuse réplique intitulée *les Bardes d'Angleterre*.

Ce fut après son divorce, quand les calomnies, les injures, pleuvaient sur lui, qu'il composa *Beppo, Parisina, le Siége de Corinthe, Don Juan*. « C'est bizarre, dit-il, dans une lettre, mais l'agitation et les combats de tout genre redonnent de l'élasticité à mes esprits et me remettent sur pied pour quelque temps. »

A neuf ans, le poëte Alfieri devient amoureux, platoniquement, bien entendu, de très-jeunes Carmes novices qu'il voyait dans une église : « Depuis que ma sœur était sortie de la maison, à l'âge d'environ neuf ans, je n'avais vu habituellement d'autres visages de jeunes gens que ceux de quelques novices des Carmes, qui pouvaient avoir de quatorze à seize ans à peu près et qui assistaient aux diverses cérémonies de l'église, vêtus de leurs rochets blancs. Leurs jeunes visages, peu différents des visages féminins, avaient laissé dans mon cœur tendre et sans expérience cette même impression et le même désir de les voir que le visage de ma sœur y avait imprimé. Ce sentiment, enfin, diversifié de tant de manières, n'était pourtant que l'amour. En y réfléchissant plusieurs années après, je m'en suis pleinement convaincu ; car je ne savais alors en aucune façon ni ce que je sentais, ni ce que je faisais ; j'obéissais au pur instinct de la nature. Mon innocent attrait pour ces novices devint si fort, que je pensais sans cesse à eux et à leurs diverses fonctions. Tantôt, mon imagination me les représentait tenant leurs cierges en main, servant la messe avec un air angélique et plein de componction, tantôt faisant fumer l'encens au pied de l'autel : et tout absorbé par ces images, je négligeais mes études ; toute occupation et toute société m'ennuyaient (1). »

Dante fut amoureux à neuf ans, Canova à cinq ans. Jean-Jacques Rousseau éprouve sa première passion à onze ans. « En voyant seulement Mlle Goton, écrit-il, je ne voyais plus rien, tous mes sens étaient bouleversés... Devant elle, j'étais aussi tremblant qu'agité... Si Mlle Goton m'eût ordonné de me jeter dans les flammes, je crois qu'à l'instant j'aurais obéi. »

Quelques années plus tard, il décrit ainsi les premières atteintes de l'amour sexuel sans objet. « J'étais inquiet, distrait, rêveur ; je pleurais, je soupirais, je désirais un bonheur, dont je n'avais pas l'idée et dont je sentais pourtant la privation... C'est une plénitude de vie, à la fois tourmentante et délicieuse, qui *dans l'ivresse du désir donne un avant-goût de la jouissance*. Mon sang allumé remplissait incessamment mon cerveau de filles, de femmes. »

Cependant ce fut à l'âge de quarante-cinq ans seulement, que Jean-Jacques éprouva sa première et sa seule passion amoureuse. Jusqu'alors il n'a aimé que la femme en général, il va maintenant en aimer une et il nous décrit longuement les circonstances, qui préparèrent l'éclosion de sa passion. Il s'est retiré chez Mme d'Épinay, à l'ermitage de Montmorency. Il songe à son âge, à la sensibilité de son cœur, qui n'a jamais eu

---

(1) *Mémoires* de Victor Alfieri.

d'aliments véritables. Il craint de mourir sans avoir vécu. C'est dans la solitude, dans un pays charmant, sous de beaux ombrages, qu'il fait ces réflexions sentimentales ; au mois de juin, en écoutant le chant du rossignol, le gazouillement du ruisseau. Les gracieuses images de toutes les femmes qui ont occupé son imagination de jeune homme, surgissent devant lui. «Bientôt, dit-il, je vis rassemblés autour de moi tous les objets, qui m'avaient donné de l'émotion dans ma jeunesse, Mlle Galley, Mme de Graffenried, Mlle de Breil, Mme Basile, Mme de Larnage, mes jolies écolières, et jusqu'à la piquante Zulietta, que mon cœur ne peut oublier. Je me vis entouré d'un sérail de houris de mes anciennes connaissances, pour qui toutes le goût le plus vif ne m'était pas un sentiment nouveau. Mon sang s'allume et petille, la tête me tourne malgré mes cheveux grisonnants et voilà le grave citoyen de Genève, voilà l'austère Jean-Jacques, à près de quarante-cinq ans, redevenu tout à coup le berger extravagant(1). »

III

Les mystiques nous montrent une organisation morale analogue. Dès sa jeunesse, saint Augustin eut une impressionnabilité affective délicate, une imagination ardente, des penchants amoureux énergiques. Sa vie tout entière se passa à poursuivre passionnément d'abord l'amour sexuel, puis la gloire, puis la vérité philosophique, en dernier lieu l'amour divin, quand les idées d'une vie future, de l'âme immortelle, qu'il n'avait jamais perdues, eurent pris plus de force. La passion divine s'empara définitivement de lui à la suite

---

(1) J.-J. Rousseau, *Confessions*.

d'une hallucination. Il méditait dans un jardin sur les pensées chrétiennes, qui l'occupaient alors constamment; tout à coup une voix douce retentit à son oreille et lui dit : « Prenez et lisez. » Aussitôt il prend les épîtres de saint Paul, les ouvre au hasard et lit : « Ne vivez ni dans la dissolution des festins et de l'ivrognerie, ni dans la débauche de l'impureté, etc. » A partir de ce moment il ne vécut plus que pour un dieu idéal, que son imagination parait sans cesse.

Mais les vrais mystiques appartiennent ordinairement au sexe féminin ; c'est le sexe religieux par excellence. Les femmes ont fondé et soutenu le christianisme. « L'islamisme, religion naturelle, sérieuse, libérale, religion d'hommes... eut pourtant assez de séduction pour fasciner le sexe dévôt (1). »

Le parfait modèle de la mystique, sainte Thérèse, naquit dans la pieuse Castille, sous le pontificat de Léon X. Elle grandit pendant que Luther déchirait la robe sans couture, au beau temps de l'inquisition, pendant que s'élevait l'ordre des jésuites. Ses parents étaient très-religieux et lisaient souvent à leurs enfants, la mère, des romans de chevalerie, le père, des livres de piété. Avila, la ville natale de sainte Thérèse, est située dans un beau pays ; elle domine une rivière, de vastes campagnes, que borne au loin une chaîne de montagnes d'un aspect grandiose. Les principaux ornements de la ville sont des édifices sacrés et une imposante cathédrale.

Aussi, chez notre mystique, l'amour divin fut précoce. A sept ans, elle tente d'aller au pays des Maures cueillir la palme du martyre, puis de bâtir un ermitage dans le jardin de son père. A quatorze ans, l'amour mondain

---

(1) E. Renan, *Études d'histoire religieuse*

et la coquetterie font une diversion, bientôt éteinte par la claustration dans un couvent, à titre de pensionnaire. Puis elle embrasse, non sans lutte, non sans efforts, la vie religieuse. La vue d'un *ecce homo* lui cause une impression si vive, qu'elle tombe à genoux en versant un torrent de larmes. Puis elle lit les *Confessions* de saint Augustin ; ce fut le coup de grâce. Depuis longtemps le terrain était préparé ; tout à coup la passion grandit jusqu'au délire : « C'en est fait, mon cœur cède, il est vaincu. Dieu, ce me semble, a fait retentir la même voix au fond de mon âme (il s'agit de l'hallucination d'Augustin). Soudain mes larmes coulent. Longtemps elles m'inondent, et tandis qu'elles s'échappent par torrents, je succombe intérieurement à la tendresse du regret et aux angoisses de la plus amère douleur (1). »

La femme a presque toujours besoin d'émotions tendres, besoin d'aimer. Otez-lui les enfants, le mari, la famille, l'amant, elle aimera le Christ ou les saints, quelquefois la Vierge et les saintes. Elle a soif aussi d'impressions sensitives. C'est pour obéir à ces penchants impérieux, que les femmes grecques se pressaient autour du tombeau mythique d'Adonis. Leurs yeux buvaient l'éclat des peintures, des brillantes broderies diaprant les tentures ; leur cœur adorait et regrettait ce bel Adonis, trois fois aimé, dont un duvet adolescent ombrageait à peine la joue, dont le beau corps reposait si gracieusement sur un lit d'argent orné de pourpre. Et quel bonheur de s'enivrer des odorantes effluves des parfums de Syrie, des fleurs parfumées, jardins artificiels contenus dans des corbeilles d'argent, d'aller en foule aux premières lueurs de l'aube sur les

---

(1) *Autobiographie de sainte Thérèse*.

rivages, et là, les cheveux épars et les seins nus, d'entonner en chœur un chant sacré (1) !

IV

L'invasion des passions se fait de deux manières : lentement, graduellement, *par cristallisation insensible* (le mot est de Stendhal), à l'insu de celui qui en est le sujet, ou brusquement, impétueusement, *par coup de foudre* (toujours Stendhal).

Le premier mode, peut-être le plus fréquent, n'est qu'un effet de l'habitude, faisant peu à peu l'éducation de l'impressionnabilité. On entend par habitude la tendance des organes à reproduire facilement, mécaniquement, presque indépendamment de la conscience, un acte ou une série d'actes, qu'ils ont accomplis un grand nombre de fois. L'acte, n'étant qu'une modification de l'organe, laisse ordinairement une trace, qui se creuse d'autant plus que l'acte s'est produit très-souvent. En appelant les instincts des habitudes héréditaires, Darwin a énoncé une vérité bien féconde en conséquences.

En attendant que la physiologie de l'avenir nous décrive exactement ces modifications, la description théorique, que nous devons à Gratiolet, pourra nous en donner une idée. Partant de ce fait, que les cellules nerveuses sont les seuls vrais centres d'action et de réaction du système nerveux, il commence par démontrer anatomiquement, que les cellules ne sont pas isolées, mais communiquent entre elles par des prolongements visibles, ce qui rend raison de l'unité cérébrale et permet de n'étudier qu'une cellule isolée. Cela

---

(1) Voyez Théocrite, *les Syracusaines*.

posé, il examine ce qui doit se passer dans une cellule vierge, qu'une première impression vient faire vibrer. A cette vibration dynamique succède le rétablissement de l'équilibre, mais la cellule a gardé des traces de l'impression perçue et la seconde impression ne sera pas ce qu'elle eût été sans l'impression antérieure.

A chaque impression, l'équilibre est de nouveau détruit, puis tend à se reproduire. « L'observation, dit Gratiolet, démontre que cette tendance se manifeste par une suite d'oscillations, en raison desquelles la série entière des modifications antérieurement éprouvées est parcourue en deux sens alternativement opposés. Ainsi, toute modification de l'être sensible, c'est-à-dire toute excitation sollicitant une réaction corrélative, il en résulte une tendance nécessaire à la reproduction des actes antérieurs. C'est à ce phénomène automatique, que l'on donne essentiellement le nom d'*habitude*, mais en tant qu'il est traduit par l'esprit et se traduit par des idées corrélatives, il reçoit le nom de *mémoire* (1). »

Puisque le spiritualiste Gratiolet n'hésite pas à matérialiser la mémoire, on peut, sans crainte d'être lapidé, traiter de même l'impressionnabilité et les désirs, faits psychiques, que les psychologues à la mode ont l'habitude de reléguer avec un certain mépris dans les bas-fonds de l'âme végétative. Nous pouvons donc supposer que chaque impression, de peine ou de plaisir, correspond à des modifications cellulaires spéciales, que ces modifications ont d'autant plus de tendance à se reproduire qu'elles ont eu lieu plus souvent et que, parvenue à un certain degré, cette tendance se traduit psychiquement par le désir plus ou moins passionné.

Cette mémoire des organes, d'où résulte une im-

---

(1) *Anatomie comparée dans ses rapports avec l'intelligence.*

pulsion automatique, qui nous pousse à exécuter facilement, insciemment, des actes déjà accomplis un certain nombre de fois, rend raison des habitudes et éclaire l'origine des passions et des monomanies. Aussi pouvons-nous formuler la loi suivante :

Un acte quelconque, pourvu qu'il ne produise pas une impression désagréable, et toujours désagréable, finit, s'il est réitéré un grand nombre de fois, par créer une habitude, un besoin, à la satisfaction duquel est liée une impression de plaisir plus ou moins vif.

C'est suivant ce mode, que s'accomplit la genèse de beaucoup de passions. Ne voyons nous pas sainte Thérèse résister aux impérieuses sollicitations de ses instincts, qui la poussent vers l'amour charnel, s'astreindre à la claustration, à la prière, aux méditations religieuses. Elle nous apprend que d'abord elle éprouve un ennui profond, une *sécheresse désespérante*; puis peu à peu l'habitude se forme ; elle engendre l'attrait, le plaisir, l'idée fixe. L'imagination crée le fantôme divin. Dès lors plus de sécheresse, plus de lutte, c'est par un irrésistible courant, que la pensée est entraînée vers l'idée de Dieu; c'est avec des jouissances renaissant toujours, qu'elle s'y arrête et finit par s'abîmer dans l'ivresse de l'extase.

Quelquefois, plus rarement, la passion naît d'une manière toute différente. C'est d'emblée, instantanément, qu'elle arrive à la virilité. C'est quelque chose d'analogue à ce que racontaient les Grecs sur l'origine des Pélasges autochthones, sortis de terre le casque en tête et la lance au poing. C'est le coup de foudre de Stendhal. Dans ce cas, l'impression première est tellement forte, qu'elle produit en un moment ce que le travail de l'habitude n'accomplit qu'après des jours, des semaines, des mois. Ce n'est plus sainte Thérèse, qu'il nous faut prendre pour exemple, c'est le fougueux saint Paul terrassé en un clin d'œil sur la route de Damas ; c'est Mlle de Lespinasse, éperdument amoureuse de M. de Mora, et qui, au moment même où l'amant qu'elle adore est mourant, s'éprend à première vue pour M. de Guibert d'une passion frénétique, dont elle rougira toute sa vie, qu'elle cachera à ses plus intimes amis, et dont elle ne guérira que par la mort.

On peut sans peine se figurer la physiologie de l'état psychologique, que nous venons de décrire. Toute suractivité cérébrale a pour condition une suractivité circulatoire correspondante. Les cellules conscientes sont d'autant plus impressionnables [qu'elles sont à la fois plus jeunes et desservies par une irrigation sanguine plus abondante et plus nutritive. Il y faut pourtant une juste mesure. Ainsi, pendant l'enfance, la formation d'impressions et de désirs durables est difficile, à cause de l'excès même des conditions physiologiques, que nous venons de mentionner. Une impuissance bien autrement grande encore existe chez l'aliéné atteint de manie aiguë et pour une raison analogue. La mobilité d'idées et d'impressions est telle alors que toute attention est impossible ainsi que toute coordination mentale. C'est spécialement durant la jeunesse, que se trouvent réunies un suffisant degré de stabilité mentale et une suffisante élasticité de la nutrition ; aussi est-ce l'âge des passions, spécialement des passions affectives, de l'amour, de la haine, de la jalousie, etc.; car les impressions faites par le monde extérieur sur l'être conscient sont alors tellement colorées, qu'elles ne permettent pas facilement à l'homme de descendre en lui-même, de se recueillir, d'abstraire et de combiner des idées, seulement pour goûter le tranquille plaisir intellectuel.

L'organe cérébral étant monté au ton nutritif et fonctionnel convenable, toute incitation appropriée fera entrer les cellules sentantes en vibration, et leur imposera une orientation donnée. Il en résultera pour l'être conscient une impression et un désir. Que cette incitation se répète un nombre de fois suffisant, l'orientation cellulaire, d'abord fugace, deviendra stable, et déterminera subjectivement un état moral stable aussi, des impressions persistantes, des désirs tenaces. Alors le fonctionnement des cellules conscientes est plus intense; leur dépense nutritive s'accroît; par suite, la congestion des vaisseaux capillaires, qui accompagne tout acte cérébral, cesse d'être transitoire; elle devient chronique, comme le désir, dont elle est la condition, et qui disparaîtrait avec elle.

Comme la localisation, la fédération des territoires de l'écorce cérébrale n'excluent pas entre l'ensemble des cellules conscientes, une étroite solidarité, le territoire cellulaire, en état de suractivité, excite sympathiquement les districts voisins, dont les actes psychiques viennent se grouper autour du désir dominant. La persistance de cet état physiologique correspond à l'intronisation de la passion. Il y a alors un désir plus ou moins monomaniaque, un automatisme moral analogue à celui que M. Luys a observé sur un jeune homme et qui était dû à un excès du travail : « N'y tenant plus, raconte le patient, ayant besoin du plus grand calme et du repos, auquel je ne pouvais atteindre, *je me mis, sans la moindre volonté de ma part, à compter, à refaire exactement les mêmes problèmes qu'au bureau.* La machine cérébrale avait été lancée avec trop de force pour pouvoir s'arrêter, *et ce travail involontaire durait malgré moi, malgré et contre tous les moyens, que j'ai essayé d'employer pour la faire cesser,* c'est-à-dire trois ou cinq quarts d'heure environ (1). » Souvent cet état mental ne s'établit pas sans lutte. L'homme, que la passion envahit, résiste plus ou moins longtemps avec des succès divers. Si le désir triomphe, comme il arrive souvent, la volonté raisonnée est subjuguée; parfois même elle continue à protester, sans pouvoir être obéie; le passionné, témoin impuissant de la furie morale, qui l'entraîne, cède, tout en ayant pleinement conscience de sa faiblesse. Dès lors toute liberté est morte. C'est l'âge adulte de la passion.

(1) J. Luys, *Le cerveau et ses fonctions,* p. 145.

CHAPITRE V.

DES PASSIONS AFFECTIVES (SUITE).

AGE ADULTE DE LA PASSION.

I

C'en est fait, la passion a grandi, lentement ou brusquement, qu'importe ! le résultat est le même, et ce résultat, c'est l'abolition de la volonté calme et raisonnée, c'est la toute-puissance d'un désir unique, à la satisfaction duquel tendent forcément toutes les facultés. Avant cette période, on voyait les inconvénients, on hésitait devant les obstacles, on songeait à briser sa chaîne. Maintenant on est entraîné par un invincible courant. Qu'importent les obstacles, on les surmontera et, s'ils sont insurmontables, qu'importe la mort? Pour l'être, que domine une passion portée au paroxysme, il n'y a plus ni bien, ni mal, ni raison, ni folie, ni vice, ni vertu. Il y a un bien suprême, sans lequel on ne peut vivre, préférable à tout, auquel on ne peut pas ne pas aspirer, au prix duquel rien n'est sacrifice, un désir tyrannique, auquel on ne peut pas désobéir, alors même qu'on le voudrait. Même dans les rémittences de la fièvre passionnée, quand une faible lueur de la raison nous éclaire, quand, dans notre course effrénée vers l'objet de nos désirs, nous retombons meurtris, à demi brisés par le choc de la réalité, nous ne pouvons que gémir, nous relever et marcher encore. Qu'importe à Mlle de Lespinasse, que son amant la néglige, l'oublie, la trompe. Elle le voit et s'en indigne, elle insulte l'infidèle, le méprise et l'aime à en mourir.

« Je n'ai pas besoin de vivre et j'ai besoin de vous aimer... Vous me mépriseriez, vous me haïriez que je trouverais encore en moi de quoi vous aimer avec passion. Oui, mon ami, je vous le répète : la mort vient à ma pensée vingt fois par jour et mon âme n'ose concevoir l'idée de vous aimer moins. Oh! connaissez-moi tout entière : voyez dans mon âme un poison qui me consume et que je n'ose pas vous faire voir. Ce ne sont pas mes remords... Ce n'est pas ma douleur... C'est un mal qui altère ma raison et ma santé, c'est un mal qui rend injuste (1). »

« Vous n'êtes pas mon ami, écrit-elle à M. de Guibert, vous ne pouvez pas le devenir; je n'ai aucune sorte de confiance en vous. Vous m'avez fait le mal le plus profond et le plus aigu, qui puisse affliger et déchirer une âme honnête. Vous me privez peut-être pour jamais, dans ce moment-ci, de la seule consolation que le ciel accordait aux jours qui me restent à vivre. Enfin, que vous dirai-je? Vous avez tout rempli. Le passé, le présent et l'avenir ne me présentent que douleurs, regrets et remords. Eh bien, mon ami, je pense, je juge tout cela et je suis entraînée vers vous par un attrait, par un sentiment que j'abhorre, mais qui a le pouvoir de la malédiction et de la fatalité. Vous faites bien de ne m'en pas tenir compte. Je n'ai le droit de rien exiger de vous; car mon souhait le plus ardent est que vous ne fussiez rien pour moi. » Et quelques jours plus tard elle écrit le billet suivant : « Je vous attends, je vous aime, je voudrais être toute

---

(1) *Lettres de mademoiselle Lespinasse.*

à vous et mourir après; » ou celui-ci : « Pourrais-je vous dire tout le bien et tout le mal que vous me faites? Votre présence a un tel empire, une telle force, qu'elle me donne une existence nouvelle et ne me laisse même pas le souvenir de celle que j'avais avant que de vous voir. Je suis si animée, si pénétrée de l'impression que je reçois, que je ne puis plus être heureuse ou malheureuse que par vous. J'aime, je jouis, je crains, je souffre, sans qu'il entre jamais dans ces diverses dispositions, ni souvenir du passé, ni prévoyance de l'avenir. »

.... « J'ai tant joui, j'ai si bien senti le prix de la vie, que, s'il fallait recommencer, je voudrais que ce fût aux mêmes conditions. Aimer et souffrir. Le ciel et l'enfer, voilà à quoi je me dévouerais; voilà ce que je voudrais sentir. Voilà le climat que je voudrais habiter. »

.... « J'aime avec toutes les facultés de mon âme, de mon esprit, avec l'air que je respire. Enfin, j'aime pour vivre et je vis pour aimer. »

Longtemps auparavant, sainte Thérèse avait dit : « L'enfer est un lieu où l'on n'aime plus. »

C'est chez les femmes surtout, que la passion parle avec délire, avec fougue. Qu'elles adorent ou qu'elles exècrent, qu'elles aiment passionnément Dieu ou un homme, leur langage a la même puissance; et comme il peint bien l'impulsion irrésistible !

« Hélas! écrit Héloïse à Abeilard, les plaisirs de l'amour, que nous avons goûtés ensemble, m'ont trop doucement fascinée. Je ne puis me défendre de les aimer, ni les bannir de ma mémoire. Ils enveloppent mes pas; ils poursuivent mes regards de leurs scènes adorées, et font pénétrer dans mes veines émues tous les feux du regret et du désir. L'éternel mirage plane encore avec toutes ses illusions sur mes nuits frémissantes.

« Pendant la solennité même du divin sacrifice, au moment où la prière doit être plus fervente et plus pure, ah ! j'en ai honte ! les licencieux tableaux de nos plaisirs captivent tellement ce cœur misérable, que je suis plus occupée de ces indignités que de la sainte oraison. Je pleure, non pas les fautes que j'ai commises, mais celles que je ne commets plus. Et non-seulement ce que nous avons fait, mais les heures, les lieux témoins de nos rapides félicités, chaque circonstance est victorieusement gravée dans mon souvenir avec votre image.

« Tout recommence. Je retombe dans tous nos délires, et ce passé qui me ressaisit et m'agite, même dans le sommeil, je ne m'en repose point. Des mouvements involontaires, des paroles qui m'échappent, viennent souvent trahir le dérèglement de mes pensées. Oh ! que je suis malheureuse !

« Que je suis loin de votre tranquillité ! La fougue des sens et de la passion, une jeunesse qui toujours brûle et palpite, et la tant douce expérience que j'ai faite des voluptés m'aiguillonnent sans relâche et pressent ma défaite par des assauts, dont la fragilité même de ma nature est complice. On dit que je suis chaste, c'est qu'on ne voit pas que je suis hypocrite.

« Dieu le sait ! Dieu le sait, que toute ma vie j'ai plus redouté de vous offenser que de l'offenser lui-même, et que c'est à vous bien plus qu'à lui que je désire plaire. C'est votre commandement et non la voix du ciel, qui m'a courbée sous le joug monastique (1). » (Traduction Oddoul.)

---

(1) « In tantum vero illæ, quas pariter exercuimus, amantium

Pour se faire une idée du chemin qui sépare la raison de la passion, il faut lire les sermons scolastiques par lesquels Abeilard répondait à ces brûlantes épîtres.

Souvenons-nous aussi qu'Héloïse était certainement croyante, qu'elle était enchaînée par des vœux sacrés à ses yeux, que ces pensées, coupables pour d'autres, étaient pour elle sacriléges, et que l'image de l'enfer, de l'horrible enfer du moyen âge, auquel elle croyait sans nul doute, ne pouvait attiédir sa passion.

Écoutons maintenant le langage de la haine portée au même degré d'exaltation. C'est la Lescombat excitant son amant à assassiner son mari : une louve enragée. « Songe, mon cher ami, à ce que tu m'as promis. Tu m'as juré, par tout ce qu'il y a de plus sacré, de me défaire de mon époux. Je me repose sur toi du

---

voluptates dulces mihi fuerunt; ut nec disciplere mihi, nec vix a memoria labi possint. Quocumque loco me vertam, semper se oculis meis cum suis ingerunt desideriis. Nec etiam dormienti suis illusionibus parcunt. Inter ipsa missarum solemnia, ubi purior esse debet oratio, obscœna earum voluptatum phantasmata ita sibi penitus miserrimam captivant animam, ut turpitudinibus illis magis quam orationi vacem, quæ cum ingemiscere debeam de commissis, suspiro potius de amissis.

« Nec solum quæ egimus, sed loca pariter et tempora, in quibus hæc egimus, ita tecum nostro infixa sunt animo, ut in ipsis omnia tecum agam, nec dormiens etiam ab his quiescam.

« Nonnunquam et ipso motu corporis animi mei cogitationes deprehenduntur, nec a verbis temperans improvisis. O vere me miseram, et illa conquestione ingemiscentis animæ dignissimam. Infelix ego homo! Quis me liberabit de corpore mortis hujus? Utinam, et quod sequitur veraciter addere queam! Gratia Dei per Jesum Christum Dominum nostrum.

« Hæc te gratia, charissime, prævenit, et ab his tibi stimulis una corporis plaga medendo, multas in anima sanavit, et in quo tibi amplius adversari Deus creditur, propitior invenitur. More quidem fidelissimi medici, qui non parcit dolori, ut consulat saluti.

« Hos autem in me stimulos carnis, hæc incentiva libidinis ipse

soin de ma vengeance. Ciel ! je vais donc être bientôt libre. Je vais donc être vengée. J'aspire à cet instant plein de charmes pour moi. Prends bien ton temps. Songe qu'il y va de ta vie et de la mienne. Vois jusqu'où va ma fureur. Si tu ne te sens pas assez de fermeté pour me servir, avoue-le-moi. Il est d'autres moyens que je mettrai en usage pour me délivrer d'un barbare toujours occupé à augmenter mes malheurs. Je ne suis que rage ! L'enfer est dans mon cœur ! Rien n'est sacré pour moi. Ah ! si tu connaissais le cœur d'une femme outragée, persécutée, désespérée, tu exécuterais bien promptement l'ordre dont je t'ai chargé. Que j'apprendrai avec plaisir la mort de mon époux ! Avec quelle joie je verrai son meurtrier. Jamais tu n'auras paru si aimable à mes yeux. Mais, hélas ! les craintes que tu m'as déjà fait voir m'en annoncent de nouvelles.

juvenilis fervor ætatis, et jucundissimarum experientia voluptatum, plurimum accendunt, et tanto amplius sua me impugnatione opprimunt, quanto infirmior est natura, quam oppugnant.

« Castam me prædicant qui non deprehenderunt hypocritam. Munditiam carnis conferunt in virtutem, cum non sit corporis, sed animi virtus. Aliquid laudis apud homines habens, nihil apud Deum mereor, qui cordis et renum probator est, et in abscondito videt... In omni autem (Deus scit) vitæ meæ statu, te magis adhuc offendere, quam Deum vereor : tibi placere amplius quam ipsi appeto. Tua me ad religionis habitum jussio, non divina traxit dilectio.

« Vide quam infelicem et omnibus miserabiliorem ducam vitam, si tanta hic frustra sustineo : nihil habitura remunerationis in futuro. Diu te, sicut multos, simulatio mea fefellit, ut religioni deputares hypocrisin : et ideo nostris te maxime commendans orationibus, quod a te expecto, a me postulas. » (Seconde lettre d'Héloïse à Abeilard. Epigraphe : *Unico suo post Christum, unica sua in Christo*. Extrait de : *Les Véritables Lettres d'Abeilard et d'Héloïse* publiées par dom Gervaise et tirées d'un ancien manuscrit latin trouvé dans la bibliothèque de F. d'Amboise, conseiller d'Etat. Paris, 1722, 2 vol. in-12.)

« Non ! tu n'auras pas le cœur de me satisfaire. Tu appréhendes de perdre ce peu d'instants, qui forment le cours de notre vie. Voilà ce qui te retient. Tu ne m'as jamais aimée. Tu n'as jamais senti pour moi ces saillies impétueuses que l'amour inspire. Je n'ai jamais lu dans tes yeux cette ardeur que l'on ne peut cacher et qui annonce combien le cœur est enflammé. Que je suis malheureuse de t'avoir connu ! Tu m'as séduite. Je coulais mes jours dans l'indifférence. Tu es venu me tirer de la léthargie dans laquelle j'étais plongée. Tu as su par tes discours flatteurs et par mille soins prévenants gagner mon cœur. Tu m'as forcée à t'avouer ma défaite. Tu as triomphé de mes caprices, de ma résistance, de mon devoir. Si je m'étais abandonnée à tout autre qu'à toi, mon époux ne serait déjà plus. Crois-tu donc m'intimider par tes vaines clameurs ? Tu me fais une image horrible des tourments que subissent les criminels. Tu me dépeins avec force toutes les horreurs qui accompagnent les derniers moments de ces malheureux. Tu veux que je me transporte en idée dans une place publique et que je t'y voie expirer sur l'échafaud. Tu me menaces même de cette mort. Tu m'apprends que tu n'aurais pas le courage de résister aux tourments qu'on te ferait endurer, que tu m'avouerais ta complice. N'importe ! Poursuis. Ne t'embarrasse point du soin de mes jours. Ils me seront odieux si mon époux vit. J'en ferais volontiers le sacrifice, pourvu que je sois rassasiée du sang du barbare que je déteste. C'est assez t'en dire. Que ne vas-tu, malheureux, dès à présent me dénoncer à la justice. Je te crois capable de tout.

« Cependant, si tu peux remplir mes vœux, si tu secondes mes desseins, si je te vois couvert du sang de mon époux, attends tout de moi. Je donnerai mille vies pour toi. Tu seras toujours le dieu de mon cœur. On n'aura jamais tant aimé que je t'aimerai (1). »

II

N'êtes-vous pas épouvanté? Pour nous reposer un peu, écoutons maintenant les roucoulements des mystiques.

Voici sainte Thérèse. Elle nous peint l'invincible attrait qui la pousse à adorer Dieu : « A peine étais-je renfermée dans la solitude, que je sentais renaître mon amour pour mon céleste époux. Il me conviait, ce semble, à vouloir accepter ces saintes délices et ces divines caresses (ne vous scandalisez point ; nous en entendrons bien d'autres...). C'était trop de bonté, de la part de ce doux maître, de daigner me souffrir en sa présence, de m'y *attirer*, car *sans ce doux attrait*, je le voyais, je ne serais point venue (2). »

Plus tard, nous entendrons sainte Thérèse dépeindre les suavités de l'union mystique avec Dieu, en dépit du corps, oppresseur de l'âme. Mais aucune de ces gémissantes colombes n'a jargonné des paroles plus brûlantes que celles-ci : « Je ne saurais exprimer toutes les faveurs, les lumières, les connaissances, les commerces intimes et amoureux de ce grand Dieu à l'égard de son indigne créature. Que de tendres affections ! Que d'intimes communications ! Que de transports d'amour ! Que d'embrassements divins ! Que d'attou-

---

(1) *Causes célèbres* de Mocquard. — *Répertoire universel des femmes célèbres*. Paris, 1826, 4 vol. in-8. Ces lettres citées dans toutes les relations imprimées du procès de la Lescombat, ne sont point annexées au dossier manuscrit actuellement aux archives.

(2) *Autobiographie de sainte Thérèse*, traduction du P. Bouix, de la compagnie de Jésus.

chements qui me chatouillaient le cœur ! Que de délectations intérieures ! Que de vrais plaisirs ! Que de joies pures! Que de contentements parfaits ! Que de défaillances sans fin ! En un mot, que de paroles tendres et affectueuses ne me furent-elles pas énoncées et communiquées. Tantôt portée par des millions d'anges dans le sein de Dieu même, il m'était permis de reposer sur son cœur, où il me soutenait avec sa main droite en me couvrant de sa main gauche, en sorte qu'il me semblait être dans un jardin de délices, où le jour éternel luit toujours, où les plaisirs sont sans fin, où les amitiés sont pures, où l'époux et l'épouse sont à cœur ouvert, et où ils se font un vrai plaisir de reposer l'un dans l'autre par un amour mutuel. C'est là que l'époux se plaît singulièrement à découvrir à l'âme toutes ses beautés, ses amabilités, et qu'il lui dit ces paroles du cantique : « Dormez, ma bien-aimée, ma « belle, ma colombe. Reposez dans mon sein, deman- « dez-moi tout ce que vous voudrez et je vous l'accor- « derai. Si je n'avais pas fait ce grand univers, le chef- « d'œuvre de ma gloire, je le créerais pour toi seule. Je « vous prie, filles de Jérusalem, de ne pas faire de bruit, « de peur d'éveiller ma bien-aimée, qui dort et qui re- « pose en moi... »

...... « Ah ! s'il m'était permis de dire combien de fois, enivrée de ces torrents de volupté, je ne pouvais plus contenir en moi-même cette extrême chaleur, qui semblait me consumer jusqu'à la moelle des os. Tantôt le visage rouge comme un charbon avec des yeux étincelants, je portais des traits enflammés contre lui, qui m'embrasait d'un si pur amour. Tantôt il fallait que je l'appelasse le seul objet de mes charmes, vie de ma vie, âme de mon âme, cœur de mon cœur, objet le plus charmant et le plus aimable. O amour qui brûles toujours et ne te consumes jamais. Si la créature pouvait te connaître, que ne ferait-elle point pour te posséder ! Enfin, tantôt élevant ma voix et mes cris vers le ciel, je ne pouvais qu'en soupirant presser ce divin amant de venir me réduire en cendre et en poussière, afin que lui seul régnât éternellement dans mon âme... ».

« Mille fois, ô mon Dieu, vous étant découvert à moi, avec le même empressement qu'un amant passionné peut avoir pour son épouse, me déclariez-vous, que vous n'aviez pu vous refuser à mes désirs, que vous aviez été blessé de mon amour, que vous étiez épris pour moi d'un amour qu'on ne peut guère dire, mais qu'on peut bien sentir. Ah ! c'est ici où il m'est impossible de pouvoir dire avec quelle véhémence ce grand Dieu se livrait à mon cœur. Quelquefois je n'étais capable que de m'écrier, à l'exemple du grand saint François Xavier : C'est assez, c'est assez, mon Dieu, modérez cette divine ardeur (1). »

III

Les quelques citations précédentes et les souvenirs dont la mémoire de chacun est si richement peuplée, font bien voir le tout-puissant empire de la passion. Cette irrésistibilité du désir passionné a pour principal mobile tout un ensemble de faits intellectuels.

A l'âge adulte de la passion, les facultés ont accompli un singulier travail, que Stendhal a désigné par l'expression assez baroque de *cristallisation*.

La passion est tout entière dans le cerveau de l'être passionné. L'être, l'objet, le bien désirés ne sont que

(1) *Mémoire des faveurs dont j'ai joui par la grande miséricorde du Seigneur pendant tout le cours du carême passé, l'an 1730. Procès de la Cadière.* Aix, in-folio.

l'occasion, que le prétexte de la passion. C'est une donnée sur laquelle on construit tout un monde fantastique.

Chez le passionné, l'impressionnabilité, sans cesse émue voluptueusement ou douloureusement, stimule toutes les facultés. C'est la mémoire, qui retrace des plaisirs déjà goûtés; c'est l'imagination, qui peint le bonheur désiré sous les couleurs les plus brillantes et les plus fausses, qui sans cesse l'orne, le grandit, le pare de tout ce qui plaît; c'est à travers le kaléidoscope de nos désirs que nous regardons la réalité. Le trésor dont l'image trouble les nuits de l'avare le rendra le plus puissant des mortels; les honneurs, le pouvoir que pourchasse l'ambitieux en feront plus qu'un homme; la présence de Dieu, l'union avec Dieu, feront savourer à la mystique des voluptés sans nom dans les langues humaines. Pour nous, M. de Guibert, l'idole de Mlle de Lespinasse, n'est qu'un mince intrigant, un froid rhéteur, un vulgaire égoïste; pour Mlle de Lespinasse, c'était le premier des mortels, un demi-dieu. « Comment ai-je été assez hors de moi pour pouvoir vous dire que j'avais mauvaise opinion de vous? Cela est-il dans la nature? cela peut-il être dans mon cœur? Adore-t-on, rend-on un culte à qui ne nous paraît pas un dieu (1)? »

Pour donner une juste idée des visions, des chimères, des tortures morales que la passion enfante, on ne peut mieux faire que d'écouter les passionnés eux-mêmes; nous ajouterons donc aux citations précédentes quelques extraits de deux lamentables lettres écrites par le jeune poëte anglais Keats, passionnément épris d'une jeune fille mondaine et coquette qu'il ne peut oublier

(1) *Lettres de mademoiselle de Lespinasse.*

même au milieu des souffrances d'une phthisie pulmonaire et aux portes du tombeau : « J'invoque la mort nuit et jour, afin qu'elle vienne me délivrer de ces tortures, et puis je la repousse ; car elle détruirait ces tortures elles-mêmes, qui valent encore mieux que rien. Les continents et les mers, la faiblesse et le déclin séparent cruellement les gens ; mais la mort, elle, prononce l'éternel divorce. Quand l'angoisse de cette idée pénètre dans mon âme, je puis dire que c'est l'amertume de la mort. » (Ile de Wight. Sept. 28, 1820).

« J'aurais dû l'obtenir quand j'étais encore bien portant, et alors j'aurais conservé la santé. Je puis me résigner à mourir, je ne saurais me résigner à la quitter. Oh ! mon Dieu ! mon Dieu ! mon Dieu ! Chaque objet que je retrouve dans mes coffres et qui me la rappelle est un coup de poignard pour moi. La doublure de soie qu'elle a mise à ma casquette de voyage brûle mon front. Pour tout ce qui la touche, mon imagination est d'une vivacité morbide. Je la vois. Je l'entends. Il n'y a rien au monde qui ait à mes yeux assez d'intérêt pour me distraire d'elle, ne fût-ce qu'un moment... Oh ! si je pouvais être enterré près de l'endroit qu'elle habite ! Je n'ai pas le courage de lui écrire. Recevoir une lettre d'elle, voir son écriture suffirait à briser mon cœur. Même entendre parler d'elle de quelque façon que ce fût, voir son nom écrit, c'en serait trop pour moi. Mon cher Brown, que faire ? ou chercher quelque consolation, quelque soulagement ? S'il me restait la moindre chance de guérison, cette passion me tuerait. A dire vrai, durant toute ma maladie, chez vous aussi bien qu'à Kentish Town, cette fièvre-là n'a cessé de me dévorer. Quand vous m'écrirez, ce que vous ferez immédiatement, écrivez à Rome (poste restante). Si elle se porte bien et est heureuse, faites le signe +; si —». (Naples. Nov. 1, 1820) (1).

Le rôle du cerveau est tellement prédominant dans la passion affective, que souvent on voit l'idée fixe persister et dominer encore, alors que le désir sensuel qui l'a engendrée est mort à jamais (2). D'autres fois, l'impression morale est tellement puissante, qu'elle enchaîne les penchants sensitifs. Cela est surtout applicable à l'amour. J.-J. Rousseau, éperdument épris de Mme d'Houdetot, la respecte toujours. « Je l'aimais trop pour vouloir la posséder. »

Le poëte Keats écrit à un ami : « Je suis dans un état où une femme, en tant que femme, n'a pas plus de pouvoir sur moi qu'un arbre ou une pierre, et cependant la différence de ce que j'éprouve pour X... et pour ma sœur est étonnante. L'une semble absorber l'autre à un degré incroyable. Je pense rarement à mon frère et à ma sœur qui sont en Amérique. L'idée de quitter X... dépasse tout ce qu'il y a d'horrible. Je crois voir les ténèbres descendre sur moi. *J'aperçois constamment sa figure, qui constamment s'évanouit* (3).

Le fait suivant est plus caractéristique encore. Comme il montre bien la fixité, l'irrésistibilité du désir purement cérébral! L'homme qui en est le héros, c'est l'Arétin, le cynique Pierre l'Arétin, l'incarnation de la lâcheté, de l'impudence, de la sensualité brutale. Arrivé à l'âge mûr, après avoir traîné dans la fangeuse existence que chacun sait, il s'éprend passionnément d'une jeune femme qu'il n'oubliera jamais. Il la choie, l'entoure de son luxe de satrape, la couvre de brocart d'or,

---

(1) *Life and Letters of John Keats*, in-8. London, 1867.
(2) Vénus Uranie et Vénus Polymnie.
(3) Ph. Chasles, *Littérature et Mœurs de l'Angleterre au dix-neuvième siècle* et *Life and Letters of John Keats*.

de perles, de soie et de velours. Mais au milieu de tout cela une atteinte de phthisie vient frapper l'objet adoré. L'amour de Pierre Arétin paraît redoubler et en fait un modèle de dévouement. Rien ne le lasse ni ne le rebute. Il soigne lui-même Perina Riccia, la veille, baise ses yeux flétris, ses lèvres sanieuses (*il mostruoso de gli occhi, l'orrendo delle guancie e lo schiffo della bocca*). L'air de Venise étant regardé comme nuisible à la malade, l'Arétin la conduit dans une ville voisine, où pendant treize mois il la visite assidûment, faisant souvent le chemin, malgré la pluie, la neige. Enfin, la maladie paraît céder; Perina Riccia se rétablit. Elle parle sans cesse à son vieil amant de sa reconnaissance, puis un beau jour se laisse enlever par un plus jeune. L'Arétin la maudit, l'exècre; il ne l'oublie pas. « Oui, je me réjouis de voir en débris la plus vile chaîne qui ait jamais asservi un cœur d'homme. La voilà dissipée cette illusion qui pendant cinq années m'a contraint à l'adorer. Est-il possible que je l'aie aimée et qu'elle n'ait pas cessé de payer de haine cet indigne et fatal amour! Je voyais bien que mon idole était trompeuse; mais je savais qu'en essayant d'étouffer et de violenter mon penchant, je ne réussirais pas mieux que ceux dont les mains imprudentes essayent de courber les branches des jeunes arbres, toujours prêtes à se redresser vers leurs cimes. Peut-on aimer ou désaimer à sa guise? Aujourd'hui même, je le sens, mon âme privée de ce qu'elle chérissait est comme une contrée livrée au pillage, toute couverte de ruines et qui n'a plus que des larmes (1). »

Trois années après revient l'infidèle, traînant l'aile et tirant le pied, comme le pigeon de la fable. A sa

---

(1) *Lettere à Ferraguto di Lazzara.*

vue, l'Arétin oublie son courroux. Il l'accueille et l'aime encore. La phthisie recommence son cours, et l'Arétin ses soins et son dévouement. « C'est, dit-il, une passion folle. » Il a tort. La raison aurait dû la lui faire haïr. Mais « plus il pense à cette jeune femme, qui pourtant l'a si cruellement traité, qui n'a pas vingt ans, qui, morte et vivante à la fois, n'a plus ni voix, ni pouls, ni odorat, et ne conserve que le sentiment de son martyre, plus il s'attendrit malgré lui-même. » Elle meurt dans ses bras, et plus d'un an après il la pleure encore. « La mort ne peut la lui arracher du cœur. » Il se croit fou et gémit sans cesse. Il sait qu'elle était ingrate et qu'il devrait l'abhorrer. Il se reproche sa faiblesse, mais ne peut se persuader qu'elle est morte et la cherche toujours. Bien des années après, à la fin de sa vie, même désespoir : « Je ne sais, écrit-il au professeur de philosophie Barbaro, si les années guériront le mal affreux que m'a laissé au cœur l'affection que je portais à Perina. Je crois que je suis mort du jour où elle est morte, ou plutôt je crois que cette peste d'amour (*cotal peste d'amore*) ne me quittera pas même quand je mourrai. Le mal est au fond de mes entrailles, et mille siècles ne l'en arracheraient pas. Docteur célèbre en philosophie, si vous pouviez m'apprendre l'oubli (1) ! »

Ai-je bien fait comprendre la toute-puissance du désir passionné, désir unique, uniforme, poussant toujours sur la même route et aussi impossible à dompter que la fièvre à laquelle certains passionnés le comparent (Lespinasse). Lettres, discours, sont chez le passionné éternellement monotones ; car chez lui tout se concentre sur une même idée, en dehors de laquelle il n'y a plus rien dans le monde.

(1) Ph. Chasles, *Shakespeare, Marie Stuart et l'Arétin*.

Sans cesse en tête-à-tête avec son idée fixe, il la mêle à tous les instants, à tous les actes de sa vie. Ses goûts, ses affections antérieures, sont totalement pervertis. Serf d'un désir despotique, il marche à son but en sacrifiant tout sur son chemin : parents, amis, fortune, honneur, tout est dédaigné ou oublié. Suivant les circonstances, suivant la couleur de sa passion, il est également capable des plus grandes actions ou des plus grands crimes. C'est dominée par une passion vile que la Lescombat fait assassiner son mari ; c'est dominé par une passion noble que Christophe Colomb, plus grand que tous les obstacles, découvre l'Amérique. De ces deux actes nous flétrissons l'un, nous admirons l'autre ; mais leurs auteurs étaient-ils libres de ne les point accomplir? Et qui nous tracera d'une main sûre les limites du juste et de l'injuste, du bien et du mal? Aux yeux de milliers de personnes le meurtre de Kotzebue, dont nous parlerons bientôt, est un acte infâme ; pour des milliers d'autres, c'est un admirable sacrifice.

IV

Sans cesse les romanciers et les poëtes célèbrent l'amour comme le plus sublime des sentiments, comme le mobile par excellence de l'activité humaine, la cause et la source de toutes les belles actions, l'excitant qui met en branle les plus hautes facultés. Il faut en rabattre, et la vérité est bien différente de ces tableaux enchanteurs. Sans nul doute, tant que l'être humain agit dans le sens de sa passion amoureuse, il est doué d'une grande force ; sans doute il lui arrive assez souvent de se dévouer pour l'objet de son amour. Mais, en dépit de l'enivrement éprouvé, tout cela est, d'ordinaire, bien étroit et bien égoïste. L'amour surexcite bien les facultés pour tout ce qui a trait à la passion; mais, pour tout le reste, il les amoindrit généralement; car l'idée fixe ne souffre guère de rivale, et le passionné dépense tant d'attention d'un côté, qu'il n'en est plus capable de l'autre. Sur ce point encore, nous n'avons qu'à laisser parler les amoureux eux-mêmes. En racontant une de ses crises érotiques, Alfieri écrit : « Je défendis toute espèce de message et je passai les quinze premiers jours en poussant des cris et des rugissements affreux. Quelques amis venaient me visiter, il me semblait qu'ils me plaignaient ; c'était peut-être parce que je ne me plaignais pas moi-même ; mais ma figure et mon maintien parlaient à ma place. *Je voulus essayer de lire quelque chose et je ne comprenais pas même les gazettes. Quelquefois il m'arrivait de parcourir des pages entières, d'en prononcer toutes les paroles, sans en retenir une seule.* »

De même Keats écrit à son ami Brown : « Je ne trouve pas un mot à vous dire sur Naples ; les mille nouveautés qui m'entourent ne m'intéressent et ne me touchent guère. »

Il est pourtant certains cas assez rares, où l'amour a eu sur l'activité intellectuelle un heureux effet. C'est que, comme toutes les passions, l'amour s'ennoblit à mesure qu'il y entre moins d'impression sensitive et plus d'intelligence. Dans ce genre d'amour, le côté sensitif est secondaire; il y faut une certaine maturité d'esprit. C'est une association entre deux êtres développés et pensant plus qu'ils ne sentent. C'est Stuart Mill épousant Mrs. Tylor après une amitié et presque une collaboration de vingt ans et l'aimant ensuite d'un amour doux et philosophique, l'associant à tous ses travaux ; c'est Alfieri, le fougueux Alfieri, s'éprenant d'un dernier amour pour la comtesse d'Albany. « Cette quatrième et dernière fièvre du cœur se manifestait en moi, dit-il, par des symptômes bien différents des autres. Dans les trois premières, je n'avais été agité d'aucune passion de l'esprit qui, comme dans cette dernière, se mêlant à celle de l'âme, lui servît de contre-poids et formât (pour m'exprimer avec le poëte) un mélange inconnu un peu moins impétueux et moins brûlant, mais plus senti et plus durable. Tel fut l'amour qui, depuis lors, anima et domina toutes mes affections et qui ne finira qu'avec ma vie. Je m'aperçus, deux mois après, que c'était la femme que je cherchais, puisque, au lieu de trouver en elle, comme dans toutes les femmes vulgaires, un dérangement à mes occupations utiles et un rapetissement, pour ainsi dire, de pensée, j'y trouvai un aiguillon, un secours et un exemple pour tout ce qui est bien. »

Rara avis !

V

Pour achever de décrire à peu près complétement la passion, il faut dire quelques mots de ses rémittences. En effet, l'énergie du désir passionné n'est pas toujours égale. C'est que l'intermittence d'action est une des lois fonctionnelles du cerveau, loi que le besoin de sommeil ne prouve que trop. En outre, la rémittence ou l'intermittence est d'autant plus profonde que l'acte antérieur a été plus énergique. Aussi, rien de moins semblable à lui-même que l'homme passionné. A ces accès d'exaltation du désir, qui décuplent notre puissance et nous voilent les obstacles et les dangers, succède ordinairement une période de découragement, d'inerte dépression. Tous les passionnés, quelle que soit l'espèce de leur passion, constatent et déplorent ces heures d'affaissement. C'est un dégoût de tout, un ennui qui paraît incurable. Non-seulement on n'est plus passionné, mais on est incapable d'un désir, quel qu'il soit. Qui reconnaîtrait dans cet homme à l'œil morne, à la physionomie atone, aux facultés amoindries l'être qui, tout à l'heure actif, habile, impétueux, marchait à son but d'un pas rapide que rien ne pouvait ralentir ?

Écoutons : « Croirait-on que j'ai pu connaître le calme ? Eh bien, mon ami, il est vrai que j'ai vécu vingt-quatre heures séparée de votre pensée, et puis j'ai été bien des jours dans une apathie totale. *Je vivais, mais il me semblait que j'étais à côté de moi.* Je me souvenais d'avoir eu une âme qui vous aimait. Je la voyais de loin, mais elle ne m'animait plus. » (Lespinasse.)

Et cette autre : « Il m'arrive aussi parfois de me trouver dans une sorte de stupidité fort singulière. Je ne fais ni bien ni mal. Je marche, comme on dit, à la suite des autres, n'éprouvant ni peine ni consolation. Insensible à la vie comme à la mort, au plaisir comme à la douleur. A mon avis, l'âme est alors comme le petit ânon, qui va paissant et qui, sans presque le sentir, se sustente et grandit à l'aide de la nourriture qu'il trouve (1). »

C'est bien au sommeil qu'il convient de comparer ces moments d'éclipse dans le cours de la passion. C'est un répit pendant lequel les centres nerveux réparent leurs fatigues, produisent et accumulent une nouvelle provision de force nerveuse. Aussi ces accès de calme au plus fort de la passion, ne doivent tromper ni le moraliste ni le médecin. Bien loin d'être la

---

(1) *Autobiographie de sainte Thérèse.*

guérison, ce n'est que le prélude d'une explosion nouvelle. C'est la torpille produisant de l'électricité. Comme le dit sainte Thérèse, le petit ânon se sustente et grandit. A l'intermittence plus ou moins longue succède une puissante exacerbation. Qu'il a de pouvoir, l'être passionné qu'enivre le désir! Il a presque rompu la chaîne des autres besoins. La fatigue ne mord point sur lui et il est inaccessible à la crainte ; on a peine à lui résister, même passivement; car notre impressionnabilité est sa complice. Il nous frappe, nous enlève en nous communiquant une étincelle de sa passion ; car son imagination, fidèle interprète de ses impressions, lui peint en traits de feu ce qu'il désire, et, quelque chose de ces traits enflammés passant dans son langage, dans sa physionomie, dans ses gestes, nous nous sentons émus et quasi entraînés. « Un homme qui est pénétré de ce qu'il dit en pénètre ordinairement les autres. Un passionné émeut toujours, et quoique sa rhétorique soit souvent irrégulière, elle ne laisse pas d'être très-persuasive, parce que l'air et les manières se font sentir et agissent ainsi dans l'imagination des hommes plus vivement que les discours les plus forts, qui sont prononcés de sang-froid, parce que ces discours ne flattent point leurs sens et ne frappent point leur imagination (1). »

En vertu de la couture du corps et de l'esprit, les puissantes modifications morales de la passion coexistent souvent avec des changements nutritifs importants. Peut-être pourra-t-on faire un jour une séméiologie des passions. En effet, l'homme galvanisé par une passion toute-puissante ne prend guère le temps de manger, souvent même il perd presque complétement

(1) Malebranche, *Recherche de la vérité*.

l'appétit. Ses nuits sont ardentes et sans sommeil. Aussi, quand ces orages cérébraux ont duré un certain temps, la nutrition s'altère parfois profondément.

Voyez l'homme en proie au délire de la passion. Il est pâle, amaigri. Ses yeux, caves, semblent regarder dans le vague un objet visible pour lui seul. Souvent éclatent des névroses variables, spécialement des maladies mentales, dont nous dirons quelques mots. Parfois ce sont des maladies organiques, les dégénérescences tuberculeuses, cancéreuses, l'ictère grave, etc.

Jusqu'ici les médecins se sont trop peu occupés de ces recherches étiologiques. Cependant il est généralement admis que les passions tristes doivent être rangées parmi les causes habituelles des maladies cancéreuses. Dans son *Traité des maladies du foie*, Frerichs, parlant des causes ordinaires de l'atrophie aiguë du foie (ictère grave), range en première ligne les affections morales. « Dans plusieurs cas, la maladie éclata chez des individus sains, si immédiatement après une frayeur violente ou un accès de colère, que l'influence de l'ébranlement moral peut à peine être contestée. Les malades devinrent alors ictériques, se mirent à délirer, et moururent quelques jours plus tard. Tels sont les faits rapportés par Vercelloni, Morgagni, Baillon, etc. » Des observations déjà nombreuses nous montrent aussi dans les antécédents de la même maladie des chagrins longtemps prolongés et minant sourdement les ressorts de la vie.

Dans une bonne monographie de la stupidité, le docteur Sauze constate, d'après des observations multiples, qu'elle est ordinairement produite par des causes morales tristes et dépressives. Or, il ne s'agit point ici d'un désordre dynamique; car cette abolition des facultés, cette paralysie du cerveau reconnaît généralement pour cause un épanchement séreux comprimant les hémisphères.

En attendant une séméiologie scientifique de la passion, les signes physiques bien connus des émotions fortes nous permettront souvent de faire des diagnostics semblables à celui d'Érasistrate et à celui de Jacques Ferrand, à qui je vais laisser le soin de terminer cette mosaïque.

« Je reconnus au mois de may de l'année 1604, dans Agen, lieu de ma naissance, les folles amours d'un ieune escolier, natif du Mas d'Agenois. Il se plaint à moy que quelques remèdes que les médecins du lieu et un charlatan Paracelsiste luy eussent ordonné, il ne pouuoit dormir, ne se plaisoit à rien au monde, estoit tellement inquiété, qu'il auoit été contraint de se retirer de Tholose à Agen, espérant trouuer soulagement à son mal par le changement de lieu, où au contraire il se trouuait en pire estat, dégousté et altéré. Je remarque un ieune homme triste, sans cause quelconque, que peu auparauant j'auois conneu iovial ; j'aperçois son visage palle, citrin et blafard, les yeux enfoncés et le reste du corps en assez bon point; i'entre en doute que quelque passion d'esprit luy bourreloit l'âme, et veu son aage, bon tempérament sanguin et sa profession, ie conclus à part moy qu'il estoit malade d'amour, et comme ie le presse de me découvrir la cause externe de sa maladie, une belle fille du logis porte de la lumière, cependant que ie luy tastois le pouls, qui dès l'instant varie en diuerses sortes. Il pallit et rougit en diuers momens, et à peine peut-il parler. Se voyant à demi convaincu, il accorde son mal, mais ne veut guérir que par le moyen de celle qui l'a blessé... Le mariage ne pouuant s'accomplir, il désespère; la fièvre le surprend auec un crachement de sang : cela l'estonne et l'induit à suiure mon conseil, et par les remèdes de la médecine receut la guérison de son mal (1). »

Aujourd'hui, la médecine, ne sachant plus guérir les passions *par bons remèdes chirurgiques et pharmaceutiques*, nous tâcherons de trouver ailleurs des moyens propres à exciter, à déprimer ou à écarter les passions ; mais il nous faut auparavant décrire des passions plus nobles et plus larges que les passions effectives, des passions où le désir humain prend un essor plus élevé.

(1) Jacques Ferrand, *De la maladie d'amour*.

CHAPITRE VI.

DES PASSIONS SOCIALES.

I

Dans les passions sociales, le champ de la passion est bien autrement vaste que dans les passions affectives. Les plus fortes de ces dernières même, par exemple, l'amour maternel, l'amour sexuel, sont, dans une certaine mesure, communes à l'homme et aux animaux. L'amour mystique est une folie vraisemblablement spéciale à l'homme ; mais cette passion n'est manifestement qu'un reflet mental du besoin amoureux contenu ou contrarié.

Les passions sociales sont bien plus loin de l'animalité. Sans doute la plus commune et la moins élevée d'entre elles, au sens philosophique, l'amour de la patrie, existe, à l'état rudimentaire, chez nombre d'animaux, qui, eux aussi, chérissent évidemment la localité où ils vivent de génération en génération. Mais, chez l'homme, cet amour de la patrie prend parfois un développement tellement luxuriant, qu'il n'a presque plus rien de commun avec le sentiment animal correspondant. Néanmoins il faut, dans la gamme des passions humaines, considérer le patriotisme comme une sorte de trait d'union entre les passions affectives et les passions sociales.

Pas plus pour le groupe des passions sociales que pour les autres, nous n'avons la prétention de décrire, d'envisager isolément toutes les passions. Nous devrons nous borner à passer successivement en revue quelques types, en les sériant suivant leur degré d'élévation et d'ampleur.

II

A l'origine des sociétés humaines, quand l'homme presque nu et ayant pour toute arme un silex taillé ne formait encore que des hordes peu nombreuses, l'émigration à de grandes distances était, pour lui, fort difficile. D'une part, la surface terrestre, abandonnée au libre jeu des agents naturels, était peu praticable ; d'autre part, notre pauvre ancêtre rencontrait partout des ennemis. Les fauves, les grands félins étaient bien mieux armés, bien plus redoutables que lui. Enfin les petits groupes humains déjà formés n'avaient entre eux nulle solidarité ; ils s'entre-dévoraient les uns les autres. L'adage de Hobbes : *Homo homini lupus*, était alors vrai dans toute sa brutale rigueur. Le sauvage de l'âge de la pierre taillée était donc fatalement parqué dans le coin de terre où il avait eu le malheur de naître. Il se prit donc à aimer à sa manière, grossièrement, sans le moindre raffinement poétique, le ruisseau où il s'abreuvait, la forêt giboyeuse qui lui servait de réserve alimentaire, la grotte où il trouvait un abri, une sorte de sécurité. Il s'attacha à cette ébauche de patrie, qui était tout pour lui, et d'autant plus qu'elle lui était souvent disputée par des rivaux bien endentés, que, sans cesse et sous peine de mort, il devait faire effort pour la défendre. Pour l'homme pithécoïde de cette époque, chaque rocher, chaque arbre de l'habitat où il luttait pour l'existence étaient de vieilles connaissances lui rappelant des incidents heureux ou malheureux de sa vie sauvage ; leur image était profondément empreinte dans sa mémoire et faisait en quelque sorte partie de lui-même.

A ce premier degré, l'amour de la patrie n'a absolument rien de noble ; il se confond avec le besoin de vivre ; c'est un sentiment grossier et quasi animal. Plus tard, à mesure que la société s'élabore et se complique, à mesure que l'homme se perfectionne, il se forme dans le cerveau humain tout un idéal patriotique qui se transmet par l'hérédité et se développe par l'éducation. Alors il y a des traditions, une histoire plus ou moins légendaire reliant le passé, le présent et l'avenir du groupe ethnique. L'individu attache du prix à l'approbation de ses concitoyens ; il a un désir de gloire qui peut devenir une vraie passion capable d'inspirer du dévouement, des actions héroïques. Mais, entre ce patriotisme noble et l'attachement évidemment égoïste du sauvage pour le coin de terre, où il réussit tant bien que mal à traîner sa chétive existence, il y a une étroite parenté ; le premier est le fils ou plutôt le descendant lointain de l'autre. Tout cela n'est, au fond, que l'amour de la propriété idéalisé.

Aussi, sans se mettre trop en frais d'imagination, on peut évoquer dans l'avenir un état social plus élevé, où le patriotisme de notre époque, qui a provoqué et justifié tant d'effroyables hécatombes, qui en temps de guerre érige en vertu la férocité pour l'ennemi, sera considéré comme un sentiment étroit, barbare, tout aussi digne de réprobation que l'esclavage, que l'anthropophagie des sociétés primitives. C'est qu'alors il y aura solidarité et non plus inimitié entre les divers groupes ethniques ; l'idéal patriotique aura cédé la place à l'idéal humanitaire.

L'exemple suivant montre bien combien, tout en

ayant un objet plus vaste, le patriotisme se rattache étroitement aux passions affectives.

III

C'est le meurtrier de Kotzebue, Karl Sand, qui nous servira de type.

Karl Sand reçut une éducation très-religieuse, qui, chez lui, fructifia admirablement. L'idée de Dieu se mêlait à tous ses actes. Les grandes œuvres littéraires où il rencontrait l'idée de dieu ou du démon l'impressionnaient fortement. Voici ses réflexions après la lecture de *Faust :* « O effroyable lutte de l'homme et du démon ! ce que Méphistophélès est en moi, je le sens seulement à cette heure et je le sens, ô mon Dieu ! avec épouvante. Vers les onze heures de la nuit, j'ai achevé de lire cette tragédie et j'ai vu et senti le démon en moi, de sorte qu'à minuit j'avais fini, au milieu de mes pleurs et désespoir, par avoir peur de moi-même. »

Souvent une mélancolie singulière, d'étranges envies de mourir s'emparaient de lui : « C'était, disait-il, le mal du pays de l'âme. »

Il était pieux au point de demander à Dieu avec ferveur la guérison de son cheval.

Fortement impressionné par les dernières campagnes de Napoléon Ier en Allemagne, il partagea plus que personne l'enthousiasme patriotique de la jeunesse allemande, s'enrôla, fit campagne, alla en France jusqu'à Auxerre, mais sans avoir eu l'occasion de combattre, « le bonheur de tuer des Français, » suivant ses propres expressions (1). Ensuite Sand s'affilia avec ar-

---

(1) *Vollständige Uebersicht der gegen Carl Ludwig Sand,*

deur à l'association patriotique de la Burschenschaft. Les articles publiés par Kotzebue contre cette association l'indignèrent. Cependant l'impression initiale qui fut l'origine de sa passion ne date que du 24 novembre 1817, et elle paraît avoir été assez modérée. Voici ce qu'il en dit dans son journal : « Aujourd'hui, après avoir travaillé avec beaucoup de soin (il se préparait à être ministre), je suis sorti vers quatre heures du soir avec E... En traversant la place du marché (à Iéna), nous avons entendu lire la nouvelle et empoisonnée insulte de Kotzebue. Quelle rage possède cet homme contre les Burschen et contre tout ce qui aime l'Allemagne. » Seize mois plus tard il le poignardera.

Karl Sand paraît avoir eu des hallucinations. Voici ce qu'il écrivit plus tard dans sa prison : « Je passe ma vie silencieuse dans l'exaltation et l'humilité chrétienne, et j'ai parfois de ces visions d'en haut, par lesquelles, depuis ma naissance, j'ai adoré le ciel et la terre, et qui me donnent la puissance de m'élever jusqu'au seigneur sur les ailes ardentes de la prière. »

Il nous fait assister lui-même au graduel envahissement de l'idée fixe qui le conduira à l'échafaud et tuera Kotzebue. Depuis longtemps il désire ardemment ce qu'il considère comme le bien de sa patrie ; il est de plus très-religieux, mélancolique, exalté ; mais d'abord sa passion manquait d'objet. Kotzebue lui en donne un. Cet homme est pour lui un monstre, un misérable, le fléau de l'Allemagne, qu'il endort et empoisonne par ses beaux écrits frelatés. Combien sa mort serait utile ! Faut-il le tuer ? Sand hésite ; il n'est pas fait pour le meurtre. Oh ! si un autre pouvait le devancer et agir !

wegen Menschelmordes verübt an dem K. Russischen Staatsrath v. Kotzebue geführten Untersuchung, Hohnhorst. Stuttgart und Tubingen, 1820.

Mais si personne ne veut s'armer ; si chacun compte sur son voisin. « Seigneur, s'écrie-t-il, laisse-moi m'affermir dans l'idée que j'ai conçue de la délivrance de l'humanité par le saint sacrifice de ton fils. Fais que je sois un Christ pour l'Allemagne et que, comme et par Jésus, je sois fort et patient à la douleur (1818) (1). »

« Un homme n'est rien en comparaison d'un peuple ; c'est une unité comparée à des milliards ; c'est une minute comparée à un siècle. L'homme que rien ne précède et que rien ne suit naît, vit et meurt dans un espace de temps plus ou moins long, mais qui, relativement à l'éternité, équivaut à peine à la durée de l'éclair. Un peuple au contraire est immortel. » (18 mai 1818.)

« Beaucoup de traîtres et des plus scélérats se font un jeu de pousser impunément à la perte de notre peuple.

« Parmi eux est Kotzebue, le plus rusé, le plus méchant, vraie machine à paroles pour toutes les turpitudes de notre temps ; sa voix est tout à fait propre à nous ravir complétement toute fierté, toute amertume contre les plus injustes usurpations et à nous bercer dans le vieux sommeil fainéant.

« Chaque jour il fomente contre la patrie d'odieuses trahisons... L'histoire de notre temps ne doit pas rester chargée d'une éternelle honte ; il faut donc qu'il tombe... Qui fondra sur ce misérable drôle, sur ce traître corrompu ? Dans l'angoisse et les larmes amères, aspirant au but le plus élevé, j'attends depuis longtemps déjà, moi qui ne suis pas né pour le meurtre, qu'un autre me devance, me délie, me délivre de ma douleur et me laisse suivre la voie paisible que je me

---

(1) *Causes célèbres.*

suis choisie. Malgré mes prières, personne ne se montre, et, aussi bien que moi, chacun a le droit de compter sur un autre. Le retard empire notre position, la rend de plus en plus pitoyable ; et qui nous lavera de la honte, si Kotzebue, non châtié, abandonne le sol allemand et s'en va consommer en Russie les trésors qu'il a amassés (1) ?

« Je finis le dernier jour de cette année 1818 dans une disposition sérieuse et solennelle et j'ai décidé que la fête de Noël qui vient de s'écouler serait la dernière fête de Noël que je fêterais. S'il doit sortir quelque chose de nos efforts, si la cause de l'humanité doit prendre le dessus dans notre patrie, si au milieu de cette époque sans foi quelques sentiments généreux peuvent renaître et se faire place, c'est à la condition que le misérable, que le traître, que le séducteur de la jeunesse, l'infâme Kotzebue, sera tombé ! Je suis bien convaincu de ceci, et tant que je n'aurai pas accompli l'œuvre que j'ai résolue je n'aurai plus aucun repos.

« Seigneur, toi qui sais que j'ai dévoué ma vie à cette grande action, je n'ai plus, maintenant qu'elle est arrêtée en mon esprit, qu'à te demander la véritable fermeté et le courage de l'âme (2). » (31 décembre 1818, *Journal.*)

Pour Sand, il n'y a plus maintenant ni hésitation ni doute. L'acte qu'il va accomplir est nécessaire et juste. C'est d'ailleurs l'arrêt du destin. « Ma destinée est donc remplie. Dussé-je vivre encore cinquante ans je ne pourrais vivre plus activement, avec plus de sentiment

---

(1) Traduit d'après le texte allemand publié par Hohnhorst (*loc. cit.*, t. I).

(2) *Biographie universelle ancienne et moderne*, Supplément, t. LXI.

intime que dans ces dernières années. (Relation de Hohnhorst.)

Sa décision est prise et il a du bonheur à céder à son idée fixe : « Quoique renonçant avec effroi à tous les beaux rêves d'avenir que j'ai faits jusqu'ici, cependant je suis tranquille, plein de confiance en Dieu, heureux même, depuis que je vois devant moi tracée dans la nuit et dans la mort la route au bout de laquelle je payerai ma dette à la patrie.

« Dieu éternel ! que ma patrie continue à élever vers toi un joyeux regard ! que les bénédictions tombent en abondance sur cette troupe qui, au sein du peuple allemand, est équipée pour le combat ; sur cette troupe, qui, reconnaissant la grandeur des dons de ta grâce, est courageusement résolue à réclamer le bien de l'humanité, ton image sur la terre (1). »

Après cette longue maturation de sa passion. Sand se décide à agir. Il ne s'ouvre à personne de son dessein, fait à pied le voyage de Manheim, poignarde Kotzebue le 23 mars 1819, se blesse gravement en essayant de se suicider, languit quatorze mois en prison et a la tête tranchée le 18 avril 1820.

Pendant sa longue détention, au milieu de vives souffrances, il fut inébranlablement calme, content de lui, sûr de la moralité de son action. La veille de son exécution il déclare encore qu'il a fait ce qu'il devait faire. Au moment de partir pour l'échafaud, il répond à un ecclésiastique qui lui demande s'il ne s'en allait pas avec haine : « Eh ! mon Dieu ! est-ce que j'en ai jamais eu ? » C'est presque l'apostrophe de Charlotte Corday à Fouquier-Tinville : « Le monstre ! il me prend pour un assassin. »

---

(1) Relation de Hohnhorst, *Lettre d'adieu* (loc. cit.).

Cette absence complète de remords est un fait ordinaire dans les passions patriotiques et religieuses. Le passionné est alors fermement convaincu qu'il a agi au nom de la justice ou au nom de Dieu. Non-seulement il ne se repent pas de ses actes, mais il en est fier. Les plus inflexibles de nos conventionnels français, ceux que nos vieilles femmes se représentent habituellement comme des monstres, ayant toujours l'œil en feu et l'écume à la bouche, étaient, en dehors de leur vie, de leur passion politique, de fort bonnes gens, des hommes très-doux et très-honnêtes (1).

C'est que la notion du juste et de l'injuste est chose fort variable suivant l'époque, le pays, le caractère, etc. Il n'est guère d'acte criminel ou injuste, suivant nos idées modernes, qui n'ait été ou ne soit encore considéré comme parfaitement licite et même louable en quelque point de la boule terrestre. A l'origine des sociétés la notion du juste s'est confondue absolument avec celle de l'utile grossièrement conçu par des êtres grossiers. La justice, ainsi comprise, légitimait les actes les plus atroces. Avec le temps l'idée, ou plutôt le sentiment de la justice, sans jamais se séparer entièrement du concept d'utilité sociale qui l'a engendré et lui sert de base, a considérablement varié. Car avec le développement des groupes ethniques, les rapports et les besoins sociaux sont devenus de plus en plus complexes. Dès lors, déterminer à peu près exactement ce qui était socialement utile, indifférent ou nuisible a été un problème des plus épineux. De nos jours même, il n'est peut-être pas une des lois quotidiennement votées par nos parlements dont les auteurs soient capables de calculer exactement l'effet et la portée. En outre, avec le

(1) Ph. Chasles (*Mémoires*).

progrès incessant de la différenciation du travail dans les grandes sociétés humaines, il s'est formé d'abord des castes, puis des classes ayant chacune leurs tendances, leurs intérêts particuliers, d'où un incessant conflit. Enfin, presque partout les législateurs religieux ont codifié à leur manière la morale et la justice, en y mêlant souvent des conceptions mythologiques plus ou moins capricieuses. Tous ces intérêts en lutte, toutes ces opinions contradictoires forment un vrai labyrinthe, au milieu duquel l'individu a grand'peine à trouver son chemin ; car l'on a fini par perdre presque complétement de vue l'utilité sociale. Tôt ou tard, il y faudra bien revenir, force sera d'identifier le juste et l'utile, si l'on veut faire de la justice autre chose qu'un sentiment aveugle, une sorte d'instinct hérité des ancêtres. Mais alors l'utile sera scientifiquement défini. Par ce mot réabilité on désignera tout ce qui, sans nuire à la société, sera propre à rendre l'homme physiquement plus fort, moralement plus soucieux des intérêts d'autrui, intellectuellement plus instruit et d'une raison plus haute.

IV

Pour qu'une passion patriotique naisse et grandisse dans un cerveau humain, il est nécessaire que le côté affectif de l'être soit encore très-développé. On en peut dire autant au sujet des passions dont nous allons maintenant parler, de celles des fondateurs des grandes religions ou des réformateurs religieux. Cependant ces dernières passions tendent avec plus ou moins de bonheur à un but plus élevé. Ici, ce que l'on rêve, ce à quoi l'on aspire, ce n'est plus au salut ou au bonheur de la patrie, c'est au salut ou au bonheur du genre humain. Ces grands meneurs des sociétés humaines d'autrefois ont été doués, pour la plupart, d'une vive sensibilité, d'une imagination fougueuse. Bien souvent aussi ils ont été sujets à des hallucinations, ce qui est assez rare dans les passions purement sociales. C'est que les passions religieuses, tenant moins directement aux racines de l'être affectif, ne se peuvent développer qu'à la faveur d'une imagination exceptionnellement forte, capable de donner aux idées-images la couleur et le relief de la sensation. Cette observation s'applique avec plus de justesse encore aux passions mystiques.

Dès l'enfance, Mahomet eut des hallucinations. Il raconte que, tout jeune encore, il a été renversé par deux anges vêtus de blanc, qui lui ont ouvert la poitrine et en ont retiré son cœur afin de le laver et de le purifier. Vers l'âge de quarante ans, après s'être beaucoup occupé de pensées religieuses, il eut, comme sainte Thérèse, comme saint Augustin, une hallucination qui détermina l'explosion de sa passion prophétique. Une nuit Khadidja, sa femme, ne le trouvant plus à côté d'elle, envoya des domestiques à sa recherche. Mahomet revint et lui dit : « Je dormais, quand un ange m'apparut en songe. Il tenait à la main une pièce d'étoffe de soie couverte de caractères d'écriture ; il me la présenta en disant : lis. — Que lirai-je ? — Il m'enveloppa de l'étoffe et répéta : lis. — Que lirai-je ? — Lis : Au nom de Dieu, qui a créé toute chose, qui a créé l'homme de sang coagulé, lis, par le nom de ton seigneur, qui est généreux ; c'est lui qui a enseigné l'écriture. Il a appris à l'homme ce qu'il ne savait pas. » Je prononçai ces mots après l'ange, et il s'éloigna. Je m'éveillai et je sortis pour aller sur le penchant de la montagne. Là, j'entendis au-dessus de ma tête une voix qui me disait :

« O Mohammed, tu es l'envoyé de Dieu et je suis Gabriel. »

Ce qu'il écrit, Mahomet affirme toujours *qu'il le voit*, et la vie, la vigueur de ses figures et de ses expressions nous le persuadent sans peine. Ses rêveries sont d'ailleurs l'image fidèle de sa nature. « Pour sa race et son temps, Mahomet était un homme doux et sensible. Pas un peut-être de ses contemporains n'eut prononcé la phrase suivante : « Le paradis est aux pieds des mères (1). » S'il était sensible, il était aussi, selon ses biographes, fort sensuel : « Les choses, disait-il, que j'aime le plus au monde, ce sont les femmes et les parfums ; mais ce qui me réconforte l'âme, c'est la prière. » Son paradis nous représente bien ses désirs dominants. C'est un lieu de délices merveilleusement adapté aux instincts, aux mœurs des Arabes et au climat de l'Arabie. On y trouve des jardins largement arrosés d'eaux courantes, où l'on cessera enfin d'être brûlé par le soleil. Dans ces jardins, les croyants, assis sur des siéges moelleux, sous des ombrages frais, seront vêtus de soie verte, qui est la plus belle aux yeux des Arabes ; ils seront servis par de jeunes garçons d'une éclatante beauté (ô Sodome !) et boiront de délicieux breuvages, qui ne leur donneront point de migraines. Dans l'Eden coulent aussi des ruisseaux de lait et de miel ; les vrais croyants y ont pour épouses de belles jeunes vierges, perpétuellement vierges, au sein arrondi, aux yeux noirs, et dont la peau a la couleur d'un œuf d'autruche. Ces vierges sont d'une étoffe spéciale, plus précieuse que celle des femmes d'ici-bas, auxquelles Mahomet donna cependant aussi une place dans le paradis des vrais croyants (2).

(1) E. Renan, *Études d'histoire religieuse.*
(2) On lit dans le *Koran* (ch. XIII, vers. 22) : « Ceux que l'espoir

226   DES PASSIONS PROPREMENT DITES.

Il y a bien quelques ressemblances entre Mahomet et Martin Luther. Ce dernier eut, toute sa vie, un pied dans la raison, l'autre dans la folie. Dès sa jeunesse, il se fit remarquer par sa passion pour la musique, son goût très-vif pour la littérature païenne et sacrée, par une impressionnabilité très-délicate. C'est avec une angoisse indicible qu'il célèbre sa première messe : « J'étais presque mort ; car je n'avais aucune foi. Je voyais seulement que j'étais très-digne. » La vue de l'Italie des Borgia et de Jules II, où la forme seule du paganisme antique avait changé, le révolte. Le trafic des indulgences en Allemagne, les scandaleuses prédications du moine Tetzel vendant des indulgences au plus offrant, en affirmant qu'elles pouvaient racheter même le viol de la sainte Vierge, donnèrent à l'indignation de Luther le dernier coup de fouet (1). Dès lors, l'idée d'une réforme religieuse devint pour lui une idée fixe ; il la mêlait à tout, au point de comparer, dans une chasse, les chiens et les chasseurs au pape, aux diables chassant les âmes sauvées, « les innocentes

---

de voir Dieu rend constants dans l'adversité... ceux-là auront pour séjour le palais éternel.

« 23. Ils seront introduits dans le jardin d'Eden, ainsi que leurs pères, leurs épouses et leurs enfants qui auront été justes. »

De même, chap. XLIII, vers 70 ; chap. XLVIII, vers 5 (traduction Kasimirski).

(1) Selon le catholique M. Audin (*Vie, Ouvrages et Doctrines de Luther*), Tetzel n'aurait point formulé explicitement cette proposition originale; mais on la peut néanmoins déduire très-logiquement du texte suivant, admis comme authentique par le même M. Audin : « Cumque peccatum in matrem Christi commissum *quantumvis enorme*, minus sit quam sit illud ipsum in filium committatur, quod est Christi expresso testimonio remissibile. » (Seckendorff, *Comment.* de Luther, p. 27. — J. M. V. Audin, t. I, p. 53.) — Michelet (Vie de Luther) admet l'authenticité du propos de Tetzel.

bestioles ». Ses paroles à ce sujet sont curieuses : « J'ai chassé, dit-il, pendant deux jours entiers ; j'ai voulu connaître cette volupté des héros, γλυκύπικρον.... Je théologisais pourtant parmi les lacets et les chiens, et je trouvais un mystère de douleur au milieu de ce tumulte joyeux. N'est-ce pas là l'image du diable allant, lui aussi, à la chasse des pauvres bestioles, à l'aide de trébuchets et de chiens exercés, je veux dire de ses évêques et de ses théologiens. » (G. Spalatino, 15 août 1521.)

Toute sa vie il fut obsédé par l'idée et la crainte de Satan. Dans sa jeunesse, en écoutant un sermon sur la possession démoniaque, il tomba en criant : *Non sum ! non sum !* Dans le même temps, la vue d'un Saint-Sacrement l'effraye tellement ! qu'il en sue de tout son corps et croit mourir de terreur. Il fut extrêmement violent : « Dans la colère, dit-il, mon tempérament se retrempe, mon esprit s'aiguise et toutes les tentations et tous les ennuis se dissipent. Je n'écris et ne parle jamais mieux qu'en colère. » Au château de Warbourg, dans son Pathmos, il entendait la nuit des bruits de noisettes se heurtant, de tonneaux roulant dans l'obscurité. Souvent il avait des colloques avec le diable : « La nuit, quand je me réveille, le diable vient bientôt, dispute avec moi et me donne d'étranges pensées, jusqu'à ce que je m'anime et que je lui dise : Baise mon c..; Dieu n'est pas irrité, comme tu le dis. »

C'est surtout parmi les réformateurs religieux que l'on trouve des caractères rigides, ne connaissant ni le doute, ni la crainte, ni le remords. Comment hésiter, quand on a Dieu avec soi ? Un modèle parfait de cette inflexibilité, c'est Calvin. Toute sa correspondance exprime une conviction forte, indomptable, qui n'a jamais hésité, qui voit partout le péché et pour qui la vie est une expiation. C'est sans balancer qu'il fait décapiter Gruet et brûler Servet. « Il semble advis aux jeunes gens que je les presse trop ; mais si la bride ne leur était tenue au roide, ce serait pitié. Ainsi il faut leur procurer leur bien, malgré qu'ils en aient (1). » Se considérant comme un nouveau Moïse, il proclame que quiconque outrage la gloire de Dieu doit périr par le glaive, et il veille, sans pitié, à l'exécution de la loi. L'idolâtrie, le blasphème, l'hérésie sont punis de mort. La femme adultère est jetée dans le Rhône. Des enfants sont fouettés publiquement. En soixante ans, cent cinquante sorciers sont brûlés à Genève, comme le constatent les registres de la république. Le pauvre Servet monte aussi sur un bûcher, sous les yeux mêmes de Calvin et, après l'exécution, son meurtrier écrit ceci : « Que les polissons n'aillent pas se glorifier de l'obstination de leur héros comme d'une constance de martyr. C'est une stupidité de bête brute qu'il montra, quand on vint lui annoncer son sort. Dès qu'il eût entendu l'arrêt, on le vit, tantôt l'œil fixe comme un hébété, jeter de profonds soupirs, tantôt hurler comme un furieux. Il ne cessait de beugler à la manière des Espagnols : Miséricorde ! miséricorde ! »

Pendant les débats, Servet ayant été accusé d'avoir dit, dans sa traduction de Ptolémée, que la terre sainte est stérile, en opposition au récit de Moïse, qui en vante la fertilité, « propos athéistes » répétait le juge. — Et Servet : « Onq n'ai fait que translater ; c'est Ptolémée qui est athéiste. » — Alors Calvin : « Je fus bien aise de clore la bouche à ce mécréant, et je lui demandai pourquoi alors il avait signé le travail d'un autre. Tant y a que ce vilain chien, estant ainsi abattu par si

---

(1) E. Renan, *loc. cit.*

vives raisons, ne put que torcher son museau, en disant : « Passons outre ; il n'y a point là de mal (1). »

De même l'émule de Calvin, Martin Luther, excite au massacre des paysans révoltés avec une conscience parfaitement calme. « Nulle miséricorde, nulle tolérance n'est due aux paysans, mais l'indignation de Dieu et des hommes. Les paysans sont dans le ban de Dieu et de l'empereur ; on peut les traiter comme des chiens enragés (2). »

Dans le cœur des fanatiques de Dieu ou de la patrie, il n'y a pas de place pour les tortures du remords. C'est que ce que nous appelons l'*idée du bien* n'a rien d'absolu. Ce n'est qu'une résultante de l'éducation, de l'habitude individuelle ou héréditaire ; aussi, pour peu que le jugement soit faussé, cette idée du bien, prétendue innée, peut ratifier des abominations et même y inciter.

Cromwell se croyait bien certainement un instrument, un exécuteur suscité par Dieu, quand il écrivit l'étrange billet suivant : « Le jour de vigile-jeûne, on a posté près de deux cents hommes de cavalerie et d'infanterie (à ce que j'ai appris) dans Covent-Garden pour nous empêcher de couper le cou aux presbytériens. *Voilà de beaux tours que l'on joue à Dieu.*» [Cromwell à Fairfax, 1646 (3).]

De même Savonarole, après avoir établi à Florence ce qu'il appelait le *gouvernement du Christ,* disait aux

(1) Voir *Histoire de la vie, des ouvrages et doctrines de Calvin*, par J. M. Audin.

(2) Michelet, *Histoire de Martin Luther.*

(3) « Upon the fast-day, divers soldiers were raised (as I heard), both horse and foot, near two hundreds in Covent-Garden, to prevent us soldiers from cutting the presbyterians throats ! These are fine tricks to mock God with. » (*Oliver Cromwell's Letters and Speeches*, by Carlyle, vol. I.)

magistrats : « Que faites-vous, seigneurs huit? Il faut prendre l'épée. N'ayez aucune miséricorde. Décrétez que ceux qui parlent mal du gouvernement payeront 50 ducats, *quia est crimen læsæ majestatis*... Quand vous entendrez quelqu'un de ces mécontents, donnez-lui sur les oreilles. Dieu châtiera celui qui laisse commettre la faute, non moins que celui qui la commet (1). »

Les quelques exemples précédents suffiront pour donner une idée de ces natures à la fois bornées et dominées par de larges aspirations. Chez de pareils êtres, tout est conviction inébranlable, désir inéluctable ; leur impressionnabilité les domine, et leur esprit, d'ordinaire assez mal meublé, est fermé de bonne heure à toute acquisition nouvelle. Guidés par un fort petit nombre d'idées maîtresses, ils n'admettent pas sur ces idées la moindre contestation. Il y a loin de ces organisations fougueuses aux esprits pondérés, scientifiques, toujours en garde contre leur propre jugement, toujours prêts à revenir sur une décision prise, quand ils en aperçoivent la fausseté. Ceux-ci se sont longtemps fatigués à chercher la vérité ; ils savent par expérience avec quelle peine on la découvre, combien sont faciles l'illusion et l'erreur. Dans le cerveau des réformateurs fanatiques, la passion l'emporte ; il n'y a presque plus de délibération. Pour un philosophe, l'auto-da-fé de Servet est un crime ; mais, pour Calvin, brûler ce malheureux, c'était combattre et anéantir le démon de l'erreur, de même que la mort de Kotzebue, meurtre inutile aux yeux de l'homme froid et raisonnable, était, à ceux de Karl Sand, un acte héroïque et vengeur, qui allait briser les chaînes de la patrie et la régénérer. De

---

(1) *Jérôme Savonarole, d'après les documents originaux*, par Perrens.

tels hommes sont poussés par un mobile dominant, qui a étouffé tous les autres ; ils vont droit devant eux, aveuglément, comme une locomotive glissant sur des rails.

V

Après les réformateurs religieux, mais plus haut, viennent les réformateurs laïques. La série se continue, et toujours dans le même sens. L'impressionnabilité affective et l'imagination perdent de plus en plus un terrain que gagnent l'intelligence et la raison. Il y a dans l'esprit moins de couleur et plus d'idées. Les différences individuelles sont d'ailleurs considérables. Tantôt le cœur crie beaucoup plus fort que la tête ne pense ; tantôt la raison l'emporte manifestement. Dans le premier cas, le socialiste passionné, prêchant la bonne nouvelle, ressemble par plus d'un point au réformateur religieux. L'un s'occupe de la terre et l'autre du ciel ; mais un sentiment analogue les domine ; chacun d'eux est religieux à sa manière.

Proudhon fut un bel exemple du type fort intéressant que nous esquissons. On peut dire de lui qu'il fut dominé, sa vie durant, par la passion de la justice. Qu'est-ce que la justice? Selon nous, comme nous l'avons déjà dit, la notion de justice se confond avec celle d'utilité sociale scientifiquement déterminée. C'est en vain que l'on chercherait dans les œuvres de Proudhon et même dans les trois volumes, qu'il a écrits sur la justice, une définition du juste aussi précise que la nôtre. La justice semble n'avoir été pour lui qu'un sentiment d'indignation spontané, presque instinctif, contre l'exploitation du plus faible par le plus fort. Mais, pour être assez mal défini, chez Proudhon, ce sentiment n'en était pas moins vif. Aussi l'avons-nous vu cingler à grands coups de fouet vengeurs nombre de nos iniquités sociales.

Le caractère de Proudhon mériterait une longue analyse psychologique ; nous devons nous borner à en signaler quelques traits saillants. Comme la plupart des penseurs ou plutôt des êtres puissamment doués d'une manière quelconque, il fut précoce. A douze ans, pauvre petit paysan, que rien autour de lui ne poussait à l'étude, il fréquentait déjà assidûment la bibliothèque de Besançon, feuilletant et compulsant jusqu'à huit ou dix volumes en une séance. Tout éveillait sa curiosité, et une recherche en amenait une autre. C'est ainsi qu'en voyant imprimer une Vulgate, il voulut apprendre l'hébreu, l'apprit tout seul et de là se lança dans la linguistique comparée. L'éducation vraiment scientifique lui manqua toujours, et il ne fit aucun effort pour se la donner. L'observation tranquille n'était pas son fort, toujours emporté qu'il était par quelque sentiment violent. Jamais son esprit ne connut la salutaire discipline des sciences naturelles : c'est la raison du tour métaphysique et souvent paradoxal de ses écrits. Sans cesse, d'ailleurs, il était entraîné par la fougue sentimentale de son caractère. Comme l'a fort bien dit Sainte-Beuve : « Le philosophe, qu'il était par le cerveau ou qu'il aurait voulu être, était à tout moment dérangé, troublé, surexcité par le cri des entrailles (1). » En divers endroits de sa correspondance, il a pris soin de nous peindre lui-même tantôt son ardent amour pour la justice et la vérité, tantôt le bonheur et la consolation qu'il trouvait dans le travail. Il faut citer quelques-uns de ces passages si carac-

---

(1) *J.-P. Proudhon, sa Vie et sa Correspondance.* Paris, 1873.

téristiques : « Proudhon, tu te dois, avant tout, à la cause des pauvres, à l'affranchissement des petits, à l'instruction du peuple ; tu seras peut-être en abomination aux riches et aux puissants ; ceux qui tiennent les clefs de la science et de Plutus te maudiront : poursuis ta route de réformateur à travers les persécutions, la calomnie, la douleur et la mort même (1). »

« Tant qu'une vérité ne doit pas être manifestée, elle reste inaperçue : la voir, c'est être obligé de la dire (2). »

« Au feu de l'épreuve mon âme s'épure et je me détache de tout esprit de propriété scientifique et littéraire aussi bien qu'industrielle : savoir avec certitude, le dire avec force, clarté et précision, c'est le seul bien où j'aspire, la dernière grâce que je demande à Dieu, puisqu'il me refuse tous les autres avantages (3). »

« Je sais ce que c'est que souffrir, et c'est toujours avec les méditations les plus profondes que je trompe mon mal. »

Il écrivait à son ami Ackermann, qui allait se marier : « Vous êtes au moment de la vie, où l'amour nous poinct davantage ; après, cela diminue. Tout cela n'est rien : voir, savoir, formuler le beau et le vrai, c'est cela qui est tout. »

Derrière toutes les tirades métaphysiques, parfois fort subtiles, qui s'étalent dans les œuvres de Proudhon, on sent toujours un sentiment fougueux, jaillissant parfois en sorties d'une incomparable éloquence (4).

---

(1) Lettre à Ackerman, 16 septembre 1833.
(2) Lettre à Tissot, août 1840.
(3) Lettre à M. Bergmann, 22 février 1840.
(4) Exemple. Le fameux passage : « Dieu, c'est le mal », dans *les Contradictions économiques*, et « l'homme devant la mort », dans *la Justice dans la révolution*.

Son fameux mémoire sur *la Propriété* n'est qu'un accès de colère dialectiquement exposé : « Le style en sera rude et âpre ; l'ironie et la colère s'y feront trop sentir. C'est un mal irrémédiable. Quand le lion a faim, il rugit (2). »

C'est une loi psychologique, que tous les passionnés voient avec un verre grossissant l'objet de leur poursuite, le but auquel ils aspirent. Proudhon ne fait pas exception. Il fut un moment profondément convaincu que les destinées de la France tenaient à la publication de son mémoire sur *la Propriété* : « Prie Dieu que j'aie un libraire ; c'est peut-être le salut de la patrie (2). »

N'éprouve pas qui veut cette exaltation délirante. Elle est souvent la raison des grandes actions et des belles œuvres.

Saint-Simon, le socialiste, eut moins de sentimentalité que Proudhon ; en revanche, sa raison fut plus haute et son intelligence plus scientifique. Il savait plus et généralisait davantage ; il avait des vues mieux coordonnées et un caractère plus fort. Néanmoins tous deux sont de la même famille ; tous deux eurent, pour passion dominante l'amour de la vérité, de la justice, le souci du bien général. Mais Proudhon ne songe guère qu'à son pays ; c'est la société européenne que Saint-Simon vise à réformer ; il veut généraliser la révolution en lui donnant un code et une direction scientifique.

Le caractère de Saint-Simon se révèle aussi de bonne heure. A treize ans il se laisse mettre à Saint-Lazare par son père, plutôt que d'agir contrairement à ses convictions en communiant. La passion philanthro-

---

(1) Lettre à Ackermann, 12 février 1840.
(2) Lettre à Bergmann, 22 février 1840.

pique absorba sa vie entière. Ce fut pour satisfaire cette noble passion qu'il chercha la fortune et dépensa ce qu'il en avait acquis ; ce fut pour cela qu'il hanta et pratiqua toutes les classes de la société, qu'à trente-huit ans il se mit à étudier méthodiquement toutes les sciences : « J'étudiai d'abord les sciences physico-mathématiques ; je constatai leur situation actuelle et je m'assurai, au moyen de recherches historiques, de l'ordre dans lequel s'étaient faites les découvertes qui les avaient enrichies. Ce travail me dura trois ans. Pendant tout ce temps, j'avais pris domicile en face de l'Ecole polytechnique et je suivais les cours des professeurs. Quand je me jugeai au courant des connaissances acquises dans les sciences physico-mathématiques, c'est-à-dire dans la physique des corps bruts, je m'éloignai de l'Ecole polytechnique pour aller m'établir près de l'Ecole de médecine. J'entrai en rapport avec les physiologistes, et je ne les quittai qu'après avoir pris une connaissance exacte de la physique des corps organisés. »

L'esprit d'observation ne lui faisait jamais défaut, même dans les moments les plus critiques. Pendant la guerre de l'indépendance américaine, à laquelle il prit part, il assistait sur le vaisseau *la Ville-de-Paris* à un combat naval ; un boulet fracassa la tête d'un matelot à côté de lui et le renversa lui-même tout étourdi. En revenant à lui, il posa la main sur la cervelle du matelot tué. Croyant toucher son propre cerveau, il se mit à s'étonner qu'un homme encore vivant et pensant put toucher sa cervelle. De même, en 1823, lorsque, à bout de ressources et désespérant de pouvoir continuer son œuvre, il fit une tentative de suicide, il disait au docteur Sarlardière : « Expliquez-moi, mon cher Sarlardière, comment un homme qui a sept chevrotines

dans la tête peut encore vivre et penser ? » Cette tentative de suicide fut aussi tout à fait caractéristique :
« Il chargea tranquillement de sept chevrotines un pistolet, qu'il plaça sur la table où il avait coutume de travailler ; puis, posant sa montre sur cette table et voulant conserver jusqu'à la fin l'exercice de ses facultés intellectuelles, il continua de combiner ses idées sur l'organisation sociale, jusqu'au moment où l'aiguille atteignit l'heure qu'il s'était fixée. Alors il lâcha la détente (1).... » Puis, comme le médecin, ne trouvant pas toutes les chevrotines dans la chambre, le croyait mortellement atteint et lui annonçait une fin très-prochaine : « Allons, dit Saint-Simon à son élève Aug. Comte, employons bien les heures qui nous restent et causons de votre travail. »

Toujours il montra la même énergie indomptable. A cinquante ans, sans argent et dédaigné de presque tous, il écrit : « On sait ma position pécuniaire. Ma position morale est, sous plusieurs rapports, encore plus fâcheuse ; chaque conseil que je reçois tend à me décourager. Eh bien ! dans cette position, je jouis, je me trouve heureux ; j'ai le sentiment de ma force et cette sensation est plus agréable pour moi qu'aucune autre que j'aie éprouvée dans ma vie. Je vois sans inquiétude les difficultés que j'ai à vaincre ; je souris à celles qui peuvent se présenter. »

Un peu plus tard, il écrivait : « Depuis quinze jours je mange du pain et je bois de l'eau ; je travaille sans feu et j'ai vendu jusqu'à mes habits pour fournir aux frais de copie de mon travail. C'est la passion de la science et du bonheur public, c'est le désir de trouver un moyen de terminer d'une manière douce l'effroya-

---

(1) *Saint-Simon, sa Vie et ses Travaux*, par M.-G. Hubbard, 1857.

ble crise dans laquelle toute la société européenne se trouve engagée, qui m'ont fait tomber dans cet état de détresse. Aussi, c'est sans rougir que je puis faire l'aveu de ma misère et demander les secours nécessaires pour me mettre en état de continuer mon œuvre. »

Chez Saint-Simon, le côté affectif était très-puissant ; on n'est réformateur qu'à cette condition ; mais, en même temps, le sentiment était tenu en bride et ennobli par une haute intelligence. C'est une règle psychologique, que la vivacité de l'imagination se proportionne à l'intensité des sentiments. Saint-Simon ne fit point exception à la règle et son imagination s'exalta parfois jusqu'à l'hallucination. Lui-même raconte que, durant la révolution, alors qu'il était prisonnier au Luxembourg, Charlemagne lui apparut et lui prédit de grands succès philosophiques. En résumé, ce fut un grand et beau caractère que celui de Saint-Simon ; chez lui, le cœur et l'intelligence allaient de pair, se vivifiant mutuellement. Sans doute ses erreurs furent nombreuses, moins pourtant que celles de ses maladifs disciples ; il les faut attribuer à une éducation scientifique trop tardive. Au total, Saint-Simon a marqué sa place parmi les plus nobles types de l'humanité. La passion à laquelle il dévoua sa vie fut de celles que ressentent seuls quelques élus : « Souvenez-vous, disait-il à son lit de mort, souvenez-vous, que, pour faire quelque chose de grand, il faut être passionné. Le résumé des travaux de toute ma vie, c'est de donner à tous les membres de la société la plus grande latitude pour le développement de leurs facultés. » Comme tous les penseurs du dix-huitième siècle, dont il fut l'un des derniers rejetons, il fut dominé par une fièvre généreuse, par une soif de justice et de rénovation sociale, par la passion humanitaire, par tous ces généreux élans taxés aujourd'hui de folie, mais qui sont à la fois la gloire de cette grande époque et, par comparaison, la honte de la nôtre.

CHAPITRE VII.

DES PASSIONS INTELLECTUELLES.

LES PASSIONS LITTÉRAIRES.

I

« La mission du poëte est la représentation. Cette représentation est parfaite quand elle rivalise avec la réalité, c'est-à-dire quand ses peintures sont animées par le génie de manière à faire croire à la présence des objets. La poésie, à son plus haut degré d'élévation, est tout extérieure. Lorsqu'elle se retire au dedans de l'âme, elle est en voie de déclin. Quand elle représente les idées sans les revêtir d'un corps ou sans laisser deviner le corps sous l'idée, la poésie est aux degrés inférieurs par lesquels elle entre dans la vie commune (1). » C'est un grand poëte qui définit ainsi la poésie, et il y a du vrai dans sa définition, qui est d'ailleurs très-incomplète. C'est bien l'image qui est l'élément essentiel de la poésie, celui sans lequel elle n'est pas. Tout vrai poëte excelle à évoquer dans son imagination de vrais tableaux et à exprimer ces tableaux avec assez de vie pour les montrer à l'esprit des autres. Mais l'image n'est que le vêtement de la poésie ; elle n'en est pas le corps. S'il n'est que peintre, fut-il en son genre un Raphaël, un poëte est inférieur ; il ne

(1) *Mémoires de Gœthe* (Maximes et Pensées).

parle qu'aux yeux de l'esprit, et ce n'est pas assez. Est-il en même temps musicien, c'est-à-dire a-t-il à un haut degré le sens de la musique, des vers, du rhythme et de la cadence, alors il éveille en même temps des impressions auditives et des impressions visuelles ; il parle à deux sens, et son pouvoir s'en accroît beaucoup. Est-il alors un poëte complet ? Nullement. Pour être armé de toutes pièces, le poëte doit encore toucher ce qu'on appelle le cœur ; il faut qu'il sache exciter notre impressionnabilité affective, qu'il sache peindre et éveiller des sentiments, en même temps que des images. Si le poëte est capable de mettre sur des sentiments intenses, variés et élevés, de la couleur et de l'harmonie, il est complet ; car alors ses vers font surgir en nous tout un monde de souvenirs, d'impressions et de désirs. A vrai dire et appréciée au point de vue psychologique, la poésie n'est que l'amplification de la peinture ; mais c'est un moyen d'expression infiniment plus puissant, plus noble et plus riche.

Dans la presque totalité des œuvres poétiques, il n'y a pas d'autres éléments que ceux-là. Pourtant la poésie peut viser plus haut encore ; elle peut s'adresser à la raison et à l'intelligence, mais à de certaines conditions et d'une manière assez limitée. Tout ce qui est purement intellectuel, sec, précis et exact est antipoétique. Dans le détail, les enchaînements d'idées pures, les hautes abstractions intellectuelles défieront toujours l'art du poëte. Pourtant certaines idées philosophiques, certaines généralisations scientifiques sont matière à poésie, à une poésie sublime, qui nous fait penser en même temps que sentir. Mais il est pour cela une indispensable condition ; il faut que ces idées, exprimées avec la couleur poétique convenable, se rattachent en outre étroitement à notre impressionnabilité affective. Froidement et scientifiquement exposée par un chimiste, la théorie atomique n'a rien de poétique ; mais qu'un Lucrèce s'en empare, qu'il chante la mortalité de ce qu'on appelle l'âme humaine, qu'il nous montre au bout de nos chagrins et de nos joies, de nos désirs et de nos regrets, de toute cette vie intense qui nous enivre, l'inéluctable néant : alors son exposition devient poétique, car il y a un tragique contraste entre l'inévitable dispersion de nos pauvres atomes et l'entraînante activité de notre éphémère individu. Cette dissolution de l'infiniment petite personnalité humaine dans la grandiose impersonnalité du monde a quelque chose de poignant ; cela nous effraye ou nous rassure, nous trouble ou nous console, mais, dans tous les cas, nous frappe et nous émeut. Cette poésie est bien sûrement la plus complète et la plus belle ; car elle s'adresse à la fois à l'imagination, à l'impressionnabilité affective, à la pensée. Ce sera sans doute celle que priseront surtout nos descendants, si, comme il est vraisemblable, l'humanité poursuit le cours de son développement ; mais force est bien de reconnaître que, de nos jours, elle est appréciée seulement par une élite fort peu nombreuse.

Si la poésie est bien ce que nous venons de dire, et cela est incontestable, il est facile de déterminer *à priori* quels doivent être les traits saillants du tempérament poétique. Tout vrai poëte devra être doué d'une imagination vive et tenace, gardant les images comme une plaque photographique et donnant un corps à toutes ses pensées. En outre, il devra être d'une exquise impressionnabilité affective ; car il faut qu'il ait senti ou soit capable de sentir plus ou moins les sentiments qu'il peint. Les qualités affectives éclatent, en effet, chez tous les vrais poëtes, à des degrés divers, les uns étant plus imaginatifs que sensibles, les autres plus sensibles qu'imaginatifs.

Dans ses curieux mémoires, Alfieri nous apprend que, dès l'enfance, il fut taciturne, timide, tantôt extrêmement tranquille, tantôt pétulant à l'excès, puis mélancolique, violent, sujet à pleurer sans cause, doué d'une imagination forte, qui lui grossissait toujours le bien et le mal. Il ajoute qu'il avait la tête absolument antigéométrique, que son humeur et son caractère subissaient docilement les variations météorologiques et saisonnières, qu'il avait des accès périodiques d'impressionnabilité en avril et en juin. Dans sa jeunesse, il lisait Plutarque avec des pleurs et des transports. L'amour était pour lui un impérieux besoin, qui le dominait entièrement; obligé de se séparer de l'une de ses maîtresses, il tenta de se tuer (1).

De même Foscolo, déjà arrivé à l'âge mûr, fait fi des honneurs, de la gloire, recherche la solitude, y vit sans lire, sans penser. L'ambition ne lui chaut, dit-il; ce qu'il lui faut, c'est de l'amour : « Je sens en moi un besoin fatal d'être aimé (2). »

Toute sa vie, Leopardi fut sur le seuil de la lypémanie. Dans sa première jeunesse, il commença par éprouver, dit-il, « cette tristesse douce qui est mère des grandes choses, » mais qui fut bientôt remplacée par une atroce mélancolie : « la première était un crépuscule; la seconde est une nuit noire. » Sa pensée le torture, le crucifie, le martyrise : « S'il devenait fou, dit-il, sa folie devrait consister à rester assis, les yeux fixes, la bouche ouverte, les mains entre les genoux, sans rire, ni pleurer, ni se mouvoir autrement que par

---

(1) *Mémoires* d'Alfieri.
(2) Foscolo, *Epistolario*, t. I, p. 213, Firenze, 1854.

force, » en un mot, stupide. « Je me roule par terre, dit-il ailleurs, en demandant combien de temps il me reste à vivre. » Il dit exécrer les femmes, « ces animaux sans cœur, » mais, au fond il a un ardent désir d'être aimé et désespère de l'être (1).

Le placide Gœthe fut bien moins sensible, bien moins affectif : « Je suis, dit-il de lui-même, aussi peu reconnaissant que qui que ce soit. » Il fut par-dessus tout imaginatif et intelligent aussi ses poëmes sont généralement froids, mais riches en métaphores et en idées. Toute sa vie, dit-il, il fut porté « à transformer en figure, en poëme tout ce qui lui causait de la joie ou du tourment, tout ce qui l'occupait à un autre titre. » Il avait des rêves imagés, qui se transformaient en poëmes : « Ce que j'entrevoyais éveillé pendant le jour se façonnait souvent pendant la nuit en rêves réguliers, et ordinairement, quand j'ouvrais les yeux, un tout nouveau et merveilleux ou un fragment d'une œuvre en commencement m'apparaissait ; je l'écrivais dès le point du jour. » Dans sa première jeunesse, il ne put supporter la lecture du *Système de la nature*, non pas qu'il trouvât le livre faux, mais il lui reprochait d'être glacé, décoloré. Quand il apprenait une langue étrangère, il en saisissait vivement les sons, le mouvement, l'accentuation, l'intonation. De bonne heure aussi, ce qui est bien rare chez les poëtes, il eut des velléités scientifiques. Tout enfant, il faisait des expériences avec un aimant, essayait de construire une machine électrique (2).

---

(1) *Epistolario di G. Leopardi*, t. I, p. 37, 62, 6, 172, 190, 209 et *passim*. Firenze, 1856.

(2) *Mémoires de Gœthe*, publiés par H. Richelot. Paris, 1844.

II

La manière de travailler des vrais poëtes reflète fidèlement leur organisation mentale. Ils écrivent à bâtons rompus, par soubresauts, quand Minerve le permet. « Pour vivre en paix avec moi-même, dit Foscolo, il me faut travailler, comme faisait Montaigne, à bâtons rompus ; quand le démon d'écrire me possède, je ne bouge du travail, et souvent il m'est arrivé d'écrire dix-sept heures de suite. Au contraire, quand c'est le démon de la mélancolie, de la paresse, de la flânerie, qui m'envahit, je ne tremperais pas ma plume dans l'encre pour la moitié du monde (1). » Gœthe écrivait souvent au vol : « Je courais quelquefois à mon pupitre, sans prendre la peine de redresser une feuille de papier, qui était de travers, et j'écrivais la pièce de vers depuis le commencement jusqu'à la fin, en biais, sans bouger. A cet effet, je saisissais de préférence un crayon, qui se prête mieux à tracer des caractères ; car il m'était quelquefois arrivé d'être réveillé de ma poésie de somnambule par le cri et par le crachement de la plume, de devenir distrait et d'étouffer à sa naissance une petite production (2). » Alfieri parle aussi de ces fièvres littéraires. En lisant le *Panégyrique de Trajan*, de Pline, il sent un irrésistible besoin de le refaire à sa manière et s'y met à l'instant : « J'écrivais tous les matins... J'y pensais pendant le reste de la journée, comme il m'arrive toujours quand je ne sais quel pouvoir inconnu me donne cette fièvre d'enfantement et de composition. Je le trouvai achevé à la cin-

---

(1) *Loc. cit.*, t. II, p. 73.
(2) *Loc. cit.*, p. 279.

quième matinée, du 13 au 17 mars (1). » En lisant la *Mérope* de Maffei, il en vit subitement une autre : « A l'instant, je vis, comme par l'effet d'une illumination soudaine, une autre tragédie du même nom sur le même sujet, mais plus simple, plus chaude et plus rapide. Telle elle se représenta à moi, telle je la conçus, comme par inspiration. Si j'ai réussi, je l'ignore ; mais si, avec quelque raison, un barbouilleur de vers a pu jamais s'écrier : *Est deus in nobis*, certainement j'ai pu le dire, concevant, développant ou versifiant la *Mérope* (2). »

C'est que les poëtes puisent l'inspiration dans leur propre fonds affectif, dans leurs sentiments, leurs émotions, leurs passions, et rien n'est plus inégal, variable et accidenté que notre vie affective, surtout que la leur. Telle est du moins l'origine première de leurs œuvres les plus émues, de celles qui les font célèbres. Foscolo affirme qu'il écrivit *les Dernières Lettres de Jacques Ortis* « avec le sang de son cœur ». « Pour représenter la nature fidèlement et avec une religieuse sincérité, je pénétrai dans le sanctuaire de mon cœur, j'interrogeai toutes mes passions, je relus toutes les pages mélancoliques que j'avais essayé d'écrire quand dans l'exil, les malheurs domestiques, les calamités publiques et dans le désespoir de mon amour, je ne me voyais d'autre refuge que la tombe. — Je pleurai, en me rappelant les larmes que j'avais versées ; je tâchai d'oublier ce que j'avais lu et appris dans les livres, afin d'exprimer avec plus d'originalité la vérité, les opinions, les erreurs nées spontanément en moi selon mon genre d'esprit et les circonstances de ma

---

(1) *Loc. cit.*, p. 238.
(2) *Loc. cit.*, p. 205.

vie (1). » Sans l'amour et la patrie, dit-il, jamais il n'aurait écrit une syllabe ; car la gloire le touche peu. Puis le travail est devenu pour lui un besoin : « Il faut que j'exerce mes facultés, tout en sachant bien que ce sera inutile ; pour ne pas agoniser d'ennui, il faut mourir en travaillant (2). »

Gœthe lui-même, ce majestueux égoïste, composa son *Werther* à la suite d'un petit drame, purement psychologique, d'ailleurs, qui s'était passé dans sa tête olympienne. Il écrivit son roman pour se débarrasser, en l'extériorant, d'un désagréable accès de mélancolie (3).

Alfieri affirme que, pour désirer travailler et trouver des idées créatrices, il lui fallait être amoureux (4).

Les écrivains qui ne ressentent pas plus ou moins ces orages affectifs ne sauraient être poëtes ; mais ils peuvent être de féconds versificateurs, de laborieux écrivains, des érudits dotés de vifs besoins intellectuels. Comme exemple de ce dernier genre de littérateurs, on peut citer le polygraphe Robert Southey, qui travailla en moyenne douze heures par jour pendant quarante-cinq ans et écrivit avec une régularité mécanique environ cent volumes, dont personne ne parle plus (4).

III

Entre les passions humaines il y a bien des différences de couleur, d'allure, d'objet ; mais, dans la charpente, schématiquement, comme disent les Alle-

---

(1) *Loc. cit.*, p. 153.
(2) *Loc. cit.*, p. 558.
(3) *Mémoires de Gœthe*, p. 246. — *Mémoires* d'Alfieri.
(4) Ph. Chasles, *l'Angleterre littéraire*.

mands, elles se ressemblent fort. C'est toujours un désir violent, enté sur une impression forte et aspirant à un vif plaisir. Or, pour le poëte que dévore la passion d'écrire, c'est la satisfaction même de la passion qui est la récompense cherchée. L'argent, la gloire, qui viennent aussi quelquefois, ne sont que des accessoires. Pour le poëte, pour l'écrivain, céder au démon de l'inspiration, c'est prendre possession de l'objet aimé ; c'est avec un sentiment de joie enivrante, qu'ils voient leurs idées prendre corps, contour et couleur.

« Le véritable fruit de nos études, dit Foscolo, vient de l'exercice libre et tranquille de nos facultés (1). » La domination de la passion intellectuelle n'est pas toujours incontestée. Chez certaines natures fougueuses, comme celle d'Alfieri, il y a lutte plus ou moins tragique entre les passions affectives et le besoin du travail intellectuel. C'est vraiment la rivalité manichéenne du bien et du mal. C'est grâce à un frénétique amour de l'étude que, de son propre aveu, Alfieri échappa au joug des honteuses amours, de la folie, du suicide (2).

Aussi, en quels termes chaleureux les passionnés de l'intelligence nous parlent-ils des heures bénies où ils s'abandonnent à l'inspiration : « Quand je travaille suivant l'impulsion de mon génie, dit Foscolo, qui, si petit qu'il soit, est d'origine libre et divine, les fatigues, les veilles, les soucis incessants, compris seulement des martyrs de la Muse, non-seulement ne m'affaiblissent pas, mais donnent à mon esprit, à mon cœur et à mon corps une trempe d'acier (3). »

---

(1) *Epistolario*, t. II, p. 74.
(2) *Loc. cit.*, édition Barrière, p. 150.
(3) *Loc. cit.*, t. III, p. 13.

Cet attrait du plaisir intellectuel était si puissant chez le monastique Southey, que dans sa jeunesse il en oubliait la misère et la faim, et que dans son âge mûr il en était encore transporté : « Gagner le gros lot à la loterie, mais ce n'est rien auprès du bonheur d'ouvrir une caisse de livres nouveaux ou anciens ; c'est le paradis, et j'imagine que saint Pierre ne me sera pas plus agréable lorsqu'il lui plaira de me dire : Entrez, monsieur, vous êtes annoncé. Il est parfaitement certain que je ne serai payé ni de mes peines ni de mes dépenses ; mais il n'est pas moins certain que l'on m'offrirait dix mille livres sterling pour que je ne me livre pas à ce travail, j'enverrais à tous les diables les dix mille livres et celui qui me les offrirait ; car le double de cette somme ne me rapporterait pas la moitié de ce plaisir (1). »

Combien le voluptueux, l'ambitieux, l'avare, et en résumé tous ceux que dominent des passions communes et basses (et leur nombre est légion !) se doutent peu qu'au-dessus de toutes les grossières jouissances qui les captivent il y a un Eden intellectuel, ouvert seulement à quelques âmes d'élite, souvent à de pauvres diables dédaignés, mais qui n'en goûtent pas moins un plaisir divin, un plaisir qui élève et ennoblit !

(1) Ph. Chasles, *l'Angleterre littéraire*.

CHAPITRE VIII.

DES PASSIONS INTELLECTUELLES (SUITE).

LES PASSIONS SCIENTIFIQUES ET PHILOSOPHIQUES.

I

Les passions scientifiques et philosophiques sont aux passions littéraires ce que les passions sociales sont aux passions affectives. Dans la passion littéraire, de genre poétique, c'est le côté affectif et émotif de l'esprit qui domine ; dans la passion scientifique ou philosophique, le côté abstrait de l'intelligence a pris le pas. Les exemples typiques que nous aurons à citer au courant de ce chapitre, mettront hors de doute qu'il y a antagonisme entre le haut exercice de l'intelligence et l'existence d'une vive impressionnabilité morale. C'est que le cerveau le mieux doué n'a à dépenser qu'une somme d'activité limitée ; le sang, dans lequel le cerveau puise ses nutriments, n'est pas non plus d'une inépuisable richesse. En résumé, quand le budget biologique doit subvenir à certains crédits excessifs, il est au dépourvu pour les autres.

L'impressionnabilité sera donc ordinairement émoussée chez le penseur, excepté dans son mode intellectuel, qui est de beaucoup le plus pacifique. C'est que le cerveau du philosophe ou du savant, dont la tête est philosophique, fonctionne d'une manière toute spéciale. Sans doute, l'imagination du penseur est très-vive, en ce sens qu'elle peut évoquer à la fois un grand nombre d'images; mais ces images n'ont pas le coloris éclatant de celles qui assiégent le cerveau du poëte. Elles sont plus loin de l'hallucination ; ce sont des images abstraites, des signes algébriques, que le philosophe groupe, enchaîne, coordonne à un degré de complication dont sont incapables les hommes dits d'imagination, les poëtes, les romanciers, etc. Ces derniers sont des peintres, n'exprimant d'ordinaire que des images photographiques, peu différentes de la réalité et faiblement combinées. Le penseur s'attache surtout à comparer les images, à déterminer entre elles des rapports nouveaux, lointains, à les systématiser.

Les hautes facultés intellectuelles dont nous parlons sont les dernières venues dans le cerveau humain. Ce sont les plus rares encore, les plus intermittentes, celles qui se paralysent et s'évanouissent le plus facilement. Elles sont le couronnement de l'esprit humain. Entre le Veddah de Ceylan, l'Australien, etc., et le philosophe ou le savant capable de généralisation, il y a sûrement bien plus de distance qu'entre les premiers et le chien ou le chimpanzé. Aussi, même dans nos sociétés soi-disant civilisées, c'est à peine si la masse commence à estimer, à honorer, à apprécier à leur valeur les hautes aptitudes de l'esprit. Malgré leur excessive rareté, ces aptitudes sont fort mal prisées sur notre marché social, et nous voyons telle chanteuse d'opéra, plus sotte que le rossignol dont elle a la voix, gagner en deux heures de roulades une somme d'argent avec laquelle tel penseur dédaigné vivrait une année entière, s'il pouvait se la procurer.

II

Comme toutes les fortes tendances, les instincts intellectuels se manifestent de bonne heure. Ce n'est pas l'éducation qui les crée ; tout au plus peut-elle les développer.

On trouve à chaque pas des exemples de cette précocité dans les biographies des penseurs. Campanella nous dit que le besoin intellectuel s'éveilla chez lui dès l'âge de cinq ans. Dès lors, il retenait tout ce que disaient ses parents, les prédicateurs, les maîtres. A quatorze ans, il pouvait exprimer en prose ou en vers tout ce qu'il voulait (1). A quinze ans Spinoza argumentait avec les plus doctes rabbins et les embarrassait (2). A huit ans on appelait déjà Descartes « le Philosophe. » A douze ans B. Pascal, à qui on n'avait encore presque rien enseigné, composa un traité sur le son à l'occasion d'un plat de faïence qui avait été choqué (3). A onze ans Boerhaave avait déjà appris de son père beaucoup de latin, de grec, de belles-lettres (4). De même Stuart Mill nous dit, dans sa curieuse autobiographie, qu'à quatorze ans il avait, sous la direction de son père, terminé son éducation générale, plus complète que celle de la plupart des hommes (5). A neuf ans Haller avait composé pour son usage une grammaire chaldaïque, un dictionnaire hébreu (6), etc.

(1) *Opere di Tommaso Campanella*, da Alessandro d'Ancona. Torino, 1854. (Della vita et delle dottrine, p. xiii.)

(2) *Vie de Spinoza*, par Lucas.

(3) *Vie de B. Pascal*, par Me Périer.

(4) *Éloges des académiciens*, etc., par Fontenelle, t. II (éloge de Boerhaave).

(5) *Mes Mémoires*, par J. Stuart Mill.

(6) *Éloges des académiciens de l'Académie royale des sciences*, par Condorcet (éloge de Haller), t. II, 1799.

Buffon, enfant, ne se séparait jamais de son Euclide ; il quittait le jeu pour géométriser. Un jour, s'amusant à se laisser glisser le long de la corde d'un clocher, il se mit à penser à un problème de géométrie et s'écorcha les mains sans s'en apercevoir (1).

Si ces aptitudes intellectuelles sont précoces, elles sont aussi très-puissantes. L'éducation, qui ne les a pas données, ne réussit même pas à les étouffer. B. Pascal inventa la géométrie, qu'on ne voulait pas lui enseigner (2). Galilée, dont on voulait faire un médecin, n'avait à dix-neuf ans aucune teinture des mathématiques ; il les apprit en secret (3). Dans sa jeunesse, d'Alembert lutta contre sa passion pour les mathématiques, comme d'autres résistent à la passion du jeu, des femmes, du vin (4). Newton n'eut presque pas besoin d'apprendre les mathématiques élémentaires ; il les devinait du premier coup d'œil et sauta tout de suite aux traités de Kepler et à la géométrie de Descartes (5). Le musicien Herschell, obligé, pour vivre, de donner jusqu'à trente-huit leçons de musique en un jour, trouva le temps de s'occuper de la théorie mathématique de la musique, puis des mathématiques pures, puis de l'optique et enfin devint astronome (6). A dix-huit ans Descartes, assez fougueux et dissipé dans sa jeunesse, renonce tout à coup aux plaisirs de

---

(1) *Notice sur la vie et les ouvrages de Buffon et de Daubenton*, par l'éditeur, dans Œuvres de Vicq d'Azyr, publiées par J.-L. Moreau de la Sarthe).

(2) *Vie de B. Pascal*, par Me Périer.

(3) *Galilée, sa Vie, ses Découvertes*, etc., par Max Parchappe.

(4) *Éloges des académiciens de l'Académie royale des sciences*, par Condorcet (éloge de d'Alembert), t. III.

(5) *Éloges des académiciens*, etc., par Fontenelle, t. II (éloge de Newton).

(6) D'après les mémoires de sa sœur, Caroline Herschell.

son âge et s'enferme pendant deux ans dans une petite maison écartée du faubourg Saint-Germain pour y étudier la géométrie (1).

Beaucoup de ces amoureux du travail intellectuel ont achevé de bonne heure leurs œuvres capitales. A dix-huit ans Pascal inventa une machine arithmétique; il n'avait que vingt-trois ans quand il fit ses expériences barométriques (2). A vingt-quatre ans Newton, qui travailla jusqu'à quatre-vingt-cinq ans, avait déjà fait ses grandes découvertes en géométrie et jeté les fondements de ses *Principes* et de son *Optique*. A vingt-quatre ans A. Comte exposait déjà les idées fondamentales de la philosophie positive (3).

Pour être fréquents, ces cas de précocité intellectuelle ne sont pourtant pas de règle. Ainsi, Kepler nous dit que dans sa jeunesse il s'assimilait facilement les notions géométriques et astronomiques, mais sans enthousiasme. Il accepta une fonction astronomique, comme il en aurait accepté une autre, « pour se faire une position », comme disent les bourgeois de nos jours (4).

III

Comme toutes les autres passions, les passions des penseurs absorbent toutes les forces vives de l'être conscient; mais comme leur objet est élevé, comme les personnalités d'élite, seules capables de les ressentir, voient de haut le monde et les hommes, ces passions ne vont guère sans un sentiment de générosité tranquille

---

(1) *Thomas* (éloge de Descartes, notes).
(2) *Vie de B. Pascal* par Mᵉ Périer.
(3) *Auguste Comte et la Philosophie positive*, par E. Littré, p. 2.
(4) *Vita Joannis Kepler*, in *Opera omnia*, publiées par le docteur Cl. Frisch, vol. IX, p. 677, Francofurti, 1871.

qui rend plus ou moins insensible aux vanités et aux misères de la vie. A leur manière, les passionnés de la pensée sont des ascètes qui aspirent non pas à un paradis posthume, mais à la possession, à la conquête de la vérité. Enfiévrés par cette noble poursuite, tout ce qui n'y a pas trait leur est à peu près indifférent ; ils font fi de la fortune, de l'amour, souvent même de la gloire. Comme d'habitude, nous citerons quelques types résumant les traits principaux de leur espèce psychologique.

Spinoza nous offre un parfait modèle de cet ascétisme philosophique. Son mépris de l'argent fut extrême. Il commença par refuser une pension de 1 000 florins que lui offraient les rabbins pour qu'il ne fît pas défection publique. Pour dix fois plus, disait-il, il n'aurait pas consenti à fréquenter leurs assemblées ; car il ne recherchait que la vérité (1). De même il ne veut pas accepter 2 000 florins, puis une pension de 500 florins que lui offrait son ami Simon de Vries. A grand'peine il se laisse faire une pension viagère de 300 florins. Trop d'argent, disait-il, l'aurait détourné de ses travaux (2). Une banqueroute ayant diminué de 200 florins son petit pécule : « Il faut, dit-il en souriant, retrancher de mon ordinaire pour réparer cette petite perte : c'est à ce prix que s'achète la fermeté. » (3) Or, l'ordinaire de Spinoza était celui d'un anachorète, ainsi qu'il appert de divers petits comptes trouvés, après sa mort parmi ses papiers. On y voit qu'un jour entier il a vécu d'une soupe au lait accommodée avec du beurre, ce qui lui revenait à trois sous, et d'un pot

---

(1) *Vie de Benoît Spinoza*, par Colerus, in *Œuvres de Spinoza*, par E. Saisset.

(2) *Idem.*

(3) *Vie de Spinoza*, par Lucas, *id.*

de bière d'un sou et demi. Un autre jour il n'a mangé que du gruau apprêté avec des raisins et du beurre, ce qui lui a coûté quatre sous et demi. Ces comptes ne mentionnent au plus que deux demi-pintes de vin par mois (1). Après sa mort l'inventaire de ce qu'il possédait ne s'éleva qu'à 400 florins, 13 sous (2). Au milieu de cette indigence il était libéral et donnait ou prêtait volontiers de ce peu qu'il avait (3).

D'humeur égale et plutôt gai et bienveillant, il ne se mettait jamais en colère et avait une grande fermeté de caractère. Apprenant qu'un homme jusqu'alors de ses plus grands admirateurs excitait contre lui le peuple et les magistrats, il répondit tranquillement : « Ce n'est pas d'aujourd'hui que la vérité coûte cher ; ce ne sera pas la médisance qui me la fera abandonner (4). » Exempt de toute vanité, il se souciait si peu de la gloire, qu'il recommanda en mourant de publier son *Éthique* sans la signer de son nom (5).

Descartes eut un caractère analogue. Satisfait et au delà d'un revenu médiocre, il refusait toutes les offres d'argent qui lui étaient faites ; il se dérobait à la réputation, en redoutant quelque dommage pour sa liberté. Il était bienveillant, humanitaire même, traitait ses domestiques comme des amis malheureux, faisait leur éducation, quelquefois leur éducation mathématique, sans même vouloir accepter de remercîments, disant qu'il avait simplement acquitté une dette. Aux offenses il ne répondait que par le dédain : « Quand on me fait une offense, disait-il, je tâche d'élever mon âme si haut,

---

(1) *Vie de Spinoza*, par Colerus.
(2) *Idem*.
(3) *Vie de Spinoza*, par Lucas.
(4) *Idem*.
(5) *Idem*.

que l'offense ne parvienne pas jusqu'à moi (1). Comme Spinoza et comme la plupart des penseurs, il parlait peu, mais avec enjouement. Le vulgaire des hommes est le jouet des impressions venant incessamment du monde extérieur. L'homme ordinaire, la femme plus encore, obéissent docilement et sur le champ à l'action réflexe provoquée par les mille incitations du dehors. Un Spinoza, un Descartes pensent bien plus qu'ils n'agissent. Étranger aux petites passions, aux petites émotions, ils sont toujours maîtres d'eux-mêmes. Ils voyagent dans la vie comme dans un pays étranger où ils n'ont aucun intérêt. Dans leur tête il y a tout un monde bien autrement varié, bien autrement intéressant que celui qui les environne. Ils se taisent d'ordinaire, parce qu'ils causent incessamment avec leur pensée.

Même de notre temps, où la science et la philosophie sont trop souvent des moyens, des expédients pour arriver à l'argent et à ce qu'on appelle les honneurs, on trouve encore de ces ascètes de la pensée. Tel fut, par exemple, Bordas-Demoulin, offrant à un ami en cadeau une petite propriété qui constituait tout son avoir, ouvrant à tout venant sa maigre petite bourse, puis un jour, dénué de tout et mourant de faim, dépensant dans un cabinet de lecture les quelques sous qui lui restaient. Après avoir passé sa vie à faire de la métaphysique dans une mansarde de Paris, il mourut vierge, n'ayant jamais trouvé le temps d'aimer (2). Ce temps, qui manqua aussi à Newton, Descartes et Spinoza le trouvèrent dans leur jeunesse ; mais ce ne fut qu'un épisode de leur vie.

(1) Thomas, *Notes* sur l'éloge de Descartes.
(2) *Histoire de la vie et des ouvrages de Bordas-Demoulin,* par R. Huet, p. 214.

De même Aug. Comte ne vécut que pour philosopher, n'écrivant pas une ligne en vue de la renommée, ne sacrifiant à la mode aucune de ses opinions, ne se souciant de l'argent que dans la mesure du strict nécessaire. Pour lui aussi, l'amour fut accessoire, subalternisé ; car il faut considérer comme un accident pathologique la monomanie érotique, pour Cl. de Vaux, qui s'empara de lui, dans sa vieillesse, alors que sa raison chancelait et qu'il déclinait de jour en jour vers l'étrange théologie sans Dieu, qui marqua les dernières années de sa vie (1).

IV

Si ces hommes méprisent tous les plaisirs, vers lesquels la foule se rue avec fureur, c'est, avons-nous dit, qu'ils ont dans le cerveau un monde à eux, qui les captive bien plus que la portion restreinte du monde extérieur, où s'ébattent les petites natures, les sensuels, les vaniteux, les manieurs d'argent, les politiques sans idées et sans principes, tous ces pygmées, qui s'entre-jalousent, s'entre-déchirent et tiennent le haut du pavé dans nos sociétés énervées et hypocrites.

L'homme que domine une passion intellectuelle suit sa pensée, comme les mages du Nouveau Testament suivaient leur étoile conductrice.

Kepler veut trouver la loi du monde solaire : « Mon but, dit-il, est de montrer que la machine céleste n'agit point comme un animal divin, mais comme une horloge, dans laquelle la variété des mouvements dépend d'une force magnétique et corporelle très-simple, de même que, dans une horloge, tous les mouvements dépendent d'un poids fort simple (2). »

(1) *Aug. Comte et la Philosophie positive*, par E. Littré.
(2) *Vita Joannis Kepler*, loc. cit., vol. IX, p. 765.

Contempler l'harmonie des corps célestes est pour lui une ineffable volupté (1).

Auguste Comte veut systématiser toutes les connaissances humaines et formuler les lois du développement scientifique des sociétés. Pour atteindre ce but, rien ne lui coûte. Son *Cours de philosophie positive* exigea douze ans d'incessante concentration intellectuelle, pendant lesquels il fut toujours « préparant ce qu'il allait écrire ou écrivant ce qu'il avait préparé (2). » Son intelligence et sa mémoire étaient si fortes, qu'il n'écrivait un volume qu'après l'avoir pensé tout entier dans sa tête : « Dans ma manière de travailler, dit-il, je n'écris que lorsque le sujet a été profondément pensé dans son ensemble, dans les principales parties et même dans les détails les plus importants, aussi ne suis-je pas longtemps à écrire et n'ai-je pas besoin de revenir sur ce que j'écris (3). » Il rédigea ainsi, tout d'un trait, chacun des six volumes de sa *Philosophie positive*. Depuis sa jeunesse, où il avait formé par de nombreuses lectures son fonds intellectuel, il ne lisait plus; il ne voulait plus lire. C'était ce qu'il appelait son « hygiène cérébrale », assez comparable à celle des ascètes catholiques se détachant du monde, et aussi capable de conduire à la folie.

Pour Bordas-Demoulin, esprit d'une portée incomparablement plus faible, le but était de mettre d'accord le christianisme et la civilisation moderne; il croyait avoir aperçu une intime harmonie entre ces deux choses inconciliables. Cela lui était venu tout d'un coup, par coup de foudre, comme l'éclair de saint Paul

---

(1) *Loc. cit.*, p. 844.
(2) *Aug. Comte et la Philosophie positive*, E. Littré, p. 28.
(3) *Idem*, p. 586.

sur la route de Damas. Il bondit de joie, dit-il, en faisant cette découverte, qui occupa, dès lors, sa vie entière. Il nous dépeint en bons termes l'incessant effort de la pensée : « Voilà comment le besoin de résoudre des questions tenant à l'essence de la pensée rappela ma pensée à elle-même et m'apprit à philosopher, effort à nul autre pareil. C'est le travail d'une pensée indomptable, qui obsède l'esprit et ne lui laisse aucun repos (1). »

V

Ces existences d'abnégation, de misère sont loin d'être malheureuses, comme elles le sembleraient au vulgaire. La passion qui se satisfait trouve en elle-même sa récompense et, quand il s'agit de ces passions intellectuelles, qui bravent la satiété et le dégoût, le plaisir est de tous les instants, et parfois il va jusqu'à l'ivresse. Voilà ce qui soutient les athlètes de la pensée, ce qui les rend insensibles aux privations, ce qui parfois leur fait braver, le front haut, la persécution, l'exil, la prison, la mort.

Campanella brûlait de cette fièvre intellectuelle, quand il supporta sans faiblir quarante heures de torture, sans se laisser arracher une parole, parce que « dans le fond de l'âme, il avait résolu de se taire (2). » Échappé à la mort, vingt-sept années de prison ne le purent dompter. Il composa en prison presque toutes ses œuvres, plus de vingt ouvrages ou traités philoso-

---

(1) *Histoire de la vie et des ouvrages de Bordas-Demoulin*, par F. Huet, p. 14.
(2) *Opere di Tommaso Campanella*, etc., A. d'Ancona (Città del sole), t. II, p. 285.

phiques, entre autres une apologie de Galilée, publiée pendant le procès de ce dernier, auquel il écrivait : « Tout enseveli que je sois, je fais autant qu'un vivant pour votre seigneurie et pour l'honneur commun (1). »

Le glorieux émule de Campanella, Vanini, raconte que, dans sa jeunesse, à Padoue et n'ayant qu'un méchant petit habit, la soif d'apprendre lui faisait braver les froids les plus rigoureux : « Tout est chaud, dit-il, pour ceux qui aiment (2). » Plus tard, condamné par des bêtes féroces et stupides à être brûlé vif, après avoir eu la langue coupée, le même Vanini étonna ses ennemis eux-mêmes par son incomparable fermeté. A ses juges, qui lui ordonnaient de faire amende honorable à Dieu, aux juges et au roi : « Je ne puis, dit-il, demander grâce ni à Dieu, car je n'y crois point, ni au roi, car je ne l'ai nullement offensé et ai toujours été son fidèle sujet, ni aux juges, qui se sont rendus coupables d'une grande injustice envers un innocent (3). » En allant au supplice, il repoussa un crucifix, que lui tendait un moine, en disant : « Le Christ mourant était baigné d'une sueur pusillanime ; moi, je meurs sans effroi (4). »

Le fait divers relatant, dans le *Mercure de France*, la mort de Vanini est assez curieux pour qu'on nous sache gré de le rapporter ici : « Au mois de novembre de l'an passé, fut arrêté prisonnier en la ville de Toulouse un Italien, philosophe grandement docte, qui allait mon-

(1) *Loc cit.*, p. CLXV.
(2) *Œuvres philosophiques de Vanini*, traduites par M. X. Rousselot. (Notice, p. VI.)
(3) *De vita et scriptis famosi athei Julii Cæsaris Vanini*, etc., à Joanne Mauritio Schramm (Custrini), p. 134... MDCCIX.
(4) *Idem*, p. 135.

trer par les logis aux enfants de maison qui désiroient
sçavoir parfaitement la philosophie. Il soutenoit et enseignoit que nos corps étoient sans âme et que mourant tout étoit mort pour nous ainsi que les bêtes brutales, que la Vierge (ô blasphème exécrable!) avoit eu
cognoissance charnelle comme les autres femmes et
d'autres mots bien plus scandaleux, du tout indignes
d'écrire ou de réciter. Par son éloquence il glissoit tellement sa pernicieuse opinion dans l'entendement de
ses auditeurs particuliers, qu'ils commencèrent à balancer en la croyance de cette fausse doctrine. Ce
qu'étant venu à la cognoissance du Parlement, il décréta contre ce nouveau ministre. Et étant pris et
interrogé, il soutint ses instructions véritables. Sur
quoy son procès fut fait et l'arrêt donné, portant condamnation de faire amende honorable nud en chemise,
la torche au poing et traîné sur une claye, la langue
coupée et brûlé vif, ce qui fut exécuté au commencement de février, au lieu appelé la place du Salin. Il
mourut avec autant de constance, de patience et de
volonté qu'aucun autre homme que l'on ait vu. Car,
sortant de la Conciergerie, comme joyeux et allègre, il
prononça ces mots en italien : Allons, allons allégrement mourir en philosophe. Mais, bien plus, pour montrer sa constance en la mort et un désespoir en l'âme,
lorsqu'on luy dit qu'il criât mercy à Dieu, il dit ces
mots en présence de mille personnes : Il n'y a ni Dieu
ni diable ; car, s'il y avoit un Dieu, je le prierois de
lancer la foudre sur le Parlement, comme de tout
injuste et inique, et, s'il y avoit un diable, je le prierois
de l'engloutir aux lieux souterrains ; mais parce qu'il
n'y a ni l'un ni l'autre, je n'en feray rien (1). »

---

(1) *Mercure de France*, t. V, 1619, p. 63-64.

C'est ce que le père Garasse appelle « mourir comme un enragé (1). »

Plus près de nous, La Condamine descendant l'Orénoque sur un radeau, et sur le point de se noyer, pense avec angoisse que ses calculs de neuf années vont être perdus; il ne songe pas à sa vie (2).

Ces amoureux de la pensée ont des joies, des ivresses aussi vives que celles des amoureux ordinaires. Malebranche lut le *Traité de l'homme* de Descartes « avec un tel transport, qu'il lui en prenait des battements de cœur qui l'obligeaient quelquefois d'interrompre sa lecture (3). »

Buffon, parlant du plaisir qu'il éprouve à écrire après avoir longuement médité, dit : « C'est alors que l'on éprouve le plaisir de travailler, plaisir si grand, que je passais douze heures à l'étude : c'était tout mon plaisir. En vérité je m'y livrais bien plus que je ne m'occupais de la gloire, qui vient après, si elle le peut, et elle vient presque toujours (4). »

Mais le plus lyrique de tous est le vieux J. Kepler, dont les accents passionnés termineront bien ce chapitre. Pendant près de vingt années, qui sont peut-être les plus affreuses de l'histoire moderne, Kepler a lutté, souvent dans l'indigence, au milieu des épreuves domestiques, des calamités publiques; pendant cinq ans, il a disputé sa vieille mère au bûcher où l'on jetait les sorcières; mais toujours il a étudié, calculé, observé.

---

(1) *La Doctrine curieuse des beaux esprits*, par le P. Garasse, de la Compagnie de Jésus. Paris, MDCXXIII, in-4°, p. 146.

(2) *Éloges des académiciens de l'Académie des sciences*, par Condorcet. 1799, t. I, p. 273.

(3) *Éloges des académiciens de l'Académie royale des sciences*, par Fontenelle. 1766, p. 392.

(4) *Buffon*, notice de l'éditeur des Œuvres de Vicq d'Azyr, t. I, p. 82.

Après neuf ans d'une contention intellectuelle, qui, de son propre aveu, l'a conduit parfois sur les frontières de la folie (1), il a réussi à emprisonner dans une ellipse la planète Mars. Après de nouvelles années du même labeur acharné, il trouve enfin la grande loi indiquant le rapport entre la durée des révolutions des planètes et les grands axes de leurs orbites ; alors il entonne un hymne, un chant de triomphe : « Après dix-huit mois, j'ai aperçu la première lueur ; depuis trois mois, le jour a lui ; depuis quelques jours, le plein soleil de la plus admirable contemplation m'a illuminé. Rien ne me retient plus. Je puis m'abandonner à mon ivresse sacrée. Je puis insulter aux mortels, en avouant ingénûment, que j'ai dérobé les vases d'or des Egyptiens, pour élever, bien loin des frontières d'Égypte, un tabernacle à mon Dieu. Si vous me le pardonnez, je m'en réjouirai ; si vous vous irritez, je le supporterai. Le sort en est jeté ; j'écris mon livre. Qu'il soit lu par mes contemporains ou par la postérité, qu'importe ? Pourquoi n'attendrait-il pas cent ans son lecteur, puisque Dieu lui-même a attendu six mille ans un contemplateur (2) ? »

(1) *Notice sur la vie et les travaux de Kepler*, par M. Bertrand, Institut de France, MCCCLXIII.
(2) *Joannis Kepleri Opera omnia*, par Cl. Frisch, Francofurti. 9 vol. in-8", 1864 (vol. V, p. 269).

CHAPITRE IX.

LES PASSIONS ET LA CRIMINALITÉ.

Nous voilà à la fin de notre série, de cette série que parcourent, plus ou moins loin et plus ou moins vite, l'individu à travers les années, l'humanité à travers les âges. De la passion nutritive à la passion intellectuelle, nous avons vu l'homme, d'abord simple machine à digérer, devenir, en passant par tous les degrés intermédiaires, une machine tout autre, une machine à penser. De ces deux machines, la dernière est sûrement supérieure à l'autre; mais en s'affinant, en se spiritualisant, l'homme n'a-t-il rien perdu ? Est-il possible et serait-il désirable d'avoir une société composée d'hommes comme Spinoza, Bordas-Demoulin, etc.? Reste-t-il à ces ascètes assez d'énergie morale et physique pour être non-seulement des philosophes, mais encore des pères de famille, des citoyens, des travailleurs, des producteurs ? Ils pensent beaucoup, mais sont-ils capables d'agir ? car les sociétés ne sauraient vivre uniquement par la pensée. Évidemment, non. Ces grands remueurs d'idées sont, à leur manière, des monstres. On les peut comparer à certaines fleurs de nos jardins, dont les organes reproducteurs se sont transformés en pétales richement colorés et qui, à force de devenir belles, sont devenues stériles. A titre d'exception, ces natures uniquement propres aux travaux intellectuels sont infiniment précieuses; mais on n'en saurait former un peuple. Nul danger d'ailleurs de les voir, d'ici bien des siècles et puis des siècles encore, se multiplier en proportion inquiétante. Ce n'est pas de ce côté que penche la balance. Dans nos sociétés soi-disant civilisées, la masse est bien plutôt composée d'estomacs servis par des organes que de cerveaux paralysant les organes. La plupart de nos contemporains ne se sont pas encore dégagés des phases inférieures de l'évolution humaine. La majorité des individus composant nos classes soi-disant dirigeantes, est à peu près incapable de passions altruistes; ses membres ont perdu et même trop perdu l'énergie de la brute, mais n'ont point acquis la haute énergie morale et intellectuelle. Pourquoi et comment?

Sans doute l'homme est un être modifiable par l'action des milieux et par celle de l'éducation. Encore faut-il que cette éducation soit complète, qu'elle tende à faire de l'homme un être harmonique, dont la tête soit capable de penser, le cœur de vibrer sous l'influence des sentiments généreux, le corps capable d'action, d'effort et de lutte. Il est trop certain qu'il en va tout différemment dans nos sociétés soi-disant civilisées, où un système incohérent d'éducation fait de nombre de nos contemporains des êtres énervés et hypocrites, au cœur sec, à l'esprit faux et mal ouvert. Telle est sûrement l'impression que donne à tout observateur impartial le spectacle et la pratique de nos classes soi-disant supérieures, et la statistique criminelle corrobore cette triste impression. Il est sûr qu'une instruction telle quelle va se diffusant graduellement et qu'en France, par exemple, le nombre des illettrés, encore beaucoup trop considérable, va diminuant de jour en jour. Les crimes et les délits diminuent-ils dans la même proportion? *A priori* tout le monde est disposé à le croire et tout le monde se berce de cette espérance. La statistique fait pourtant à ce sujet de décourageantes réserves (1).

Il y a, en France, environ 210 000 hommes exerçant des professions libérales civiles, 150 654 prêtres ou membres du clergé, environ 100 000 administrateurs et officiers, au total 460 654 personnes ayant reçu plus ou moins une éducation soi-disant supérieure. En portant ce chiffre à 500 000, on est sûr d'englober et au delà tous les hommes plus ou moins cultivés, qui ne rentrent pas dans les catégories précédentes. Il reste en dehors 11 500 000 hommes âgés de plus de vingt ans.

Or, la statistique de 1874, qui est une année moyenne, relève, pour les hommes, 3 571 condamnations en cour d'assises et met 105 de ces condamnations à la charge de personnes ayant reçu une instruction soi-disant supérieure.

La proportion des condamnations est donc de $\frac{3\,466}{11\,500\,000} = 0\,000302$ pour les classes point ou mal cultivées et de $\frac{105}{500\,000} = 0\,00021$, pour la classe instruite ; soit, sur 100 000 hommes, 30 condamnations pour les premières et 21 pour l'autre.

Absolument parlant, la différence est considérable ; mais il faut noter que les classes éclairées sont aussi les classes aisées, soustraites aux pressants besoins, ayant à soutenir une lutte pour vivre bien moins rude, exposées, par conséquent, à de bien moindres tentations. La disproportion n'est donc pas aussi grande qu'elle ne le paraît.

(1) Les chiffres et les rapprochements statistiques que nous donnons ici, sont extraits d'une lettre particulière du docteur A. Bertillon, auteur de la *Démographie figurée de la France*.

Si l'on entre dans le détail des crimes, on y trouve d'autres enseignements. Avec l'instruction soi-disant supérieure, le crime change de nature. Les classes agricoles, par exemple, sont les plus dominées par des passions violentes, brutales, par la haine, la vengeance, la colère. Chez elles aussi, les infanticides, les viols, les parricides sont fréquents. Les crimes des gens bien élevés, au contraire, sont plus souvent des crimes contre les biens que contre les personnes : ce sont surtout des faux, des concussions, des banqueroutes, d'habiles escroqueries.

Tout cela est triste. Si tel devait être le résultat final du progrès, ce serait à désespérer de l'humanité. Si l'homme ne devait cesser d'être brutal que pour devenir lâche, fourbe, menteur, incapable d'actions fortes en mal et aussi en bien, car l'un ne va guère sans l'autre, alors il faudrait nier cette loi du progrès, dont la pensée nous soutient et nous console. Sans doute, l'homme faux et hypocrite est moins sanguinaire que la brute sauvage, obéissant docilement à la passion du moment, mais il est plus vil. Si un tel état de choses allait grandissant toujours, on en arriverait à regretter la barbarie.

Mais cela peut, cela doit se corriger; car les nations qui ne sauront point remédier à cette dégénérescence morale succomberont dans la concurrence ethnique. C'est que, jusqu'ici, on n'a pas su faire des hommes ; c'est que même on s'en soucie assez peu ; c'est que nos vérités scientifiques sont tenues en échec par des contre-vérités religieuses et métaphysiques; c'est que, dans tous nos établissements d'instruction publique, on s'occupe tellement quellement à faire des savants, sans même songer à faire des citoyens bons, courageux, sincères, soucieux du bonheur d'autrui, conscients de leurs devoirs sociaux et décidés à les remplir ; c'est que, dans la plupart des têtes, la notion du juste n'a aucune précision ; c'est que la vieille société achève de se dissoudre et que la société future n'a pas encore élaboré ses assises.

Pourtant, sans trop s'égarer dans le royaume d'Utopie, on peut se figurer un état social tout autre, un milieu où la vérité démontrée régnerait sans conteste, où chacun travaillerait sans arrière-pensée et sans crainte à en étendre le domaine, où l'utilité sociale, scientifiquement établie, servirait de guide et de règle au législateur et au moraliste. Si cette société régénérée sort jamais des limbes, on y connaîtra les lois de l'évolution, on y pratiquera sciemment et volontairement la sélection du plus fort, du meilleur et du plus intelligent. Les choses y seront organisées de telle sorte, qu'au début de la carrière les chances seront égales pour tous les concurrents. L'éducation et l'instruction, scientifiquement combinées pour développer l'homme physiquement, moralement et intellectuellement, seront offertes à tous, à des degrés divers, mais échelonnés et accessibles à quiconque les pourra gravir. Dans cette société nouvelle, l'inégalité régnera, mais l'inégalité rationnelle, celle qui repose sur la différence des aptitudes et des facultés. La quotité d'influence, de pouvoir, même de fortune, sera réglée sur le degré de développement. Au point de départ, il y aura égalité ; il y aura inégalité au point d'arrivée ; car, pour durer et progresser dans la mesure du possible, une société doit être conduite par les meilleurs et les plus intelligents de ses membres ; il y aura donc une hiérarchie sociale, mais une hiérarchie raisonnable et juste, basée sur la valeur personnelle et éprouvée, par conséquent incontestée et incontestable.

Dans cet âge d'or, le progrès marchera avec une vitesse progressive, dont on ne peut se faire une idée dans nos sociétés anarchiques, et l'homme, à la fois plus heureux et plus puissant, établira son empire sur la nature.

LIVRE IV.

COMMENT LES PASSIONS SE TERMINENT OU SE TRANSFORMENT.

> L'attachement à une même pensée fatigue et ruine l'esprit de l'homme.
> PASCAL.

Trois modes :
1° La passion diminue et s'éteint.
2° La passion se transforme en une autre passion.
3° La passion aboutit à l'extase ou à la folie.

CHAPITRE I.

MORT NATURELLE DE LA PASSION.

Après avoir passionnément désiré un bien, un plaisir, on l'obtient, on en jouit. Très-généralement alors la passion diminue ou meurt. En effet, la réalité est si différente de l'idéal de perfection, de bonheur, enfanté par l'imagination du passionné, qu'il se désenchante et guérit. Lassitude, ennui, dégoût, tel est ordinairement le corollaire de la possession.

La peinture de cette désillusion, qui a si souvent servi de thème aux romanciers, n'a jamais été plus exacte, plus scientifique que dans une nouvelle d'Hoffmann (1).

(1) *Contes fantastiques. L'Eglise des jésuites*, par Charles-Amédée Hoffmann.

272. TERMINAISON OU TRANSFORMATION DES PASSIONS.

Un peintre allemand a longtemps cherché la route que son talent devait suivre. Un jour qu'il erre dans les bois, une jeune femme d'une figure céleste lui apparaît et se dérobe aussitôt à sa vue. Cette vision sitôt évanouie lui donne une impression assez profonde pour devenir le germe d'une grande passion. Désormais il a sans cesse en lui un resplendissant idéal. Aussi son génie naît et grandit. Il peint des chefs-d'œuvre, qu'embellissent toujours les traits angéliques de l'être adoré. Il devient un maître et fait école. Mais un jour, Berthold (c'est le nom du héros) retrouve et sauve, au milieu d'un incendie, la femme que depuis si longtemps son imagination pare de toutes les beautés. L'amour le plus vif les unit. Hélas! trois fois hélas! l'ange perd ses ailes. Plus de prestige. C'est une femme comme toutes les femmes. Aussitôt l'artiste n'a plus de verve; son génie, privé de stimulant, s'éteint à jamais. Il en est réduit à peindre en grisaille les murs d'une chapelle de jésuites avant de finir par le suicide.

Cependant, si la possession est incertaine, intermittente, si toujours elle tient le désir en éveil, en lui montrant en perspective la perte du bien possédé, la passion peut continuer à vivre vigoureusement ; sa floraison dure longtemps, indéfiniment; car alors la satiété ne peut venir.

C'est là une des raisons pour lesquelles l'amour divin passionné est ordinairement si tenace dans les religions qui font miroiter aux yeux du fidèle une récompense après la mort, que cette récompense soit le paradis des religions monothéistes ou le Nirvâna des bouddhistes.

Toujours en présence de cette vision d'un bien suprême, le dévot est alternativement rapproché ou éloigné de la possession, suivant qu'à ses yeux il mérite ou démérite. C'est la situation d'un amant épris, autour duquel papillonne une coquette, s'il est permis de comparer le sacré au profane.

Il en est à peu près de même pour un certain nombre de passions cérébrales, dont la destinée est de ne pouvoir jamais se satisfaire qu'incomplétement. Pour le savant, la science a toujours des secrets en réserve; l'inventeur a toujours quelque chose à trouver. Pour l'ambitieux, le pouvoir a toujours de trop étroites limites. Que de trésors l'avare voit dans ses rêves, sans pouvoir les posséder jamais ! et cependant ce qu'il tient n'est rien auprès de ce qu'il voudrait tenir; tandis que l'amour sexuel diminue ou s'éteint presque sûrement par la complète possession de la femme aimée. Si la désillusion a été bien complète, bien profonde, on devient inapte à prendre une passion du même genre; sinon, on peut se passionner pour un autre être. On est fatigué de la personne aimée, mais nullement de l'amour.

Certainement toutes les passions ont une base organique ; mais cette base est plus ou moins solide ; elle peut être sable ou granit. Aussi, dans les passions purement cérébrales, il arrive parfois qu'une impression forte refond pour ainsi dire l'être, le cerveau, assez puissamment, pour que le désir passionné s'éteigne à jamais. Le coup de foudre peut présider à la mort d'une passion aussi bien qu'à sa naissance.

Mais ce changement à vue est à peu près impossible dans les passions nutritives ; car là le désir passionné n'étant guère que l'exagération d'un besoin lié à la conservation de la vie, la commotion d'une émotion forte ou la douche de l'assouvissement n'éteint que pour un temps le désir. Le désir passionné ressuscite indéfiniment. *Semper redivivus.*

Je trouve dans un vieux livre et sous une forme charmante un curieux exemple de guérison par catastrophe, par coup de foudre : « Hypetia, fille à Théon le géomètre, estoit si docte et accomplie, qu'elle surpassoit en vertu et doctrine tous ceux de la ville d'Alexandrie, où elle lisoit publiquement la philosophie durant l'empire d'Horatius et d'Arcadius. Il advint qu'un escholier fut tellement espris de la beauté de son corps et de son esprit, qu'il s'en affola. Mais, un jour, ce jouvenceau lui ayant demandé la jouissance pour sa guérison, cette docte fille, qui n'ignoroit pas les préceptes de la médecine, tire de dessous sa cotte un drapeau teint de ses fleurs menstruales, en lui disant : « Voilà, jeune adolescent, ce que tu aimes tant, où il « n'y a que vilenie », amortit l'ardeur de ce jeune homme et le préserva de la mélancholie érotique (1). »

Vrai ou apocryphe, ce fait nous fait bien comprendre ce genre de guérison par impression en sens inverse, et je crois que beaucoup de très-jeunes gens enflammés d'un poétique amour retrouveraient vite le calme de la froide et toujours monotone raison, si une

---

(1) *De la maladie d'amour*, par Jacques Ferrand l'Agénois, 1612.

Autre exemple. « Raymond Lulle était Espagnol ; il naquit à Majorque, et appartenait à une famille noble et riche. Comme les autres seigneurs de son temps, il passa les années de sa jeunesse dans les fêtes et les plaisirs. Le hasard le fit amoureux d'une dame, et amoureux passionné. Il n'est pas de folie que cette passion ne lui ait inspirée. On le vit même (pensez au temps et au pays), on le vit même pénétrer dans l'église à cheval, pour s'y faire remarquer de la dame de ses pensées.

« Fatiguée de ses assiduités turbulentes, la signora Ambrosia de Castello lui écrivit une lettre, qui nous est restée, où elle cherche à calmer cet amour dont elle se sent indigne, où elle rappelle à lui-même un esprit fait pour s'appliquer à des choses plus sérieuses.

« Raymond Lulle n'en continua pas moins ses poursuites ; il fit des vers en son honneur, elle occupait toutes ses pensées, et le délire de son amour ne s'apaisait nullement. Enfin, inspiré par la

impression aussi dépoétisante allait couper les ailes de leur imagination, alors qu'elle plane dans les hauteurs azurées.

Cependant le moyen est chanceux. Si la passion est à son apogée, si elle dure depuis longtemps et a poussé de profondes racines, la désillusion ne produit qu'un choc douloureux et nullement curatif. Triste et singulier état, dont l'amour sexuel nous offre souvent l'exemple.

Alors on juge sainement la personne aimée; on en voit les défauts, quelquefois les vices, et on les hait. Mais, malgré la voix de la raison, dont on reconnaît la justesse, malgré les efforts de la volonté, on est entraîné par une insurmontable impulsion. Souvent même on reconnaît l'inutilité de la résistance, et, tout en s'indignant contre soi-même, en se méprisant, on renonce à la lutte en se résignant au rôle d'esclave docile et souvent dédaigné.

Nous avons cité plus haut Mlle de Lespinasse; le poëte Alfieri nous fait des confidences analogues :

Providence, à ce que disent d'anciens auteurs, et voulant mettre un terme à ses importunités, elle lui donne un rendez-vous chez elle, et là, après avoir répété ses conseils sans rien gagner sur son esprit, elle ajoute : « Eh bien, Raymond, vous m'aimez, et savez-« vous ce que vous aimez? Vous avez chanté mes louanges dans « vos vers; vous avez célébré ma beauté, vous avez surtout loué « celle de mon sein : eh bien! voyez s'il mérite vos éloges; voyez « si je suis digne de votre amour! » Et en même temps elle lui découvrit ce sein que rongeait un cancer affreux.

« Raymond Lulle, frappé d'horreur, court s'enfermer chez lui. Jésus-Christ lui apparaît, et, renonçant au monde, il distribue ses biens aux pauvres pour entrer dans un cloître à l'âge de trente ans. Il s'y livre à l'étude de la théologie, à celle des langues et à celle des sciences physiques, avec la passion qu'il mettait naguère dans ses folies de jeune homme. » (*Leçons sur la philosophie chimique professées au Collége de France* par M. Dumas. Paris, 1837, in-8°.)

« Quoique sans estime et sans amour pour elle, je crus comme un fou à l'amour sans bornes qu'elle me témoignait, et je finis par l'aimer véritablement jusqu'à la passion. Il n'y eut plus pour moi ni amusements, ni amis. Je négligeai même mes chevaux chéris. Depuis huit heures du matin jusqu'à minuit j'étais continuellement avec elle, *mécontent d'y être et ne pouvant la quitter....* »

L'amour de l'étude le guérit peu à peu.

« Je ne me trouvais plus, dit-il, dans la dure et ridicule nécessité de me faire attacher sur une chaise pour m'empêcher de sortir de chez moi et de retourner chez ma maîtresse. Ce fut un des mille moyens que j'avais imaginés pour redevenir sage à toute force. Les attaches étaient cachées sous un grand manteau dans lequel j'étais enveloppé, et elles ne me laissaient libre que d'une seule main pour lire, écrire ou me frapper la tête (1). »

(1) Alfieri, *Mémoires*.

CHAPITRE II.

MÉTAMORPHOSE DE LA PASSION.

Il se produit chez l'homme une intéressante génération de désirs :

Uno avulso, non deficit alter.

Quand une fois on a vécu de la vie fiévreuse, tourmentée, mais fortement sentie de la passion, on s'astreint difficilement à une existence paisible, raisonnable, mais uniforme ; car l'impressionnabilité fortement développée par une passion de longue durée, jouit longtemps d'une exquise ou maladive excitabilité. On a besoin de *vivre fort*. Aussi peut-on formuler la loi suivante :

Une passion qui meurt laisse ordinairement un terrain admirablement préparé pour la germination d'une autre passion.

Le plus ordinairement la seconde passion est de même espèce que la première ou au moins d'un genre analogue. Ainsi on ne verra guère un amoureux ou un débauché guéri se passionner pour la science, mais bien souvent il se jettera à corps perdu dans le mysticisme. L'histoire des saints est riche en exemples de ce genre, à commencer par saint Augustin.

De même, le Breton Kériolet, célèbre alors par de furieuses débauches, assiste, lors du procès de Grandier, aux miraculeux exercices d'Asmodée, de Léviathan, de Béhémoth, représentés par les Ursulines démonopathes de Loudun ; profondément impressionné, il se corrige pour se précipiter avec une invincible ardeur dans la passion ascétique et mériter la canonisation (1).

Aujourd'hui encore ne voyons-nous pas l'amour contrarié ou désillusionné peupler les couvents, surtout les couvents de femmes ?

On a besoin d'adorer un être parfait, et une fois l'être vivant, palpable, que l'on s'était complu à parer de qualités brillantes, renversé de son chimérique piédestal, quoi de plus naturel que d'abstraire toutes ces adorables beautés pour les transporter de l'être indigne à un amant tout idéal, immatériel et modelé suivant nos désirs. Celui-là est éternel, intangible, et par suite immuable ; il est le reflet exact de nos impressions les plus suaves, de nos aspirations les plus délicates, et ne viendra jamais renverser brutalement l'éclatant édifice où nous vivons par la pensée.

Le changement inverse est loin d'être rare. Tel adolescent, qu'une éducation religieuse, sous cloche, a doué d'une imagination ardente, d'une impressionnabilité de sensitive, se lance à corps perdu dans l'amour divin, en prenant le change sur les tendances spontanées de son âge jusqu'au jour où la vue, la fréquentation d'une personne de l'autre sexe, matérialisent pour longtemps ses désirs éthérés.

Si la seconde passion est d'un genre tout différent, la métamorphose, sans être toujours impossible, est plus lente. Ce n'est qu'à l'aide d'une éducation nouvelle, d'un travail de l'habitude, que l'éducation peut s'effectuer. Ainsi on aime passionnément une femme, qui, par son rang, sa beauté, sa fortune est difficile à obtenir. On est pauvre, obscur, et l'on voit clairement

---

(1) *Le Grand Pécheur converti.*

qu'avant d'être heureux par l'amour, il faut se distinguer d'une façon quelconque, se jucher sur quelques-unes des échasses sociales ; alors, avec toute l'ardeur de la passion, on se lance dans le travail et même l'intrigue ; puis, peu à peu, de nouvelles habitudes se créent. Cette vie nouvelle, mouvementée, séduit par ses péripéties, et, après avoir commencé par être ambitieux par amour, on devient ambitieux par ambition. Puissance de l'habitude, mobilité de ce que l'on appelle le *cœur humain*, c'est-à-dire durée éphémère des impressions et des désirs. Tout est là.

Il est des passions tellement liées l'une à l'autre, si consanguines, qu'on ne peut guère les étudier séparément. Ce sont pour ainsi dire des phases diverses d'une seule passion. L'homme, toutes les fois que, haletant de crainte et d'espoir, il se rue vers un bien passionnément désiré, hait nécessairement, et avec une intensité égale à celle de son désir, quiconque se dresse comme obstacle entre lui et l'objet qui remplit sa pensée ; aussi le spectacle de la société et celui que chacun de nous se donne à lui-même, nous montrent un perpétuel conflit de désirs attractifs et répulsifs. Qu'il soit amoureux du pouvoir ou de la science, de la richesse ou d'une femme, l'homme est nécessairement jaloux, haineusement et passionnément jaloux de ses rivaux.

Nous avons vu qu'une passion se transforme difficilement en une autre avec laquelle elle n'a aucun lien de parenté ; il est même des passions tellement dissemblables, qu'elles s'excluent presque nécessairement. Ainsi l'amour sexuel passionné et l'amour non moins passionné de l'argent, l'avarice-passion s'excluent, à moins que l'une ne soit le moyen de l'autre.

C'est que l'avarice ne connaît pas l'égoïsme noble.

L'égoïsme est au fond de toute passion, derrière tous les désirs et tous les actes humains. Cela était déjà vrai du temps de l'antique Manou : « L'amour de soi-même, dit-il, n'est pas louable ; toutefois, dans ce monde, rien n'en est exempt.... De l'espérance d'un avantage naît l'empressement. On ne voit jamais ici-bas une action quelconque accomplie par un homme qui n'en a pas le désir ; en effet, quelque chose qu'il fasse, c'est le désir qui en est le motif (1). »

Mais l'égoïsme change d'aspect selon la passion. Ainsi l'amour sexuel, l'amour maternel, le patriotisme, l'amour divin, portent souvent l'être qu'ils dominent à se sacrifier sans hésitation à l'objet réel ou fictif qu'il adore. Mais ce sacrifice même nous donne une si haute opinion de nous-mêmes, une impression de volupté morale si vive, que l'attrait du plaisir ne peut être nié sous cette abnégation apparente. C'est là l'égoïsme noble, le plus admirable sentiment dont l'homme soit susceptible.

Dans la haine, la vengeance, l'avarice, etc., l'égoïsme a un autre visage. L'égoïsme dont nous venons de parler s'ignorait lui-même, celui-ci est tout à fait conscient ; il s'avoue, et parfois c'est en se méprisant lui-même que l'homme, dominé par ces terribles passions, donne sa vie, sa fortune, son honneur en pâture à ses désirs.

(1) *Lois de Manou*, liv. II.

CHAPITRE III.

DES MALADIES MENTALES PAR LESQUELLES SE PEUT TERMINER LA PASSION.

I

Bien souvent la passion conduit l'être qu'elle maîtrise à la folie, quelquefois à l'extase. Ce sont les seules terminaisons pathologiques dont je veuille m'occuper.

La folie est la sœur puînée de la passion. L'une et l'autre sont à peu près inconnues chez l'enfant et très-rares chez le vieillard.

L'une et l'autre sont d'autant plus fréquentes, que le fonctionnement cérébral est plus énergique, que la race est plus civilisée et intelligente. C'est pourquoi les maladies mentales augmentent sans cesse en nombre, c'est pourquoi la folie est beaucoup plus commune dans les villes que dans les campagnes, dans les grandes villes que dans les petites (1).

---

(1) On peut citer bien d'autres faits à l'appui de l'opinion que nous émettons ici. Ainsi la fréquence de l'idiotie et celle de la folie sont généralement en sens inverse.

L'idiotie est plus fréquente dans les campagnes que dans les villes. La folie est plus fréquente dans les professions libérales que dans les professions industrielles, dans ces dernières que dans les professions agricoles. D'après la statistique officielle, les professions libérales donneraient une proportion de 3,10 aliénés sur 1000, tandis que les militaires et marins ne donneraient que 1,99, et les commerçants et négociants 0,42 sur 1000.

Aux États-Unis, la population blanche fournissait énormément plus d'aliénés que la population de couleur en esclavage (0,76 : 0,10);

Est-ce une raison pour entonner, après tant de médecins, d'écrivains, de moralistes, un banal chant de douleur, pour gémir sur la décadence universelle, sur l'affaiblissement des sentiments religieux, et pour prévoir et prédire dans l'avenir l'abomination de la désolation! C'est tout autrement que les faits doivent s'interpréter. Dans une bataille, il y a d'autant plus de morts que les armées sont plus nombreuses, d'autant plus que la lutte est plus acharnée. Sur une ligne de chemin de fer, les accidents sont d'autant plus nombreux que la circulation est plus rapide et plus active. Un homme paisiblement endormi dans un lit moelleux, dans une maison bien close, court beaucoup moins de dangers que le docteur Livingstone traversant le continent africain sur le dos d'un bœuf, bravant les maladies, le climat et les sauvages. Cela revient à dire que le cerveau s'use en proportion du travail accompli. Mais néanmoins la veille est préférable au sommeil, le mouvement au repos, la suractivité intellectuelle à la torpeur. La folie est très-rare chez les animaux; elle n'est pas commune chez le sauvage; s'ensuit-il que l'état social de l'Australien stupide soit préférable à la civilisation de plus en plus active de Londres, de New-York et de Paris? Devant la science, les mythes religieux et sociaux s'évanouissent un à un, les solutions enfantines des grands problèmes du monde, qui pendant tant de siècles avaient servi d'oreiller soporifique à l'intelligence humaine, sont répudiées. L'homme a conscience de son ignorance, condition indispensable pour apprendre, et il s'élance avec ardeur à la recherche de la vérité. Qu'un certain nombre, un

---

mais la différence est beaucoup moins grande relativement à la population de couleur vivant en liberté (0,76 : 0,71 sur 1000 habitants (Parchappe).

petit nombre d'organisations soient trop faibles pour s'affranchir, lutter et chercher, c'est un malheur, mais un malheur compensé par un plus grand bien, et qui n'autorise pas à préférer la léthargie à la vie, l'état intellectuel d'un fakir somnolent à celui de Newton et de Cuvier.

Que le déchet cérébral, l'usure, soit proportionnel à l'activité du fonctionnement, c'est ce qui ressort du tableau suivant, que j'emprunte au docteur Descuret, en modifiant seulement l'ordre des nombres (1).

Tableau comparatif indiquant la fréquence de l'aliénation mentale dans diverses capitales.

Le Caire............	330 000	14	1 :	23 571
Madrid...............	201 000	60	1 :	3 350
Saint-Pétersbourg...	377 046	120	1 :	3 411
Naples...............	364 000	479	1 :	759
Rome.................	154 000	320	1 :	481
Dresde...............	70 000	150	1 :	466
Turin................	114 000	331	1 :	344
Florence.............	80 000	236	1 :	338
Milan................	150 000	618	1 :	242
Paris................	890 000	4000	1 :	222
Londres..............	1 400 000	7000	1 :	200

La comparaison, au même point de vue, des nations européennes donne un résultat analogue. Ainsi, d'après Maria Rubio, on compte dans le canton de Genève 1 aliéné sur 446 habitants; en Ecosse, 1 sur 513 ; en Angleterre, 1 sur 700 ; en Espagne, 1 sur 1733; en Irlande, 1 sur 2125, etc. (2).

Quant à l'étroite parenté de la passion et de la folie,

---

(1) *Médecine des passions*, 1844.
(2) Dans ces statistiques, on paraît avoir compté en bloc les idiots et les fous proprement dits.

tous les aliénistes, toutes les statistiques étiologiques des maladies mentales l'attestent à l'envi.

« Les informations les plus précises, disait déjà Pinel, fournies par les parents des aliénés de l'hospice de Bicêtre, ou bien par des personnes qui conservaient avec eux quelque liaison, m'ont convaincu que les sources les plus ordinaires de l'aliénation mentale tiennent à quelque chagrin violent contracté par des revers de fortune, ou la perte de quelque objet chéri, non moins qu'à des terreurs religieuses, à un amour contrarié et malheureux ; d'où il est aisé de conclure que les délires non fébriles, loin de tenir à des vices d'organisation du cerveau, dépendent presque toujours de quelque passion forte et véhémente, autant par la nature de l'objet de cette passion que par la sensibilité très-vive de celui qui l'éprouve (1). »

Suivant Parchappe, la folie serait due à des causes morales 63 fois sur 100. Pinel représente par 66/100 l'action des causes morales dans la manie, et par 0,80 cette même action dans la mélancolie (2).

Si, au lieu de considérer les affections dites mentales en bloc, nous nous occupons seulement des monomanies, alors le rôle prédisposant des passions devient tout à fait prépondérant, et l'on peut dire que la monomanie n'est qu'une émotion ou une passion continuée et considérablement exagérée. La simple nomenclature des monomanies prouve à cet égard l'unanime consentement des médecins. Nous y voyons la *mono-*

(1) Pinel, *Nosographie philosophique*.
(2) A Tours, sur 325 aliénés, 186 cas par causes morales (Charcellay). Sur 81 aliénés, 53 cas pour causes morales (Esquirol). MM. Falret, Morel, etc., constatent le même fait.
113 aliénés observés par Pinel avaient tous perdu la raison par des causes morales. La proportion diminue en apparence dans les relevés mal faits englobant des épileptiques, des apoplectiques, etc.

manie ambitieuse, la *nymphomanie* et le *satyriasis*, l'*érotomanie*, la *démonomanie*, la *panophobie*, la *nostalgie*, la *mélancolie*, la *folie suicide*.

Un autre moyen de faire ressortir la très-proche parenté de la passion et de la folie, c'est de chercher la limite qui les sépare.

Or, jamais frontière ne fût plus difficile à tracer. C'est là l'écueil, la pierre d'achoppement du juge et du médecin légiste. « Les conceptions, les sentiments, ainsi que les actes des personnes dont la situation mentale est douteuse, se rapprochent tellement, dans beaucoup de circonstances, de l'état intellectuel normal, qu'il peut devenir très-difficile pour le médecin de dire s'il y a ou s'il n'y a pas folie. Où cesse surtout la passion portée au plus haut degré, et où commence le délire, où encore l'altération de la volonté ; en d'autres mots, quelles sont les limites où la raison cesse et où la folie commence (1) ? » L'auteur que je viens de citer n'en sait rien, et les longs extraits qu'il emprunte à M. Lélut prouvent seulement que la caractéristique différentielle est nulle et que la raison va se fondant dans la folie par nuances insensibles. « On trouvera, dit M. Lélut, les analogues de la folie et de la raison dans ces passions violentes, exclusives et longtemps continuées, où, comme dans la passion de l'amour, domine un seul sentiment, un seul ordre d'idées, que la raison combat quelquefois, mais en vain, que d'autres fois elle ne cherche pas à repousser, soit qu'elle s'y emploie ou qu'elle soit devenue incapable de juger de leur trop grande extension. Souvent il y a, dans ce cas, une absorption, une concentration morale, qui frappent les

---

(1) Marc, ***De la folie considérée dans ses rapports médico-judiciaires***.

yeux même les moins exercés ; il y a une distraction qui n'est pas ordinaire, et jusqu'à de l'incohérence dans les idées, et cet état, qui n'est autre chose que de la mélancolie, c'est-à-dire le premier état de l'aliénation mentale, passe souvent à un véritable état de manie déclarée ; mais, dans beaucoup de cas, il n'en est heureusement pas ainsi (1). »

Ce qui n'empêche pas ces auteurs, et la plupart de ceux qui ont écrit sur ce sujet, de conclure, contrairement à leurs prémisses, que la raison diffère toujours de la folie, qu'il y a des signes distinctifs bien tranchés, qu'ils les connaissent très-bien ; que l'homme est libre, et par conséquent punissable, justement punissable, quand il commet certains actes. Seigneur Jésus, délivrez-nous de la théologie, délivrez-nous de la métaphysique, délivrez-nous des mythes psychologiques, sur lesquels nous sommes échoués depuis si longtemps. Non, l'homme n'est pas libre ; non, la raison, dans nombre de cas, ne se peut distinguer de la folie. S'ensuit-il qu'il ne faille pas châtier les criminels? Nullement ; il faut seulement ne plus les châtier au nom de la notion du juste absolu, qui est une fiction métaphysique ; mais nous reviendrons sur ce sujet.

Contentons-nous, pour le présent, d'indiquer autant que possible les caractères de la raison, les caractères de la folie, sans aucune prétention à l'infaillibilité, et en faisant nécessairement abstraction des états transitoires, où toute distinction est radicalement impossible.

Un abîme sépare l'être intelligent, conscient, raisonnable, du maniaque insensé. L'un est le roi de la nature vivante et inanimée ; l'autre est une machine ab-

---

(1) Lélut, *Recherches des analogies de la folie et de la raison* (*Gaz. méd.*, 30 mai 1834, cité par Marc).

jecte, inférieure à la brute; mais, entre ces deux pôles si dissemblables, on observe toutes les nuances, et c'est par une insensible dégradation de teintes que l'on passe de la lumière à l'obscurité, de la raison à la folie. La passion est une de ces teintes intermédiaires; c'est le crépuscule, pourtant ce n'est pas la folie (1).

Si nous voulons comparer aux passions ces troubles fonctionnels du cerveau appelés maladies mentales, nous devons commencer par éliminer la manie proprement dite. La manie peut bien terminer quelquefois la passion, mais elle n'a presque plus rien de commun avec elle et encore moins avec la froide raison. La raison, c'est le jour; la manie, c'est la nuit. Mais entre les passions et les manies partielles, les monomanies, le parallèle devient possible, car il n'y a plus que des différences de degrés. Quelles sont donc les analogies et les différences?

Aberration de la sensibilité, délire des sensations, suivant l'expression du docteur Michéa, délire aussi de l'impressionnabilité, de la raison, par suite abolition de la volonté raisonnée, voilà les signes principaux de la folie confirmée. Cherchons-les dans la passion.

L'hallucination est rare dans la passion, tellement, que *le plus souvent* elle peut être considérée comme un signe prodromique de vésanie. Dans les cas de passion simple où elle se montre, sans être suivie de folie, elle n'est qu'accidentelle et de courte durée. Symptôme

---

(1) « Qu'est-ce que la folie? qu'est-ce que la raison? Ce sont là des questions auxquelles je me garderai bien de répondre... Pour discerner la folie, nous ne la comparerons pas à la raison, être métaphysique et abstrait...

« Il est certain que le dernier terme d'une passion et le premier terme d'une monomanie, qu'elle a directement engendrée, ne sont pas faciles à distinguer. » (J.-P. FALRET, *Des maladies mentales*.

d'une turgescence, d'une érection cérébrale produite par une émotion forte, elle disparaît avec la modification cérébrale et fonctionnelle qui l'a causée.

Jeanne Darc, si célèbre par ses hallucinations, ne donna jamais de vrai signe de folie. Christophe Colomb, en proie à une hallucination hypnagogique, entendit une voix plaintive lui déclarer que Dieu lui avait donné les clefs de l'Océan (1).

Dans la passion, aussi bien que dans la monomanie confirmée, l'impressionnabilité est modifiée, mais un peu différemment. Simplement exagérée dans la première, elle est pervertie dans la seconde. Le passionné souffre et jouit à l'occasion d'actes, de faits, qui laisseraient parfaitement froid l'homme raisonnable, ou ne lui causeraient que fort peu de peine ou de plaisir. Mais enfin ces impressions ont chez lui ordinairement une cause bien palpable. Pas n'est besoin de cause externe pour faire rire le fou ou pour exciter ses glandes lacrymales. C'est bien souvent sans savoir pourquoi, *sans même se demander pourquoi*, qu'il est triste ou gai, paisible ou furieux.

J'avoue qu'il y a dans l'état de la raison une bien grande analogie chez l'un et l'autre. Tous deux perçoivent mal les rapports; cependant, là encore, il y a une différence de degré ; si les conceptions du passionné sont souvent fausses, celles de l'aliéné monomaniaque sont parfois monstrueuses, vraiment délirantes. L'un voit mal, l'autre est aveugle.

Du côté de la volonté, cette sœur de la raison, la différence est encore plus tranchée. Là peut-être se trouverait le critérium, s'il pouvait y en avoir. Dans la

---

(1) *Lettera rarissima di Cristoforo Colombo*, riprodotta e illustrata dal cavaliere Ab. Morelli. Bassano, MDCCX.

passion, il y a désir, impulsion spontanée, qu'il est impossible d'étouffer en tant que phénomène cérébral, mais de là à l'obéissance docile il y a loin encore ; car un vivace essaim d'autres désirs, puissants aussi, luttent plus ou moins heureusement contre le désir passionné. Aussi la lutte est constante pour beaucoup de passions, que le passionné juge coupables, et si, dans un moment d'exacerbation, le torrent du désir entraîne à des actes que la raison réprouve, l'arrêt porté par cette dernière n'en est pas moins présent à la pensée, pas moins incontesté :

> Video meliora, proboque, deteriora sequor,

a dit le poëte dans un vers immortel, parce qu'il est profondément vrai. Aussi bien souvent, après le triomphe de la passion, après le premier enivrement de la possession, naissent le regret et la honte, et la dent du remords se charge de punir l'homme coupable d'avoir transgressé ce que son éducation, son organisation lui font considérer comme une loi morale.

> Ni le charme d'une prière, ni la vertu purifiante
> D'une pénitence, ni les regards jetés sur le monde, ni le jeûne
> Ni l'agonie, ni plus puissantes encore
> Les tortures innées de ce profond désespoir,
> Qui est le remords sans la crainte de l'enfer,
> Mais qui se suffit à lui-même,
> Et ferait du ciel un enfer, rien ne peut exorciser
> Hors de l'esprit sans frein, le vif sentiment
> De ses propres péchés, de ses torts, de ses souffrances, de sa
> [vengeance
> Sur lui-même ; nulle angoisse future
> N'équivaut au châtiment de qui se condamne,
> C'est de sa propre conscience qu'il relève (1).

(1)   Nor charm in prayer — nor purifying form
      Of penitence — nor outward look — nor fast —

Dans la monomanie, on observe bien rarement une semblable lutte, je dis dans la monomanie bien complète. C'est ordinairement sans hésitation, sans remords, que le vrai monomaniaque commet les actes souvent monstrueux, auxquels le pousse sa vésanie.

Il y a cependant bien des exceptions, bien des cas transitoires. Nombre de monomaniaques suicides luttent contre leur idée fixe. On a vu des monomaniaques homicides réclamer eux-mêmes des liens, des gardiens, une maison d'aliénés (1). Mais notre observation subsiste dans sa généralité. Abstraction faite des cas intermédiaires, on peut dire, que, dans la passion, la volonté raisonnée (2) est malade, mais qu'elle est morte dans la monomanie.

II

La folie est un écueil sur lequel la passion fait souvent naufrage. Cela est vrai pour toutes les passions,

> Nor agony — nor, greater than all these,
> The innate tortures of that deep despair,
> Which is remorse without the fear of hell,
> But all in all sufficient to itself
> Would make a hell of heaven — can exorcise
> From out the unbounded spirit, the quick sense
> Of its own sins, wrongs, sufferance, and revenge
> Upon itself; there is no future pang
> Can deal that justice on the self condemned,
> He deals on his own soul.
> (BYRON, *Manfred*, acte II, sc. I.)

(1) *Histoire de Glenaded;* dans Gratiolet (*Anatomie comparée du système nerveux*, etc.). Nombreux cas de monomanies homicides avec résistance volontaire produits par le fait de la fille Cornier, dans Marc (*loc. cit.*). Un fait cité par l'auteur (*Union médicale,* 1865).

(2) Désir délibéré.

mais n'est pas vrai au même degré pour elles toutes. Sous ce rapport encore les passions se rangent en série graduée. Comme nous l'avons déjà fait remarquer, les grandes pourvoyeuses des asiles d'aliénés sont d'abord les passions affectives proprement dites, l'amour, la jalousie, etc., puis les passions religieuses, qui leur tiennent de si près. Notons en passant, avec Maudsley (1), que souvent la passion religieuse, plus ou moins monomaniaque, éclate soit chez des épileptiques, soit chez des gens qui comptent des épileptiques parmi leurs ascendants. Dans ce cas, la théomanie n'est que de l'épilepsie transformée. Tel fut le cas de quelques célèbres réformateurs religieux, par exemple, de Mahomet.

Les passions sociales viennent en troisième lieu. Nous avons vu que Saint-Simon a été halluciné à un moment de sa vie. Plusieurs de ses disciples ont été sûrement atteints d'aliénation mentale. Enfin, quiconque a quelque peu pratiqué certains groupes ultra-révolutionnaires de nos grandes villes y a rencontré plus d'une fois des demi-aliénés.

Les passions intellectuelles sont sûrement celles qui payent le moindre tribut à la folie, et cela est naturel, puisqu'elles supposent d'ordinaire une faible impressionnabilité affective et une haute raison. Néanmoins elles y aboutissent parfois ; car toute suractivité cérébrale peut détruire cet équilibre mental si instable et si mal défini, que nous appelons raison. Il en est des exemples fameux, entre autres celui de Descartes : « En 1619 (dans sa jeunesse), étant en quartier d'hiver sur les frontières de la Bavière, dans un lieu très-écarté, il y passa plusieurs mois dans une solitude profonde, uniquement occupé à méditer. Il cherchait alors les

---

(1) *Crime et Folie*, p. 230 et *passim*.

moyens de créer une science nouvelle. Sa tête, fatiguée sans doute par la solitude ou le travail, s'échauffa tellement, qu'il crut avoir des songes mystérieux. Il crut voir des fantômes ; il entendit une voix qui l'appelait à la recherche de la vérité. Il ne douta point, dit l'historien de sa vie, que ces songes ne vinssent du ciel et il s'y mêla un sentiment de religion (1). »

A la suite d'efforts intellectuels violents et soutenus, Aug. Comte eut aussi, jeune encore, un accès de folie. Plus tard, sur la fin de sa carrière, sa raison se dérangea de nouveau. Ce fut alors qu'il fut pris d'une passion érotomaniaque pour Clotilde de Vaux, qu'il eut aussi des accès de monomanie religieuse, rédigea des brefs, se considéra comme le pape de sa nouvelle doctrine, proclama que le sentiment doit toujours guider l'intelligence, etc. (2).

Il est curieux de voir cette haute intelligence sombrer, en laissant le champ libre à une explosion de sentimentalité et de religiosité maladives. Le philosophe corrobora ainsi par son propre exemple une loi formulée par lui-même et suivant laquelle le retour à la théologie est l'effet et le symptôme de la décadence intellectuelle (3).

De même la vaste intelligence de Newton s'abîma, à la fin de sa vie, dans l'aberration religieuse.

Vouloir que le sentiment conduise l'intelligence, c'est prétendre réaliser certaine fable de Lafontaine, dans laquelle la queue du serpent s'insurge contre la tête et entreprend de lui servir de guide.

(1) Thomas, *Notes sur l'éloge de Descartes*.
(2) E. Littré, *Auguste Comte et la Philosophie positive*.
(3) E. Littré, *loc. cit.*, p. 174, et *Des symptômes intellectuels de la folie*, par Eug. Sémerie. Paris, 1875, 2ᵉ édit.

CHAPITRE IV.

COMMENT LA PASSION ARRIVE A L'EXTASE.

I

Quoique doué de propriétés et facultés distinctes, le cerveau est un, ou du moins il y a entre ses diverses parties un consensus permanent dans l'action. Tout acte cérébral énergique absorbe, concentre l'activité tout entière de l'organe. C'est un fait d'observation vulgaire. Même à l'état normal, toute application forte, plus ou moins passionnée de l'attention, diminue et quelquefois abolit l'aptitude du cerveau à percevoir une excitation étrangère à l'occupation actuelle. On lit un livre intéressant, on cherche la solution d'un problème scientifique, etc. Toutes les facultés convergent vers l'objet du désir ; on ne voit plus, on n'entend plus, on ne sent même plus les stimulations des besoins nutritifs, à moins qu'elles ne soient excessives : *on est distrait*. C'est là le premier degré de l'extase, à peu près constant dans les exacerbations de la passion. Mais, dans cet état, la torpeur des sens spéciaux coexiste constamment, avec une exaltation plus ou moins vive des facultés, dans un sens donné. La volonté, qui a perdu toute apparence de liberté, est devenue désir. L'imagination surexcitée, comme toutes les facultés, obéit à ce désir et nous peint avec une netteté parfaite tout ce qui a trait à la passion du moment. Tout ce que la sensibilité spéciale a perdu, l'idée-image l'a gagné ; elle se rapproche de l'hallucination. Qu'elle y aboutisse, et nous entrons pleinement dans le domaine de l'extase, c'est-à-dire d'un état caractérisé par le règne absolu, dans le cerveau, d'une idée, d'un désir violent, fixe, avec hallucination dans le sens de ce désir et paralysie plus ou moins profonde de la sensibilité spéciale générale. La vie nutritive elle-même est troublée ; la température générale s'abaisse ; le pouls se ralentit, etc.

Étudions cette curieuse névrose hypnotique, à laquelle on n'arrive guère que par la passion, et tâchons d'en éclairer la génèse, l'évolution, à l'aide des précieux renseignements que nous ont laissés les contemplatifs, les extatiques religieux de l'Asie et de l'Europe.

II

Dominé par une passion mystique, vous aspirez à l'extase. Les moyens d'y arriver s'enseignent et les précepteurs ne manquent point.

Écoutons d'abord l'Inde antique, la mère patrie de l'extase. Que doit faire celui qui aspire à l'union divine, le saint, le yôgî, suivant l'expression sanscrite ?

« Que le yôgî exerce toujours sa dévotion seul, à l'écart, sans compagnie, maître de sa pensée, dépouillé d'espérances ;

« Que dans un lieu pur il se dresse un siége solide, ni trop haut, ni trop bas, garni d'herbe, de toile et de peau ;

« Et que là, l'esprit tendu vers l'unité, maîtrisant en soi la pensée, les sens et l'action, assis sur ce siége, il s'unisse mentalement en vue de sa purification ;

« *Tenant fermement en équilibre son corps, sa tête et*

son cou, immobile, le regard incliné en avant, ne le portant d'aucun autre côté (1).

« Le cœur en paix, exempt de crainte, constant dans ses vœux comme un novice, maître de son esprit, que le yôgî demeure assis et me prenne (c'est Vichnou qui parle) pour unique objet de sa méditation (2). »

Autre moyen : « *Il faut retenir son haleine*, lier sa pensée à un objet particulier, raisonner en soi selon les Védas, penser que l'âme est une avec Dieu. Quand on attire son haleine, il faut s'en gonfler pleinement ; quand on la garde, il faut rester sans mouvement et dire autant de fois que l'on peut le nom de Dieu (Oum) ; quand on l'expire, il faut penser que le vent est sorti de l'éther et va s'y absorber. Dans cet examen, il faut se rendre comme aveugle et sourd, et immobile comme un morceau de bois (3). »

Et ailleurs : « *Pendant chaque aspiration, on doit dire quatre-vingts fois Oum*, puis autant de fois qu'il est possible, se représentant le créateur comme un être parfait, et pensant qu'on peut le voir par le moyen de sa lumière.

« Faites cela pendant trois mois sans crainte, sans paresse, mangeant et dormant. Au quatrième mois, les bons anges vous apparaîtront ; au cinquième, vous aurez acquis les qualités des anges ; au sixième, vous serez devenu dieu (4). »

C'est un curieux, mais triste spectacle de voir les

---

(1) Selon la traduction donnée par Bochinger, il y aurait : « Tenir le corps, la tête, la nuque immobiles, regarder fixement la pointe du nez sans détourner les yeux. » (*Vie ascétique et contemplative chez les Hindous et les peuples bouddhistes.*)
(2) *Bhagavad-Gîtâ*, traduction d'Em. Burnouf, p. 81.
(3) Extrait des *Oupnékhat*, par Lanjuinais.
(4) *Loc. cit.*, cité par Bochinger.

mêmes folies se renouveler de la même manière chez tous les peuples et dans tous les temps. En Chine, les sectateurs de Laotseu ont tracé des règles précises et minutieuses, à l'aide desquelles l'homme peut à volonté abdiquer sa personnalité. Un rituel complet, connu de tous les Tao-sé, règle minutieusement la gymnastique de l'extase, surtout les mouvements respiratoires et la direction des yeux. « Ce n'est rien que le talent de se roidir, de se plier, de s'abaisser, de se grandir, de se pelotonner, de se briser bras et jambes ; la tête, les yeux, la langue et les lèvres ont leurs mouvements bien autrement compliqués. La langue, qui s'appelle le *dragon rouge* dans le rituel du Kong-fou, est chargée de faire dans la bouche des balancements, des pulsations, des élancements, d'exciter la salivation. Les yeux doivent également se fermer, s'ouvrir, se torturer, clignoter méthodiquement et avec mesure. Un résultat bien important de cet exercice des yeux, c'est, *lorsque les deux yeux se sont tournés longtemps l'un vers l'autre, en regardant la racine du nez,* de suspendre par cette fixité le flot des pensées, de mettre l'âme dans un calme profond et de la préparer à une somnolence rêveuse, qui est comme le passage à l'extase! Viennent ensuite les manières de respirer : il y en a trois principales : la première consiste à respirer naturellement par la bouche ; la seconde par le nez ; dans la troisième, le nez et la bouche sont en jeu : l'un aspire l'air, l'autre le rejette. Ces trois manières assez simples se compliquent comme à l'ordinaire par d'habiles difficultés : tantôt l'inspiration est précipitée, filée, pleine ou éteinte ; tantôt c'est l'expiration, qui parcourt cette progression (1). »

---

(1) *Histoire universelle des religions*, publiée par M. Buchon.

Chez les Tungouses idolâtres, le chef des shammans (sammanéens, prêtres) réunit les fidèles, en recueille une contribution, revêt un habit burlesque, prend un tambour d'une main, de l'autre une baguette garnie de peau de souris, et exécute une danse frénétique avec accompagnement d'épouvantables hurlements ; mais ses yeux gardent dans ce désordre une immuable direction. *Sans cesse ils se fixent sur une ouverture du toit.* Tout à coup il tombe par terre dans un état qui paraît être l'extase. On croit dans le pays que, par la sacramentelle ouverture du toit, il a vu un oiseau noir, effrayant. Enfin le shamman revient à lui, et alors, passé, présent, avenir n'ont plus de voiles pour lui, sans compter qu'il a le pouvoir de donner aux consultants la fortune et la santé.

Deux néophytes hindous, que le métier d'anachorète avait fatigués, racontaient à Dubois, traducteur français de l'*Oupnêkhat* sur le latin d'Anquetil, les exercices qui leur étaient prescrits. L'un demeurait éveillé une grande partie de la nuit, *en retenant sa respiration aussi longtemps que possible ;* et par ce procédé il arriva à voir en plein midi une lune fort claire, qui paraissait s'agiter. L'autre, d'après les conseils de son *gourou* (directeur spirituel), devait chaque jour *regarder pendant un long espace de temps le firmament, et cela sans faire un mouvement, sans même cligner des yeux.* Cet exercice lui procurait des maux de tête et en même temps la vision de météores enflammés.

Dans son épître à la vierge Eustochia, sur la virginité, saint Jérôme raconte qu'au désert, alors que les tentations l'assiégeaient, il lui arriva, après avoir longtemps contemplé le ciel, de se croire transporté parmi les anges.

L'hagiographie chrétienne, depuis l'époque de la

Thébaïde jusqu'aux temps modernes, nous fournirait une ample moisson de faits analogues. Je me contenterai de quelques exemples bien précis, bien complets. Au onzième siècle, l'omphalompsyque Siméon, abbé du monastère de Xérocerque, écrivait : « Étant dans ta cellule, ferme ta porte et t'assieds en un coin ; élève ton esprit au-dessus de toutes les choses vaines et passagères ; ensuite, appuie ta barbe sur ta poitrine ; *tourne les yeux avec toute ta pensée au milieu de ton ventre, c'est-à-dire au nombril. Retiens encore ta respiration, même par le nez.* Cherche dans tes entrailles la place du cœur, où habitent pour l'ordinaire toutes les puissances de l'âme. D'abord tu y trouveras des ténèbres épaisses et difficiles à dissiper ; mais, si tu persévères dans cette pratique nuit et jour, tu trouveras, merveille surprenante! une joie sans interruption ; car, sitôt que l'esprit a trouvé la place du cœur, il voit ce qu'il n'avait jamais vu. Il voit l'air qui est dans le cœur, *et se voit lui-même lumineux et plein de discernement* (1). »

C'est probablement par un procédé analogue que van Helmont vit un jour son âme sous la forme d'une pure lumière ayant forme humaine.

Ignace de Loyola donne aux contemplatifs des préceptes qui, pour le fond, ont une grande analogie avec ceux des omphalompsyques et des ascètes de l'Inde. J'ouvre le livre des *Exercices spirituels* (édition d'Anvers, 1673), et j'y trouve : « La septième addition (à la manière de méditer) est, *que je me prive de toute clarté en fermant les portes et les fenestres* pendant le peu de temps que je serai là (dans l'oratoire), excepté lorsqu'il faudra lire ou prendre une réfection.

---

(1) Fleury, *Histoire ecclésiastique.*

« La huitième, que je m'abstienne de rire et de proférer les paroles qui y excitent.

« La neuvième, que je n'arreste mes yeux sur personne, si ce n'est qu'il faille saluer quelqu'un ou prendre congé de lui. »

Et ailleurs : « La seconde manière de prier est, qu'estant à genoux ou assis (selon la disposition du corps et la dévotion de l'esprit), et *ayant les yeux fermez ou arrestez en un lieu sans les tourner de côté ny d'autre*, je commence à réciter l'Oraison dominicale par son commencement, et qu'à la première parole, qui est *père*, j'arreste une méditation autant de temps que j'y trouverai de significations différentes, etc.

« La troisième façon de prier consiste à prononcer chaque parole de l'Oraison dominicale, ou de quelque autre prière que ce soit, à chaque fois que l'on respire, en considérant, tandis que la respiration se fait, ou la signification de la parole qu'on a prononcée, ou l'excellence de la personne à qui l'oraison s'adresse, ou ma propre bassesse, ou enfin la différence qu'il y a entre cette personne et moy. »

A la place des mots de l'Oraison dominicale, mettons la fameuse syllabe Oum (ou Om), et nous croirons entendre un ascète hindou.

Donc, dans tous les temps et dans tous les pays, les deux principaux moyens mécaniques employés pour provoquer l'extase sont : de regarder fixément, soit la pointe du nez, soit un objet rapproché, quelquefois le ciel, et simultanément de ralentir, d'entraver la respiration. Le premier moyen entraîne nécessairement le second ; car il est à peu près impossible de respirer normalement, rapidement, quand la volonté travaille à maintenir le regard dans la même direction, les yeux dans une position forcée. Le résultat est, comme nous l'apprennent bon nombre d'ascètes, un degré plus ou moins prononcé d'insensibilité et l'apparition de points lumineux, de visions, c'est-à-dire de la congestion cérébrale et rétinienne, suite d'une hématose imparfaite.

Mais ce n'est là que la mécanique grossière de l'extase. Les moyens psychiques sont aussi importants, bien autrement intéressants. Ils stimulent le cerveau, préparent le terrain à l'hallucination et lui donnent une couleur spéciale.

III

Ici encore, brahmanistes, bouddhistes, chrétiens, sont d'accord. Il faut arriver à l'idée fixe, concentrer sans cesse sa pensée sur l'idée de Dieu. Que ce soit le dieu personnel, le Christ ou l'essence impersonnelle, le Brahm des Hindous, ou bien le Nirvâna bouddhique. Pour cela, il faut préalablement rompre tous les liens qui nous attachent au monde extérieur. Mort aux désirs, mort aux passions, mort aux affections, mort aux plaisirs des sens. C'est la perpétuelle exhortation adressée aux dévots par les ascètes de l'Asie, de la Thébaïde, de l'Europe. Plus d'amis, plus de parents. On fuit la société pour se réfugier dans la solitude des forêts, du désert, des couvents ; et là on se livre à la perpétuelle, à l'unique occupation de songer à Dieu, d'aspirer à lui ; soit pour jouir de sa présence si l'on est chrétien, soit pour s'absorber et disparaître en lui si l'on est brahmaniste ou bouddhiste.

Cette doctrine du renoncement, c'est-à-dire du suicide moral par inanition, que le christianisme croit avoir inventée, était prêchée dans l'Inde brahmanique bien avant l'ère chrétienne.

La *Bhagavad-Gîtâ* nous offre à ce sujet une anthologie de préceptes ascétiques que Gerson aurait volontiers signée. Voici, selon le *Mahabharata*, à quelles marques on reconnaît un homme ferme dans la sagesse et la contemplation :

« Quand il a chassé tous les désirs, qui pénètrent les cœurs...; quand il est inébranlable dans les revers, exempt de joie dans les succès; quand il a chassé les amours, les terreurs, la colère, il est dit alors solitaire ferme en la sagesse.

« Si d'aucun point il n'est affecté, ni des biens, ni des maux : s'il ne se réjouit ni ne se fâche, en lui la sagesse est affermie.

« Si, comme la tortue retire à elle tous ses membres, il soustrait ses sens aux objets sensibles, en lui la sagesse est affermie...

« Ayant dépouillé absolument tous les désirs engendrés par l'imagination, et subjugué dans son âme la foule des sensations qui viennent de tous les côtés.

« Qu'insensiblement l'homme atteigne à la quiétude par sa raison affermie dans la constance, *et que son esprit, fermement recueilli en lui-même, ne pense plus à rien autre chose.*

« Et chaque fois que son esprit inconstant et mobile se porte ailleurs, qu'il lui fasse sentir le frein et le ramène à l'obéissance....

« L'homme sans arrière-pensée, pur, adroit, indifférent, exempt de trouble, détaché de tout ce qu'il entreprend, mon serviteur, est un homme qui m'est cher. (C'est Vichnou qui parle.)

« Celui qui ne s'abandonne ni à la joie, ni à la haine, ni à la tristesse, ni aux regrets, et qui, pour me servir, n'a plus souci du bon et du mauvais succès, celui-là m'est cher.

« L'homme *égal envers ses ennemis et ses amis*, égal aux honneurs et à l'opprobre, égal au froid, au chaud, au plaisir, à la douleur, exempt de désir ;

« Égal au blâme et à la louange, *silencieux*, toujours satisfait, sans domicile, ferme en sa pensée mon serviteur, est un homme qui m'est cher. »

...... « Le désintéressement, *le détachement à l'égard des enfants, de la femme, de la maison et des autres objets* (ceci est catholique par excellence), la perpétuelle égalité de l'âme dans les événements désirés ou redoutés ;

« Un culte constant et fidèle dans une union exclusive avec moi ; la retraite en un lieu écarté ; l'éloignement des joies du monde ;

« *La perpétuelle contemplation de l'âme suprême*, la vue de ce que produit la connaissance de la vérité : voilà ce qu'on nomme la science ; le contraire est l'ignorance (1). »

Surtout il faut, pour dissiper les illusions des sens, du *radjas* perfide, ennemi multiforme, insatiable comme le feu ; il faut par-dessus tout éviter l'amour, passion fille des ténèbres, dévorante, pleine de péché, dont la fureur couvre le monde comme la fumée couvre la flamme, et la rouille le miroir ; comme la matrice enveloppe le fœtus, etc.

C'est exactement ce qu'ont prêché à l'envi les uns des autres les pères, les saints, les solitaires du christianisme. Un livre tout imprégné de ce charme, qui accompagne toujours la conviction émue, de cette poésie monacale si chère aux mystiques, résume admirablement le code méthodique de cette castration intellectuelle qu'on appelle *mysticisme*. J'y copie presque

---

(1) Trad. Em. Burnouf.

au hasard quelques versets : « Celui donc qui *se sépare de ses connaissances et de ses amis*, Dieu s'approchera de lui avec les saints anges....

« ..... Fermez sur vous votre porte, et appelez à vous Jésus, votre bien-aimé.....

« Votre demeure doit être dans le ciel, et vous ne devez regarder toutes les choses de la terre que comme en passant.

« Il faut donc, Seigneur, s'élever au-dessus de toutes les créatures, *se détacher parfaitement de soi-même*, se maintenir dans cet état d'élévation, et reconnaître que tout est sorti de vos mains et que rien n'est semblable à vous.

« Et si l'on n'est pas tout à fait détaché de ce qui est créé, on ne peut s'appliquer librement aux choses divines.

« Et c'est pourquoi on trouve peu de contemplatifs, parce que peu savent se séparer entièrement des créatures et des biens périssables.

« Le grand obstacle est qu'on s'arrête à ce qu'il y a d'extérieur, de sensible, et qu'on fait peu de cas de la *parfaite mortification* (1). »

Mortification, le mot est juste : c'est la vie qu'il s'agit d'égorger.

Mais en résumé cette doctrine du renoncement, de l'insensibilité totale, peut se formuler en une seule grande règle d'éducation mystique : *Fixer perpétuellement l'attention sur l'idée de Dieu.* Créer une idée fixe, une passion mystique, en l'exaltant, si cela est possible, jusqu'à la monomanie et son couronnement, l'extase, c'est là le but. Pour y arriver, les mounis asiatiques prescrivent seulement d'associer au régime et aux

---

(1) *Imitation de Jésus-Christ.*

pratiques ordinaires la pensée de Dieu ; mais ce conseil, ils le donnent d'une façon synthétique, générale, sans grands détails. Quels étonnants progrès le temps recèle dans ses vastes flancs! Quels procédés pleins de raffinement l'Europe catholique a su découvrir !

Et combien la vieille méthode brahmanique est inférieure à celle dont un habile observateur du seizième siècle nous a légué la savante exposition !

Quel que soit le sujet sur lequel nous fixons notre attention, il nous est à peu près impossible de ne pas nous le figurer par l'imagination, s'il n'est absolument abstrait. Et encore la métaphysique la plus immatérielle ne peut réussir à expulser de son langage les métaphores concrètes, les comparaisons grossièrement corporelles qui forment la charpente nécessaire de toute langue. Cousin et ses adeptes n'ont jamais pu réussir à créer un langage aussi impalpable que leurs théories. L'idée, je le veux bien, est souvent bannie inexorablement de leurs longs raisonnements ; mais le style, quoique pâle, exsangue et décharné, a encore une ombre de corps.

Mais point de digression. Je reviens à mes mystiques européens, et à celui de leurs glorieux chefs dont je veux parler : c'est saint Ignace de Loyola.

A lui paraît revenir l'honneur d'avoir remarqué le premier l'importance de ce travail figuratif, créateur d'images, qui accompagne la pensée. Aussi l'objet capital de ses *Exercices spirituels* est de prescrire des règles pour exercer, pour fortifier l'imagination, pour l'habituer à enfanter dans la pensée du dévot de véritables représentations scéniques, des féeries religieuses, propres à l'intéresser, que dis-je, à l'émouvoir.

Ouvrons le livre des *Exercices :*

« Le cinquième exercice est une contemplation de l'enfer, laquelle, outre l'oraison préparatoire et les deux préludes, comprend cinq points et un colloque.

« L'oraison préparatoire ne diffère point de celle qui a précédé.

« Le premier prélude, qui est la disposition du lieu, est icy *de se mettre devant les yeux de l'imagination, la longueur, la largeur et la profondeur de l'enfer.*

« Le premier point est de s'imaginer *que l'on voit* les vastes embrasements des enfers et les âmes enfermées dans des corps de feu comme dans des prisons.

« Le second est d'*ouïr par la force de l'imagination* les lamentations, les pleurs, les cris et les blasphèmes qui s'élèvent de là contre Jésus-Christ et ses saints.

« Le troisième est *de flairer, par un sentiment imaginaire de l'odorat,* la puanteur de la fumée, du soufre et de la pourriture très-infecte de cette sentine.

« Le quatrième, *d'y goûter semblablement des choses très-amères,* comme les larmes, la moisissure et le ver de conscience.

« Le cinquième, *de toucher en quelque façon* ces feux, qui bruslent même les âmes de leur attouchement. » (Édition d'Anvers.)

Y a-t-il rien de plus étrange que ce monstrueux accouplement de sensualisme grossier et de prétendu spiritualisme chrétien ?

Pour joindre l'exemple au précepte, le traducteur, dans l'édition dont je parle, a fait placer en tête de chaque exercice une gravure représentant le sujet à méditer. Celle de la méditation vraiment infernale, à laquelle j'ai emprunté les extraits ci-dessus, nous fait voir au premier plan une grande fosse cubique, grillée d'énormes barres de fer en croix. Au centre de la grille, se croisent une massue à deux têtes et un glaive. Dans la fosse, des flammes, et au milieu d'elles, mordus par elles, des damnés à tête chauve dont la face grimace de douleur. La foudre tombe sur ce lieu de supplice, sous la forme d'un zigzag sortant d'un nuage et terminé par un fer de flèche. Du même nuage pleuvent des pleurs ou des gouttes de sang. Sur le second plan, des squelettes étendus, des fossoyeurs ouvrant et creusant des tombes. Au fond, pour faire contraste, une mer paisible sur laquelle vogue un navire. De la bouche d'un des damnés sort une banderole portant ces mots : « *O Eternitas !* » C'est le trait final.

L'effet de pareilles contemplations pratiquées dans l'obscurité par un pénitent convaincu, terrifié à la pensée de l'enfer, avec « les yeux fermez ou arrestez en un lieu, sans les tourner ni d'un côté ni d'autre », suivant le précepte, donne nécessairement à l'idée-image une netteté bien grande. Alors apparaissent des scènes autrement terribles que celles de la gravure, d'horribles spectacles pleins de relief, de vie, de bruit et de couleur. On entend petiller les flammes rougeâtres, gronder la foudre, crépiter les chairs qui brûlent, hurler les suppliciés, et au-dessus de ce tableau effroyable planent l'image navrante d'un Dieu implacable, l'idée d'une éternité sans limites.

Le dévot, profondément ému, contemple tout cela, et chaque jour, et à heure fixe, en fuyant toute distraction, en exaltant son impressionnabilité par le jeûne, l'insomnie, les macérations corporelles. Bientôt règnent l'idée fixe, l'habitude, l'attrait invincible, et, en même temps, l'idée-image devient hallucination chez beaucoup, extase chez quelques-uns.

Nous avons vu les procédés mécaniques aboutir, en

dernière analyse, à des phénomènes congestifs du côté du cerveau. Les procédés psychiques, qu'on leur associe, ont un effet analogue ; car on peut établir comme loi la proposition suivante :

Toute application profonde de l'attention ralentit, parfois même suspend momentanément les mouvements respiratoires.

D'où nécessairement un certain degré de congestion cérébrale passive. En outre, il est permis de croire, que la surexcitation des facultés détermine de son côté un afflux sanguin dans les centres nerveux (1).

IV

J'ai parlé plus haut des privations, des macérations, auxquelles s'astreint le contemplatif des exercices spirituels. C'est là un point très-important, sur lequel il est indispensable de donner quelques détails.

Macérer, mortifier, exténuer le corps, ce maudit ennemi de l'âme, c'est l'éternel précepte éternellement répété par tous les maîtres ès contemplation, de quelque âge et de quelque pays qu'ils soient.

Dur, sévère, souvent terrible, tel doit être le genre de vie de l'anachorète indien. Il faut *dessécher l'enveloppe corporelle.*

Nul plus que le majestueux aïeul d'Homère, le divin Valmiki, n'a poétiquement senti la nature. Les suaves émotions qu'éveillait en lui le grandiose aspect de l'Inde et qu'il traduisait en slokas, doux et brillants comme des perles, nous les sentons nous envahir avec délices, nous Européens du dix-neuvième siècle, à la

---

(1) Cas cité par Pierquin, p. 22. Observations semblables faites par Blumenbach dans un cas de perte de substance des os du crâne (*Archives de médecine*, 1861, t. I). — Expériences du Dr Mosso.

seule lecture de son merveilleux poëme. Ces magiques tableaux, parés et vivifiés par l'exquise imagination de grand poëte, nous les voyons, en le lisant, paraître et resplendir à nos yeux. Les grandes montagnes se dressent devant nous, et le puissant soleil de l'Inde teint leurs cimes des plus riches couleurs. L'éclat de l'argent, la pourpre sanglante, l'opale, l'émeraude, le diamant imbibé de lumière, y luttent de splendeurs. Les gazelles boivent dans des rivières limpides, voilées de lotus rouges et de nymphéas bleus. Des arbres de mille espèces font à ces belles eaux une voûte fleurie. Une brise parfumée balance la cime de ces arbres, frais asile d'une multitude d'oiseaux moins enivrés d'amour que le noble Rama et la gracieuse Sita aux yeux de lotus. Belle comme une nuit azurée, qui s'empourpre au matin, la radieuse princesse s'appuie amoureusement sur la large poitrine du héros (1).

A chaque page sont glorifiés les plus nobles des sentiments humains. Rama, pour dégager la parole de son vieux père, troque avec joie le trône d'Ayodhyâ, la cité sainte, contre les forêts et la hutte de l'anachorète. Pour suivre son bien-aimé, la délicate Sitâ préfère au luxueux gynécée les bois infestés de tigres, d'éléphants, de hideux reptiles ; à ses joyaux, à ses parures royales, les vêtements d'écorce de l'ascète. Il part ce noble couple, et le vieux roi Daçaratha en meurt de douleur.

Eh bien ! au milieu de cette épopée si humaine, si sensuellement artistique, résonne à chaque instant comme un glas mortuaire le lugubre précepte : Il faut macérer, dessécher l'enveloppe corporelle ; le vrai bien, c'est l'ascétisme, c'est la mort anticipée.

---

(1) Voyez le *Ramayana,* trad. Fauche.

« Ascète énergique, Bhagiratha se macéra sur le mont Gaukarna dans une rigide pénitence : se tenant les bras toujours levés en l'air, se dévouant l'été aux ardeurs suffocantes de cinq feux (quatre autour de lui et le soleil de l'Inde sur la tête), couchant l'hiver dans l'eau, sans abri dans la saison humide contre les nuées pluvieuses, n'ayant que des feuilles arrachées pour seule nourriture, il tenait en bride son âme, il serrait le frein à sa concupiscence. » Charmé de cette belle conduite, Brahma lui-même vient lui rendre visite, et « après le départ de cet aïeul originel de tous les êtres (Brahma), le royal anachorète jeûna encore une année, se tenant sur un pied, le bout d'un orteil appuyé sur le sol, les bras levés en l'air, sans aucun appui, n'ayant pour aliment que les souffles du vent, sans abri, immobile comme un tronc d'arbre, debout, privé de sommeil et le jour et la nuit (1). » Pas de poëme sanscrit qui ne fourmille de traits analogues (2). Le code de Manou tient le même langage : « Que l'anachorète se roule sur la terre ou qu'il se tienne sur la pointe des pieds durant toute la journée ; que, dans les chaleurs de l'été, il s'entoure de cinq feux ; que, dans la saison des pluies, il s'expose sans abri aux nuages ; que, dans la saison froide, il porte des vêtements humides et s'inflige des pénitences de plus en plus terribles, etc. »

Tout le monde connaît les absurdes vœux des modernes fanatiques indiens : la suspension par des crochets pénétrant dans les chairs, les ongles des doigts perforant les mains toujours fermées, les bras tenus levés pendant des années, jusqu'à l'ankylose. Quelques mounis se promènent *vêtus de l'espace*. C'est par ces aimables moyens que l'on parvient, disent les règles

(1) *Ramayana*, trad. Fauche.
(2) *Mahabharata.* — *Poëmes de Kalidasa*, etc.

ascétiques, à triompher des perfides illusions des sens, à éteindre les désirs. A coup sûr, on arrive à donner au système nerveux une maladive et monomaniaque irritabilité.

Soit tradition originaire de l'Inde, soit conséquence naturelle des idées religieuses exaltées, les chrétiens ont copié ou imité presque exactement les Indiens. Sans s'en douter, les cénobites chrétiens du cinquième siècle se conformaient aux cruelles prescriptions du code de Manou. Il fallait oublier le corps, éteindre les désirs charnels par une rigoureuse abstinence : « Non quod Deus, universitatis creator et dominus, intestinorum nostrorum rugitu et inanitate ventris, pulmonisque ardore delectetur, sed quod aliter pudicitia tuta esse non possit. » (Saint Jérôme, *ad Eustochiam*). On devait coucher sur la dure, s'exposer aux intempéries, ne point se laver, ni s'oindre d'huile : « Totum autem corpus nemo unguet, nisi causa infirmitatis; nec lavabitur aqua nudo corpore, nisi languor perspicuus sit (1). » La saleté est agréable à leur dieu. Les uns se chargeaient de chaînes, de lourdes croix; d'autres cénobites des deux sexes n'avaient pour voiler leur nudité que leurs longs cheveux (Gibbon). Une secte nombreuse de la Thessalie broutait dans les champs avec les troupeaux. Saint Éphrème fait le panégyrique de ces moines broutant (βοσκοί). On s'ingéniait à trouver des cellules, dont la forme exposât le cénobite à la rigueur des saisons dans une attitude aussi gênante que possible. Tout le monde connaît l'histoire de saint Siméon le Stylite, qui passa trente années sur le sommet d'une colonne, exposé à toutes les rigueurs des saisons, courbant et redressant alternativement son corps en

---

(1) *Regul Pachom*, XCII, pars 1.

baissant la tête jusqu'aux pieds. Dans les couvents, une règle extrêmement sévère torturait les moines. Aussi, au sixième siècle, on fonda à Jérusalem un hôpital pour recevoir les pénitents austères, qui avaient perdu la raison. Plusieurs se suicidaient ; ils avaient le *tædium vitæ*. Un grand nombre avaient des hallucinations (1).

Depuis cette époque jusqu'à nos jours, le même esprit de haine frénétique contre la vie a fait délirer les catholiques fervents. Mortifier le corps. Tous les saints, les fondateurs d'ordres religieux, les ascètes, ont tenté d'atteindre ce but par les privations, les veilles, les saignées monacales, etc. Aujourd'hui encore n'avons-nous pas des trappistes et surtout des carmélites ?

Sans être d'une sévérité excessive, Ignace de Loyola recommande cependant, dans ses *Exercices spirituels*, de retrancher des aliments, « même de ceux qui sont convenables pour l'entretien du corps », de réduire le sommeil à une juste mesure, de s'abstenir surtout de viande ; « enfin, d'user de cilices, de cordes, de chaînes de fer, de disciplines, desquelles il semble toutefois plus expédient que le sentiment de la douleur ne soit qu'en la chair, sans pénétrer jusqu'aux os avec danger de se faire malade. Et pour cela nous nous servirons principalement de disciplines faites de cordelettes, qui causent de la douleur aux parties extérieures, sans pénétrer les intérieures, jusqu'à pouvoir causer des maladies. » Il est difficile d'être féroce avec plus d'humanité.

Et n'entendons-nous pas même le doux auteur de Philothée, le féminin François de Sales, conseiller à

---

(1) Fleury, *Hist. ecclésiastique*. — Gibbon, *Hist. du Bas-Empire*.

sa mystique pénitente, Mme de Chantal, de *flatter l'ânesse*, alors qu'elle regimbe, par quelques coups de discipline.

Comme on le voit, le mysticisme de tous les âges a deviné le *sanguis moderator nervorum* du médecin de Cos.

Nous pouvons donc, avant d'analyser l'état extatique lui-même, résumer en quelques lignes les procédés qui y peuvent conduire. Voici la quintessence de tous les préceptes ascétiques sur ce sujet :

1° Développer une maladive irritabilité du système nerveux par un régime débilitant associé à un méthodique emploi de la douleur physique ;

2° Déterminer par certaines pratiques un notable degré de congestion cérébrale ;

3° Concentrer l'attention sur une pensée unique, en desséchant graduellement chez le pénitent tous les désirs, tous les sentiments naturels (un moine du cinquième siècle, recevant sa sœur dans le cloître, fermait les yeux pour ne pas la voir). On arrive ainsi à créer une idée fixe, un désir unique, c'est-à-dire à provoquer l'ébranlement, l'activité automatique de certains groupes de cellules cérébrales dans un sens donné. Portée à un certain degré, cette tendance à la répétition des mêmes actes, qui est essentielle aux cellules cérébrales et sans laquelle la mémoire serait impossible, captive le cerveau tout entier et toutes ses facultés, en vertu de la solidarité anatomique et physiologique, qui unit si étroitement toutes les cellules cérébrales (1) ;

(1) C'est au moyen de cette théorie si vraisemblable, que M. Luys explique les monomanies. Il compare avec beaucoup de justesse cette sorte d'imprégnation des cellules cérébrales dont nous parlons, à la phosphorescence, à la propriété que possèdent certains corps d'emmagasiner la lumière, et de pouvoir agir, après un certain laps de temps, sur des plaques photographiques sensibilisées. (J. Luys, *Recherches sur le système nerveux cérébro-spinal*.)

4° Enfin, dernier progrès de l'art, créer des hallucinations par une savante gymnastique de l'imagination, comme l'enseigne saint Ignace.

Notons cependant que rien de pareil à l'extase n'est décrit dans les *Exercices spirituels*. L'auteur y parle seulement d'une certaine émotion intérieure, accompagnée d'effusion de larmes. Mais tous les biographes nous racontent à l'envi les extases du saint et les bienheureuses visions qui les peuplaient.

CHAPITRE V.

L'EXTASE RACONTÉE PAR SAINTE THÉRÈSE.

I

On regretterait vivement de ne pas posséder une description de l'extase fanatiquement burinée par le fougueux Iñigo de Loyola, si une plume plus douce que la sienne, plus tendre, mais non moins ardente, ne nous avait dépeint ce céleste état sous les plus séduisantes couleurs et en notant dévotement les plus infimes détails. On a déjà nommé sainte Thérèse.

Comment cette femme remarquable, violemment poussée par sa brûlante nature vers les joies de l'amour terrestre, arrive, par les constants efforts de sa volonté, à se métamorphoser moralement, à dominer ses instincts, ou plutôt à leur donner le change, à fixer une route à sa vagabonde imagination, et enfin à créer en elle un amour divin assez puissant pour l'entraîner dans les plaines sans fin de l'extase, c'est ce qu'il faut lire dans son autobiographie, à laquelle nous devons nous borner à emprunter une description de l'extase et de ses divers degrés.

« Il y a, nous dit sainte Thérèse dans son style imagé, quatre manières d'arroser un jardin : la première, en tirant de l'eau du puits à force de bras, et c'est là un rude travail ; la seconde, en la tirant avec une noria (machine hydraulique), et l'on obtient ainsi avec moins de fatigue une plus grande quantité d'eau ; la troisième, en faisant venir l'eau d'une rivière ou d'un ruisseau ; la quatrième enfin, et sans comparaison la meilleure de toutes, c'est une pluie abondante, Dieu lui-même se chargeant alors d'arroser, sans la moindre fatigue de notre part. »

De même, dans ce qu'on appelle l'*oraison* (extase), quatre périodes comparables à ces quatre moyens d'arrosement.

Première période. — Le pénitent, qui veut mourir au monde pour vivre au ciel, s'efforce de concentrer son attention sur l'idée de Dieu. Rude travail ! Les échos de ce monde pervers, qu'il veut fuir, bourdonnent malgré lui dans ses oreilles. Ses penchants naturels, ses affections, vivaces encore, sans cesse le sollicitent ; sans trêve aussi l'excite l'aiguillon des besoins, des instincts. En vain se recueille-t-on dans la solitude de la cellule ou de l'oratoire, cette solitude est peuplée de visions aussi damnables que colorées. C'est l'heure où, pâli, décharné par le jeûne et les austérités, saint Jérôme sent encore la morsure des passions inassouvies ; c'est l'heure où il n'ose pas même rentrer dans cette cellule, témoin de ses pensées (saint Jérôme, *ad Eustochiam*). C'est l'heure encore où le démon vient tenter saint Antoine. Trancher à la fois les liens de la famille, ceux de l'amitié, ceux de l'amour ; autant d'amputations bien laborieuses, bien douloureuses. Écoutons la sainte :

« C'est tirer péniblement l'eau du puits. Il en coûte de recueillir des sens habitués à se répandre au dehors, *de mourir peu à peu au désir de voir et d'entendre*. Il faut se tenir dans la solitude et méditer sur la vie passée et sur celle de Jésus-Christ. Souvent on ne trouve que dégoût, ennui, profonde répugnance à venir puiser. »

Deuxième période. — Mais, patience. Bientôt l'habitude aura modelé au gré de la volonté tout l'être cérébral. L'attention devient docile et l'idée fixe commence à poindre. Il faut encore un certain effort pour se recueillir et oublier le monde extérieur ; mais il est de courte durée : « On tourne la roue (de la noria), mais l'eau est à fleur de terre. »..... « La volonté agit et donne simplement son consentement à Dieu, afin qu'il l'emprisonne. L'entendement et la mémoire viennent au secours de la volonté, que leur concours ne sert quelquefois qu'à troubler. »

Déjà on trouve du plaisir dans la contemplation, plaisir qui s'élève quelquefois jusqu'à l'émotion.

« La consolation est très-vive, les larmes que Dieu donne coulent délicieusement et sans effort... L'âme perd soudain le désir des choses de cet exil. Elle voit clairement qu'un seul instant de cette joie surnaturelle ne peut venir d'ici-bas, et que ni richesses, ni honneurs, ni plaisirs, ne sauraient lui donner l'espace d'un clin d'œil ce contentement pur qui l'enivre, seul vrai et seul capable d'étancher sa soif de bonheur. » C'est ce que sainte Thérèse appelle l'*oraison de quiétude*.

Troisième période. — Encore un pas et nous entrevoyons les premières lueurs de l'extase. C'est, toujours dans la langue de sainte Thérèse, l'oraison d'union. Étrange état ! les pieds dans le monde réel, la tête dans les nuages de la rêverie idéale. Cependant la personnalité, la volonté apparemment libre, sur le point de sombrer, résistent encore. A la période précédente, la distraction la plus légère faisait évanouir la contemplation ; maintenant on peut mener de front la vie active et la vie contemplative. « On est comme une personne qui, s'entretenant avec une autre et s'entendant adresser la parole par une troisième, ne prête des deux côtés qu'une attention imparfaite. » Mais laissons la sainte nous décrire un état qu'elle éprouve, dit-elle, en le racontant : « C'est un sommeil des puissances (volonté, entendement, mémoire, imagination), où, sans être entièrement perdues en Dieu, elles n'entendent pas comment elles opèrent. L'âme goûte incomparablement plus de bonheur, de suavité, de plaisir que par le passé. Enivrée de l'eau de la grâce, que Dieu lui verse à longs traits, elle ne peut, elle ne sait plus ni avancer ni reculer. Elle n'aspire qu'à jouir de cet excès de gloire. On dirait quelqu'un qui, soupirant après la mort, tient déjà en la main le cierge bénit, et n'a plus qu'un souffle à exhaler pour se voir au comble de ses désirs. C'est pour l'âme une agonie pleine d'inexprimables délices, où elle se sent presque entièrement mourir à toutes les choses du monde et se repose avec ravissement dans la jouissance de son Dieu. Elle ignore si elle parle, si elle se tait, si elle rit, si elle pleure. C'est un glorieux délire, une céleste folie, où l'on apprend la vraie sagesse. Enfin, et c'est pour elle une manière de jouir souverainement délicieuse... les puissances s'occupent entièrement de Dieu sans être capables d'autre chose... On s'épanche alors en louanges de Dieu, mais sans ordre... O ciel ! que doit éprouver une âme dans cette ravissante ivresse ! Elle voudrait être toute convertie en langues pour louer le Seigneur. *Elle dit mille saintes folies*, mais qui vont droit au but et charment celui qui la met en cet état. Je connais une personne (elle-même) qui, pour peindre sa peine, faisait sur-le-champ, sans être poëte, des vers pleins de sentiment... C'était un jet de son âme tourmentée d'amour... Comment me serait-il possible de rester dans ma raison, quand le Seigneur me met hors de moi? S'il me faut dire ma pensée, ce n'est plus moi qui parle depuis que j'ai communié ce matin.

Tout ce que je vois me semble un songe... Cette manière d'oraison est, à mon avis, une union manifeste de l'âme tout entière avec Dieu ; seulement Dieu permet aux trois puissances de l'âme de connaître, mais avec d'inexprimables délices, ce qu'il opère de grand en elles. »

Tout cela n'est encore que de la passion au dernier degré d'exaltation. L'impressionnabilité est délicieusement ébranlée et un ardent désir décuple la puissance des facultés, mais en les contraignant à s'exercer dans un sens donné ; car l'idée fixe règne en souveraine absolue, et l'on ne vit plus que pour elle. La sensibilité générale et spéciale s'engourdit. On vit dans un songe dont on a conscience. Ce n'est pas encore le rêve complet ; ce n'est déjà plus la réalité. Mais cela ne peut suffire. « Les fleurs, comme dit sainte Thérèse, n'ont fait qu'entr'ouvrir leurs calices ; elles n'ont répandu que leur premier parfum. » Nous allons assister à la floraison complète. Le monde extérieur s'éclipse de plus en plus. Voici l'extase, le ravissement.

Quatrième période. — « L'eau céleste, dit sainte Thérèse, tombe souvent quand le jardinier y pense le moins. » Cependant elle remarque que, dans le commencement, le ravissement ne se produit guère qu'après une longue oraison mentale, c'est-à-dire quand le cerveau a été suffisamment congestionné et excité. Alors « Dieu se plaît à laisser l'âme voler vers lui de degré en degré. Ensuite il prend cette petite colombe et la met dans son nid pour qu'elle repose. »

Bientôt la conscience du monde extérieur s'évanouit plus ou moins complétement. Il en est de même pour la motilité. « On ne peut, sans un très-pénible effort, faire même le moindre mouvement des mains. Les yeux se ferment sans que l'âme veuille les fermer. »

Un fait bien digne d'attention, c'est que l'abolition de la sensibilité porte non point sur les organes spéciaux externes, mais sur le cerveau, en tant qu'organe de l'intelligence. On a des sensations, mais on a perdu la faculté de les apprécier. « L'âme est incapable de lire, en eût-elle le désir ; *elle aperçoit bien des lettres, mais comme l'esprit n'agit pas*, elle ne peut ni les distinguer ni les assembler ; quand on lui parle, *elle entend le son de la voix*, mais non des paroles distinctes. »

On a perdu jusqu'au sentiment de la pesanteur. C'est même ce curieux phénomène qui a mérité à l'extase le nom de *ravissement* que lui donnent les mystiques. On se sent détaché du sol et *ravi* dans les airs, quoique fasse la volonté pour résister. « On ne peut presque jamais résister. Le ravissement fond sur vous avec une impétuosité si soudaine et si forte, que vous voyez, vous sentez cette nuée du ciel, cet aigle divin vous saisir et vous enlever... La faible nature éprouve à ces moments si délicieux, d'ailleurs, je ne sais quel effroi dans les commencements. Parfois, je pouvais opposer quelque résistance ; mais, c'était en quelque sorte lutter contre un fort géant, je demeurais brisée et accablée de lassitude. D'autres fois, tous mes efforts étaient vains, mon âme était enlevée, ma tête suivait presque toujours ce mouvement, sans que je pusse la retenir, et quelquefois même *tout mon corps était enlevé de telle sorte qu'il ne touchait plus la terre*... Lorsque je voulais résister, je sentais sous mes pieds des forces étonnantes qui m'enlevaient. »

S'il n'y a plus de mouvements volontaires, il n'y a plus davantage de mouvements conscients. « Tant que le corps est dans le ravissement, il reste comme mort et souvent dans l'impuissance absolue d'agir. *Il conserve l'attitude où il a été surpris.* » Ainsi, il reste debout ou assis, les mains ouvertes ou fermées. Notons qu'il n'en est pas toujours ainsi et que, assez souvent, l'extatique prend une attitude en harmonie avec ses visions (*Extatique* de Voray).

On a cherché à expliquer la curieuse sensation du ravissement proprement dit, l'abolition du sentiment de la pesanteur. On a noté que, sur une escarpolette, le mouvement d'ascension s'accompagne instinctivement d'une profonde inspiration dilatant le thorax, et ce, sous peine de nausées, de mal de mer. Il est incontestable, qu'on résiste plus facilement au mal de mer en harmonisant, d'après cette idée, les mouvements respiratoires avec ceux du navire. Je note, en passant, qu'on y résiste plus facilement encore, si l'on a soin en même temps de regarder au loin l'horizon immobile et jamais les vagues voisines et mouvantes. Gratiolet, qui donne cette explication d'après M. Chevreul, dit avoir vu une folle qui se procurait à volonté la sensation du ravissement en fermant les yeux et aspirant profondément. Il note encore, d'après le docteur Caudmont, la plus grande fréquence des rêves accompagnés de ravissement chez les jeunes filles vierges, ce qu'il explique par un embarras précordial, accompagnant les premiers désirs et déterminant de profondes inspirations.

L'expression *embarras précordial* est une de ces dénominations vagues, si fréquentes dans le langage médical, où elles tiennent la place d'explications scientifiques encore à trouver, cela au grand dommage de la science.

Pour être plus acceptable, l'explication relative aux mouvements respiratoires ne peut s'appliquer qu'aux ravissements de courte durée. Nous proposons, à titre de conjecture, l'explication suivante. Dans l'extase, la sensibilité spéciale est fort amoindrie, parfois même elle est totalement abolie. Sainte Thérèse l'affirme : « Le plus souvent le sentiment se conserve, mais on éprouve je ne sais quel trouble, et, bien qu'on ne puisse agir à l'extérieur, on ne laisse pas d'entendre ; c'est comme un son confus qui viendrait de loin (1). *Toutefois même cette manière d'entendre cesse, lorsque le ravissement est à son plus haut degré.* »

Nul doute que, dans ce cas, la sensibilité générale ne partage le sort de la sensibilité spéciale. Les martyrs, les enthousiastes (sainte Perpétue, Jean Châtel, etc.), certains aliénés, ne sentent plus la douleur. Sainte Thérèse nous apprend que, durant des transports particuliers qu'elle décrit assez peu clairement, elle cherchait en vain un allégement dans l'usage de quelques pénitences, mais alors, quand même l'âme « ferait ruisseler le sang de son corps, sous les coups d'une flagellation volontaire, *elle ne le sent pas plus que si ce corps était privé de vie.* » Nul doute encore que, parvenue à ce degré d'anesthésie, l'extatique n'ait plus conscience de la pression de son corps sur le sol, ni de cette impression générale, vague, par laquelle nous nous sentons dans tous les membres. Plus de corps ; on flotte dans le vide, et c'est alors sans doute que l'inspiration fait croire à un mouvement d'élévation, si toutefois on a encore quelque conscience des mouvements respiratoires.

Au milieu de tous ces désordres nerveux, que deviennent les fonctions nutritives ? Sainte Thérèse ne nous donne à ce sujet que des détails incomplets. Ses sœurs lui ont affirmé que quelquefois elle avait presque complétement perdu le pouls. Elle sentait *d'une manière très-*

---

(1) Tous les médecins savent combien ce symptôme est commun dans l'hystérie.

sensible que la chaleur naturelle allait s'affaiblissant et que son corps se refroidissait peu à peu; mais tout cela « avec une suavité, un plaisir inexprimable ». A son réveil, elle se voyait tout inondée de larmes, qui coulaient sans douleur, mais avec une étonnante impétuosité.

La vie nutritive est ralentie, la vie de relation abolie; mais, par contre, la vie cérébrale est active, les facultés exaltées fonctionnent avec énergie dans le sens du désir passionné. On éprouve généralement un sentiment de bonheur inouï. On désire la présence de Dieu avec une ardeur nouvelle, et très-généralement il obéit docilement à ces amoureux désirs. On l'entend, on lui parle, on le voit. « La première fois que le Seigneur m'accorda la faveur d'une extase, *j'entendis* ces paroles : « Je ne veux plus que tu converses avec les hommes, « mais seulement avec les anges. » Les paroles sont prononcées avec une voix si claire, qu'on ne perd pas une parole de ce qui a été dit, et quelquefois elles se font entendre dans un temps où l'âme est si troublée, qu'elle ne pourrait former une pensée raisonnable... C'est dans le temps même où l'extase enlève à la mémoire presque toute son action et tient l'imagination comme liée, que la parole divine découvre à l'âme ces vérités. »

Au dire de sainte Thérèse, il y a des moments d'union parfaite avec le Dieu immatériel; mais le plus souvent, et cela même la chagrinait beaucoup, c'est l'humanité de Dieu, c'est Jésus-Christ qui apparaît.

D'autres fois, elle voyait des anges. « Tandis que j'étais dans cet état, j'apercevais près de moi un ange sous une forme corporelle... Je voyais dans les mains de cet ange un long dard, qui était d'or, et dont la pointe de fer avait à l'extrémité un peu de feu. De temps en temps, il le plongeait au travers de mon cœur et l'enfonçait jusqu'aux entrailles. »

« En le retirant, il semblait les emporter avec ce dard et me laissait tout embrasée d'amour de Dieu. La douleur de cette blessure était si vive, qu'elle m'arrachait ces faibles soupirs dont je parlais naguère ; mais cet indicible martyre me faisait goûter en même temps les plus suaves délices. »

Je supplie le lecteur de prendre tout ce passage au pied de la lettre, sans y chercher quelque sens allégorique, quoiqu'il soit difficile de ne pas reconnaître dans cette description colorée un spasme hystériforme, spiritualisé par l'idée mystique (1).

La mémoire volontaire est abolie. « Si on lisait, on perd tout souvenir de sa lecture et l'on ne peut plus fixer l'esprit. Cet importun papillon de la mémoire voit donc ici ses ailes brûlées et il n'a plus le pouvoir de voyager çà et là... Quant à l'entendement, s'il entend, c'est par un mode qui lui est inconnu (2). »

L'imagination est, comme nous l'avons vu, assez excitée pour créer des hallucinations.

La volonté, la volonté dite libre, est parfaitement abolie dans l'extase complète ; cependant sainte Thérèse nous apprend que de temps à autre il y a des détentes pendant lesquelles se réveille un léger souvenir du monde extérieur, mais qu'alors la volonté peut imposer silence à la mémoire, s'évanouir de nouveau avec elle et prolonger ainsi l'extase pendant une ou plusieurs heures.

De pareilles orgies cérébrales laissent des traces pro-

(1) Voyez, dans la *Psychologie morbide*, p. 269, de M. le docteur Moreau (de Tours), un curieux exemple d'interprétation analogue.
(2) Tous les extraits autobiographiques de sainte Thérèse sont empruntés à la traduction du père M. Bouix, de la Compagnie de Jésus, *Vie de sainte Thérèse écrite par elle-même*, traduite d'après le manuscrit original. Quatrième édition, Paris, 1857.

fondes; ce sont de violentes douleurs dans les membres, une torpeur somnolente pendant plusieurs jours, un amer dégoût de la vie, un ardent désir de la mort : « On se meurt de ne point mourir. » Ou bien c'est une apathie voisine de la stupidité : on devient « le petit ânon qui va paissant ». (Voyez page 209.)

C'est un effet de cette grande et triste loi d'intermittence qui régit l'activité cérébrale et que l'on peut formuler ainsi : *Toute exacerbation dans la vie cérébrale est suivie d'une dépression corrélative.*

II

Il est curieux de rapprocher des quatre périodes racontées par sainte Thérèse celles que décrivent les extatiques sectateurs de Bouddha (1).

On sait que la récompense à laquelle aspirent les dévots du bouddhisme c'est d'échapper à la lamentable nécessité de s'incarner sans cesse sous de nouvelles formes, c'est de pouvoir enfin être absorbé par le néant, le Nirvâna. En attendant le Nirvâna qui suivra la mort du juste, ils tâchent de jouir du Nirvâna imparfait, qu'il est possible de se procurer dans ce bas monde, c'est-à-dire de l'extase, et, comme sainte Thérèse, ils y distinguent quatre degrés.

Dans le premier degré, l'ascète est désintéressé de tout, excepté du désir du souverain bien, du Nirvâna; mais il juge et raisonne encore tant bien que mal.

Dans le second, plus de jugement, plus de raisonnement. L'intelligence du dévot est captivée tout entière par l'idée du Nirvâna. Complétement détaché de tout, il n'a plus que le plaisir de la satisfaction intérieure; mais il est incapable de la juger et de la comprendre.

Dans le troisième degré, il n'a plus même ce plaisir,

(1) B. de Saint-Hilaire, *le Bouddha et sa Religion.*

et cela lui est indifférent. Cependant, il éprouve encore un vague sentiment de bien-être physique ; il a conservé la mémoire des états précédents, et en même temps une conscience confuse d'être. Il est bien purifié, mais pas encore parfait.

Enfin, au quatrième degré, les efforts persévérants de l'ascète sont couronnés d'un plein succès; il a tout perdu. La personnalité s'est évanouie dans une sainte et parfaite impassibilité. On est inaccessible au plaisir et à la douleur, aussi bien moralement que physiquement. On a même perdu le sentiment de cette sainte indifférence ; on vit aussi peu qu'il est possible de vivre, sans être mort. On possède enfin le Nirvâna terrestre.

La différence entre les deux extases, celle de l'Europe et celle de l'Asie, n'échappera à personne. L'extase de sainte Thérèse est active, brillante, peuplée de visions colorées. Ce n'est pas à l'anéantissement que la sainte aspire, c'est à une vie plus complète, à une existence divine, où elle goûtera des voluptés sans nom dans les langues humaines, où ses facultés auront acquis une puissance surnaturelle. Au contraire, l'extase bouddhique est triste, atone ; elle aspire à l'extinction graduelle de toutes les facultés, à la mort aussi complète que possible.

Chimères des deux parts ; mais toutes deux fortement empreintes du génie de chaque race, et toutes deux, malgré la diversité de leur couleur, aboutissant au même résultat, l'abolition de la volonté et de la raison, résultat identique qui s'appelle Nirvâna en Asie, union complète avec Dieu dans les monastères d'Europe.

Quelques mots encore. Pourquoi l'extase, si rare dans la plupart des passions, est-elle relativement commune dans la passion mystique ? Cela tient, sans nul doute, aux privations que prescrivent les codes religieux, aux macérations qui exaltent l'irritabilité nerveuse, enfin et surtout à la prière, à la contemplation auxquelles se livre le dévot dans le demi-jour d'un oratoire ou d'une église, en gardant une immobilité parfaite et fixant machinalement les yeux sur des objets rapprochés, enfin aux prescriptions savantes des rituels mystiques. Les passions ordinaires imitent bien tout cela, mais imparfaitement, instinctivement.

L'homme que domine une idée fixe : amour, science, etc., cherche aussi la solitude, oublie de subvenir aux besoins du corps; il ralentit même le rhythme des mouvements respiratoires, sans s'en apercevoir. Sans repos ni trêve, il pense à l'objet de ses désirs, y applique toutes ses facultés, et tout naturellement *se le figure* autant que possible, par l'imagination, avec des traits plus ou moins distincts.

Mais enfin, malgré tout cela, il vit encore de la vie commune, ne se séquestre jamais complétement; divers intérêts le sollicitent et, si l'insomnie est à son chevet, du moins il ne s'ingénie pas à combattre le sommeil, quand naturellement et pour un temps il vient calmer sa perpétuelle agitation. Enfin, notre passionné atteint souvent le but de ses désirs, tandis que le mystique se consume en stériles efforts.

Possession. Voilà un remède que les médecins, les moralistes ont justement préconisé. Très-généralement on peut s'en remettre à elle du soin de la guérison. De loin, l'idole était si belle, si brillante, si précieuse! Enfin vous y touchez, vous la pressez de vos mains frémissantes! Mais je m'arrête. Lecteur, l'amertume de ces désenchantements est trop tenace pour que vous n'en ayez pas gardé le souvenir (1).

(1) Cette étude analytique sur l'extase a déjà été publiée, sauf d'assez nombreuses corrections, dans l'*Union médicale* (1863, I, 8, 13 et 15 octobre).

CHAPITRE VI.

L'EXTASE MÉTAPHYSIQUE.

Point de passions qui soient autant que les passions religieuses fécondes en extases. Nous en avons plus haut donné la raison. De tout temps l'hagiographie chrétienne a considéré l'extase comme le signe suprême, le sceau de la sainteté. Mais il ne faudrait pas croire que les passions religieuses aient le monopole de l'extase ; toute idée fixe, toute contention extrême de l'intelligence y peuvent aboutir. Les rêveries métaphysiques peuvent mener à l'extase tout aussi sûrement que les rêveries religieuses. Elles y ont même visé parfois sciemment et avec un art ascétique, comme le prouve la curieuse pièce suivante, attribuée à un élève de Campanella, et qu'il ne sera pas hors de propos de traduire ici :

LA PRATIQUE DE L'EXTASE PHILOSOPHIQUE.
(Cod. Magliabech, VIII, 6.)

« Il faut choisir un lieu où ne parvienne aucun bruit, s'y tenir dans l'obscurité ou à la lueur d'une faible lumière, placée assez en arrière, pour que son éclat ne frappe point les yeux ; ou bien il faut fermer les yeux. Il faut être dans un état de quiétude, exempt de toute passion, soit du corps, soit de l'âme. Quant au corps, il ne doit avoir ni froid, ni chaud, ni sentir de douleur en aucune de ses parties ; la tête doit être libre de catarrhe, des fumées des mets ; il ne faut avoir envie ni de manger, ni de boire, ni de se purger, ni de quoi que ce soit; il faut être commodément assis, la tête appuyée sur la main gauche ou autrement, si l'on est ainsi plus à l'aise... Quant à l'esprit, il doit être affranchi de toute trace de passion ou de pensée, exempt de tristesse, de douleur, d'allégresse, de crainte, d'espérance, d'idées amoureuses, des soucis de famille ou des intérêts particuliers ou autres ; on ne doit plus se souvenir des choses passées ou des objets présents. Mais, le corps étant disposé comme il a été dit ci-dessus, il faut peu à peu chasser de l'esprit toutes les pensées, qui commencent à bourdonner dans la tête; en naît-il une? on l'expulse à l'instant; une autre succède, on la chasse de même et ainsi de suite, jusqu'à ce que, ne pensant plus à rien du tout, apathique intérieurement et extérieurement, on devienne immobile comme une plante ou une pierre naturelle. De cette manière, l'âme, n'étant plus occupée d'aucune action ni végétale ni animale, se retire en elle-même et, se servant seulement des instruments intellectuels, purgée de toutes les choses sensibles, elle n'entend plus les choses par raisonnement, comme auparavant, mais sans arguments ni conséquences : devenue ange, l'âme voit par intuition l'essence des choses dans leur simple nature, aussi perçoit-elle une vérité pure, nette, sans nuages, relativement à l'objet de sa spéculation. Car, avant de se mettre à l'œuvre, il faut décider sur quel sujet on veut spéculer, quel sujet on veut examiner ou comprendre; puis, une fois l'âme purifiée, on songe à ce sujet; alors il semble que l'on ait à son service une lumière éclatante, resplendissante, decouvrant toute vérité. Et alors on goûte une telle joie, une telle douceur, qu'aucun plaisir de ce monde ne s'y peut comparer : pas de chose, si aimée, si désirée soit-elle, dont la possession puisse rivaliser, même de loin, avec cette jouissance. Aussi, quand l'âme songe qu'il lui faudra retourner dans le corps, pour vaquer aux viles œuvres des sens, elle se désole, et sûrement n'y retournerait pas, si elle ne craignait qu'à la longue, les esprits ne montassent à la tête ; en effet, quelquefois on sent une très-agréable démangeaison à la tête, où sont les instruments intellectuels : peu à peu les esprits s'évaporent et sûrement, si tous s'évaporaient ainsi, ce serait la mort. Aussi les hommes les plus aptes à cette extase sont ceux qui ont le crâne ouvert ; car alors les esprits peuvent s'exhaler quelque peu par la fissure du crâne ; à défaut d'une telle exhalaison, les esprits s'accumulent dans la tête en telle quantité, qu'ils l'encombrent et que leur influence rend les organes inutiles. Cette extase est, selon moi, l'extase platonicienne, dont Plotin fut ravi sept fois, au témoignage de Porphyre, qui dit l'avoir éprouvée une fois ; car toutes les circonstances requises se trouvent rarement réunies en un homme : c'est tout au plus, si, en deux ou trois ans, cela peut arriver trois ou quatre fois. Alors il faut avoir soin d'écrire, aussitôt et tout au long, les choses que l'on pense dans cet état, sans cette précaution, on les oublierait et, en les relisant, on ne les comprendrait plus (1). »

L'auteur de ce curieux document est évidemment un sectateur moderne des Plotin, Jamblique et Porphyre, esprits malades de métaphysique subtile, fous à lier, mais, qui, en définitive, ont mérité leur nom de *néoplatoniciens ;* car ils n'ont fait que pousser à l'extrême les principes et la méthode de leur divin maître et ancêtre. Ce sont les ilotes de la pensée, et leur exemple sert à montrer où peut conduire le dédain de la méthode expérimentale.

(1) T. Campanella, *Opere scelte ;* d'Ancona. Torino, 1850, 2 vol. in-12. Primo vol., Documento p. cccxxiii. Documento A.

LIVRE V.

PHYSIOGNOMONIE PASSIONNELLE.

> Le jour de la science infiltré sous les crânes,
> Y décèle un travail d'abeilles, un concours
> D'affinités sans fin, de fécondes amours,
> Et l'esprit s'élançant de l'accord des organes..
> (A. LEFÈVRE, *Epopée terrestre*.)

CHAPITRE I.

DES RACES HUMAINES.

Dût l'animisme (et même le spiritualisme) en mourir de douleur, le rapport entre l'âme ou l'esprit et le corps ne peut plus aujourd'hui se contester. Tant vaut l'organe, tant vaut la fonction.

Or, nous avons vu que sentir et penser sont des fonctions essentielles du cerveau et nous savons que l'énergie d'une fonction est rigoureusement liée à la perfection de l'organe.

Il est non moins incontestable, que cette perfection plus ou moins grande est la résultante de deux éléments : le volume d'une part, et la vitalité, c'est-à-dire l'énergie du mouvement nutritif, de l'autre. J'écarte les cas pathologiques.

De ces deux éléments de la vie cérébrale, l'un est assez facile à déterminer, à étudier. L'autre paraît lié surtout à la notion de tempérament que nous examinerons plus loin.

Donc la physiognomonie est une science possible. Donc il est logique d'y travailler, à la condition de n'imiter en rien la méthode fantaisiste de Lavater, de répudier impitoyablement son illuminisme.

Mais s'il est incontestable que la physiognomonie est une science possible, il ne l'est pas moins qu'elle est encore à faire.

Déjà cependant l'anthropologie nous permet de formuler quelques propositions générales qui serviront de fondement et de cadre à la science future. Mais, laissant pour un instant l'homme à l'écart, jetons un coup d'œil général sur l'embranchement des vertébrés au point de vue des rapports de l'intelligence et du système nerveux. Tout en différant par les détails dans chaque famille, chaque genre, le plan général est le même et les individus sont parfaitement comparables entre eux (1). Plus on s'élève, plus les cellules nerveuses se groupent en masses volumineuses, plus elles se condensent ; et en même temps le développement intellectuel s'accuse de plus en plus, proportionnellement à la coalescence et au volume des ganglions des centres nerveux.

Or, quelle que soit l'idée que l'on se fasse sur l'origine et l'essence de l'homme, fût-on la Métaphysique incarnée, on ne peut nier qu'au point de vue purement organique l'homme ne soit un animal vertébré. Les remarques générales que nous avons faites sont donc applicables à l'homme, et le roi de la nature ter-

---

(1) Les animaux les plus rapprochés de l'homme ne sont, quant à la vie animale, quant aux qualités morales et aux facultés intellectuelles, que des fragments de l'homme. (Gall, t. III, p. 199.)

restre, si admirable parfois, si sottement vaniteux presque toujours, peut très-bien en anatomie comparée être rapproché du singe ; car les centres nerveux simiens et humains diffèrent bien moins que ceux du singe et des autres mammifères.

Je parle du type humain le plus parfait, de l'Indo-Européen. Mais les diverses races humaines sont loin d'être équivalentes sous ce rapport, et nous voyons le type humain se dégrader ou s'ennoblir, suivant que l'on descend du blanc à l'Australien ou que l'on s'élève de ce dernier à l'Indo-Européen.

Résumons très-brièvement les caractères comparés des races extrêmes, dont la valeur intellectuelle et les tendances nutritives et morales sont bien connues.

En physiognomonie, tout a son importance, tout a sa signification ; mais nous ne pouvons encore constater que les gros résultats, qui d'ailleurs priment et entraînent tous les autres.

Or, comparons le type humain le plus simien, l'Australien, au type le plus parfait actuellement, à l'Indo-Européen. Le dernier diffère du singe par mille caractères de force, de noblesse, d'intelligence ; mais combien l'autre s'en rapproche !

L'Indo-Européen a en moyenne un cerveau de 1534 grammes ; le cerveau de l'Australien pèse en moyenne 1228 grammes (Morton), tandis que le nègre d'Afrique, cérébralement intermédiaire, a des centres nerveux dont le poids s'élève à 1371. On obtient naturellement un résultat analogue, en comparant les surfaces crâniennes chez l'Européen et chez le nègre : la mesure moyenne de la surface crânienne en millimètres carrés est, chez l'Européen mâle, 59 305 millimètres, et chez le nègre mâle, 53 206 seulement. Chez la femme européenne et chez la négresse, les surfaces comparatives sont, chez la première, 53 375, et chez la seconde, 49 868 (1).

Mais comme l'a très-bien dit Gratiolet (2), la forme prime 'le fond, et cette différence de 300 grammes a une bien autre signification quand on remarque que, chez le nègre, la masse cérébrale se groupe surtout vers l'occiput, que chez le blanc elle se masse surtout dans les lobes frontaux, *la fleur du cerveau*, comme le disait si bien le même auteur.

Ainsi tandis que la surface de la vertèbre frontale est chez le nègre de 7,7 relativement à la surface crânienne totale, elle est chez le blanc de 9,7, différence d'un quart environ. Pour la vertèbre moyenne, les chiffres sont, chez le nègre, 75,7; chez l'Européen, 72,7 : différence ici en faveur du nègre, 5 ou un quinzième environ.

Enfin la même comparaison pour la vertèbre occipitale donne, chez le nègre, 24,3; chez l'Européen, 27,3. Différence, en faveur de l'Européen cette fois, trois centièmes ou un sixième (3).

La somme des deux vertèbres postérieures relativement au crâne entier est, chez le nègre, 92,3; chez l'Européen, 90,3 seulement.

Ces chiffres même n'expriment qu'une portion de la vérité ; car, chez le blanc, les frontières des lobes frontaux débordent notablement celles de l'os frontal (Broca).

Enfin ils sont pris sur le nègre africain, bien supérieur à son pauvre confrère l'Australien.

(1) Huschke cité par Pruner-Bey, *Mémoires de la Société d'anthropologie*, t. I.
(2) *Bulletin de la Société d'anthropologie*, t. I.
(3) Les dimensions sont rapportées ici à la somme des deux vertèbres postérieures représentées par 100. Ces chiffres sont empruntés à Huschke. (Pruner-Bey, *Mémoire sur les nègres*.)

Indiquons rapidement quelques autres caractères. Le principal, qui est d'ailleurs corrélatif du peu de développement cérébral, c'est la saillie en avant des maxillaires et des dents, le prognathisme, d'où un angle facial d'autant plus petit que le cerveau est plus arriéré dans son développement et l'appareil de la manducation plus développé. La moyenne de cet angle serait 70 degrés chez le nègre d'Afrique. Elle tombe à 65 chez le Néo-Calédonien (1) et est certainement plus faible encore chez l'Australien.

Si au lieu de l'angle facial de Camper, dont la valeur est souvent critiquable, nous prenons un angle ayant son sommet au trou auditif, l'extrémité de l'un de ses côtés au bregma (point de rencontre de l'angle supérieur de l'os frontal et des angles antéro-supérieurs des deux pariétaux), l'autre côté se terminant au-dessus de la racine du nez, au point médian du plan des voûtes orbitaires séparant la cavité crânienne de la face, nous trouvons, que les variations de cet angle *auriculo-crânien* signalé par M. Broca, et qui correspond assez rigoureusement au développement des lobes frontaux, sont plus significatives encore que les variations de l'angle facial de Camper, ainsi que l'indique le tableau suivant :

Angle-frontal.

Crânes anciens de la Cité (douzième siècle au moins). 55°,35
Crânes des Innocents (époque intermédiaire). . . . . 56°,6
Crânes du dix-neuvième siècle . . . . 57°,7
Crânes basques modernes (très-orthognathes) . . . . 54°,4
Nègres . . . . 54°,0

Sans compter que les angles exceptionnellement petits (au-dessous de 52 degrés) sont assez communs chez

(1) Bourgarel.

les Nègres, les Basques, les Parisiens anciens, tandis qu'ils sont rares sur les crânes du cimetière des Innocents et absents chez ceux du dix-neuvième siècle, au contraire les angles exceptionnellement grands (au-dessus de 60 degrés) sont au nombre de 2 pour 100 chez les Basques, de 3 chez les nègres, de 4 chez les Parisiens anciens, de 11 à la seconde époque et de 16 au dix-neuvième siècle (1).

La région inférieure de la face est très-développée chez le nègre, les muscles masticateurs et temporaux puissants, la voûte crânienne souvent en dos d'âne (Calédonien).

Le crâne cérébral est étroit et allongé surtout dans la région de l'occiput, tandis que chez le blanc la dolichocéphalie, quand elle existe, est frontale (Gratiolet).

Chez le nègre encore, les sutures crâniennes fronto-pariétales se soudent les premières dans la jeunesse; c'est l'inverse chez le blanc (2).

J'omets, comme trop connue, la conformation des traits, du nez, des lèvres, etc.

D'autres caractères anatomiques rappellent encore le singe ; car l'empreinte d'infériorité est visible dans tout l'organisme : la colonne vertébrale est peu courbée, le bassin allongé et étroit; l'humérus et le fémur plus courts que chez le blanc ; pourtant ce dernier caractère manquerait chez le Néo-Calédonien (Bourgarel).

La saillie du mollet est peu développée ; parfois, comme chez l'Australien, elle fait complétement défaut. Le pied est large et plat, le calcanéum saillant.

La cage thoracique est latéralement aplatie et les épaules peu développées. Les glandes abdominales

---

(1) Bertillon, art. ANGLES CÉPHALIQUES du *Dictionnaire encyclopédique des sciences médicales*.

(2) Gratiolet, *loc. cit.*

sont énormes (foie, capsules surrénales), ainsi que d'autres organes, dont le nom ne se peut écrire que dans un traité d'anatomie.

L'ombilic se rapproche du pubis comme chez l'enfant européen.

D'ailleurs, en comparant l'enfant européen au nègre, on trouve une conformation cérébrale très-analogue. Tous deux ont une dolichocéphalie occipitale très-accusée. Chez tous deux, les circonvolutions sont moins développées, la couche corticale grise moins épaisse, les nerfs plus volumineux relativement aux centres nerveux. Seulement cette conformation, transitoire chez l'enfant blanc, persiste chez le nègre et s'accuse même d'autant plus que l'individu est plus adulte ; ainsi le nègre nouveau-né n'est point encore prognathe.

Tous les anthropologistes constatent aussi que le crâne et le cerveau sont encore plus imparfaitement développés chez la négresse que chez le nègre. Chez la négresse d'Afrique, la surface crânienne descend à 49 868 millimètres carrés.

De même le cerveau de la femme européenne est en moyenne assez voisin de celui du nègre mâle. Chez la femme, comme chez le nègre d'Afrique, les lobes pariétaux font saillie. Le crâne est *pariétal*, selon l'expression de Gratiolet. Les mensurations de Huschke donnent pour la surface de la vertèbre frontale, chez la femme blanche, relativement au reste du crâne, un chiffre peu inférieur à la même surface relative chez l'homme blanc. Mais, chez la femme blanche, comme chez le nègre, la vertèbre moyenne prédomine sur les autres et les dimensions relatives sont très-voisines : 75,4 chez le nègre, 74,1 chez l'Européenne. Ces deux dernières surfaces sont même comparables absolument; car la surface crânienne totale est, chez le nègre mâle, 53206, et chez la femme européenne, 53375 (moyenne). « Le nègre est à l'homme blanc, dit M. Pruner-Bey, ce que la femme européenne est à l'homme. »

Cette remarque, vraie anatomiquement, l'est encore plus quand on compare les tendances intellectuelles et morales.

« Le nègre, dit encore M. Pruner-Bey (et son assertion est en tous points confirmée par les relations des voyageurs africains, Speke, Baker, etc.), a pour caractères moraux dominants, la sensualité, la tendance à l'imitation servile, le défaut d'initiative, l'horreur de la solitude, l'amour désordonné du chant, de la danse, la mobilité. »

Tous les voyageurs signalent chez lui un invincible amour du clinquant, de la parure, un penchant très-vif pour la musique.

Je parle du nègre d'Afrique, du roi de la race nègre; celui d'Australie, beaucoup moins intelligent, est presque entièrement dominé par les besoins nutritifs et à peu près complétement dépourvu de tendances artistiques.

Le nègre d'Afrique, selon M. Pruner-Bey, est un être aimant et un être de plaisir; mais les sentiments affectueux sont à peu près nuls chez le Néo-Calédonien, absolument étranger, selon M. Bourgarel, à la reconnaissance et au dévouement, féroce, perfide, n'ayant nulle moralité, horriblement débauché (sodomie), ne souriant jamais, étouffant ses malades, anthropophage, etc. (1).

(1) Mémoires de la Société d'anthropologie de Paris, t. II : *Des races de l'Océanie française, de celles de la Nouvelle-Calédonie en particulier*.

L'Australien, moins développé encore que le Néo-Calédonien, ne vit pas même en tribu, ne sait pas se bâtir une hutte, ne compte que jusqu'à deux, déterre les cadavres pour les dévorer, n'hésite pas à manger sa femme ou ses enfants en cas de disette.

Tout cet ensemble de faits a une signification qu'il serait absurde de récuser, d'autant plus que l'observation individuelle des blancs la corrobore.

En moyenne, le cerveau est moins développé chez l'homme du peuple que chez les classes moyennes plus ou moins lettrées (Parchappe), et il est énorme chez les hommes d'une intelligence vraiment supérieure (Cuvier, Cromwell, Byron, Dupuytren). M. Broca a de même trouvé, en mesurant les crânes des anciens cimetières parisiens, que le développement crânien était plus faible chez les crânes exhumés de la fosse commune. D'autre part, l'idiotie coïncide toujours avec un arrêt de développement cérébral, surtout des lobes frontaux, etc.

En général, toutes les fois que, chez un homme blanc, la forme du crâne et de la face se rapproche des formes éthiopiennes, on est donc en droit de s'attendre à une intelligence inférieure, comme le type physique.

Cette proposition, généralement vraie, n'a point cependant un caractère rigoureux.

Selon la remarque de Gratiolet, l'idiot a parfois un frontal redressé. La vraie mesure du lobe frontal, selon cet observateur, serait l'angle formé par les sutures transverses frontales et la ligne faciale. Cet angle, qui est de 30 à 35 degrés chez le blanc normalement conformé, descendrait chez le Cafre à 25 degrés pour disparaître entièrement chez l'Alfourou, l'Australien et chez beaucoup d'idiots. Or nul moyen de mesurer cet angle sur le vivant. Il peut être fort grand avec un front fuyant. Alors le frontal, incliné, refoule les vertèbres postérieures, l'écaille occipitale; d'où cette conséquence paradoxale, que la saillie de l'occiput peut indiquer un grand développement des lobes frontaux. Ainsi inversement, chez le singe, l'occiput est plat, quoique les lobes occipitaux ne soient nullement atrophiés, au contraire, car ils envahissent toute la région postérieure de la loge occipitale, occupée au contraire chez l'homme par les plis de passage des lobes frontaux (1). D'accord; mais ici du moins, malgré l'aplatissement de l'occiput et le développement des lobes occipitaux, le frontal n'est nullement redressé et rien ne justifie le paradoxe anatomique que nous avons mentionné plus haut (2).

Mais Gratiolet ne considérait lui-même ces anomalies que comme des exceptions, et l'observation générale est incontestablement vraie.

Entre les races extrêmes, dont nous nous sommes seulement occupés, viennent se placer les types intermédiaires, le Polynésien, l'Américain, le Mongol, etc. Nous nous bornons à les mentionner, voulant rester dans les généralités à peu près établies aujourd'hui, mais dont nous ne nous dissimulons pas l'insuffisance; car les penchants, surtout les penchants artistiques, affectifs, intellectuels, varient de mille manières. Quel est le signe physiognomonique de chacune de ces nuances, de ces facettes? Il est encore à déterminer, et nous devons nous contenter de formuler les quelques propositions générales suivantes, vraies dans la généralité des cas :

---

(1) Gratiolet, *Bulletin de la Société d'anthropologie*, t. I, p. 255, 256.
(2) Galien disait déjà que le crâne se moulait sur le cerveau et non le cerveau sur le crâne (*De usu partium*, lib. VIII).

1° La vigueur des penchants nutritifs est en rapport avec le développement prédominant des lobes occipitaux, d'où résulte ordinairement la saillie de l'occiput, l'aplatissement du frontal, une tendance au prognathisme, des lèvres épaisses, etc.

2° Inversement, l'énergie des penchants intellectuels est en relation avec l'ampleur des lobes frontaux, et, par suite, le frontal est proportionnellement plus vaste, plus bombé, plus relevé.

3° Par exclusion, et en tenant compte du développement des lobes pariétaux ou des régions cérébrales pariétales, car ici le lobe se limite mal, en tenant compte aussi du développement relativement grand de cette région chez le nègre d'Afrique et la femme européenne, on serait porté à mesurer les penchants dits moraux ou affectifs d'après le développement des régions latérales du cerveau (1).

Mais les tendances toutes spéciales, celles qui font de l'un un grand poëte, de l'autre un grand mathématicien, de tel autre un grand artiste?... Ici, la science physiognomonique reste à faire, malgré le vigoureux essai de Gall, et la seule localisation scientifique à peu près faite c'est celle du langage. Laissons agir le temps et l'observation lente; car le principe est vrai. « Si tout est dans la masse, le reste étant identique, la carpe construira un peu comme le castor, la grenouille chantera un peu comme le rossignol, les dauphins et les marsouins feront de la philosophie, d'autant meilleure que celle de MM. Jourdan et Bérard, que la masse

(1) On peut, sans crainte de se tromper, chercher les qualités et les facultés communes aux animaux et à l'homme dans les parties postérieures, inférieures et moyennes latérales du cerveau et celles exclusivement particulières à l'homme dans les parties cérébrales antérieures et supérieures (Gall, *Sur les fonctions du cerveau et sur celles de chacune de ses parties*, t. II, p. 424).

centralisée du cerveau de ces savants est surpassée par la masse cérébrale des métaphysiciens de l'Océan (1). »

Mais le poids et la forme du cerveau ne sont pas tout : l'énergie vitale prime même la forme, comme le disait Gratiolet, et là surtout est la raison, qui doit donner au physiognomoniste la prudence du serpent.

N'est-il aucun moyen de mesurer cette force, de deviner d'après les caractères extérieurs la puissance du mouvement nutritif intime ? Nous pensons que la vieille notion de tempérament peut donner ici quelque lumière, et que, pour avoir été beaucoup trop prônée par nos devanciers, elle ne mérite pas l'oubli presque absolu où elle est tombée.

(1) Gall, t. VI, p. 8.

CHAPITRE II.

DES TEMPÉRAMENTS ET DE LEUR INFLUENCE SUR LA PASSION.

I

Dans son *Traité de la pathologie cellulaire*, Virchow admet autour de chacune des unités dont la somme compose le corps humain un territoire cellulaire, une zone d'action. Il s'en tient là ; mais il est évident, par suite, qu'un groupe de cellules juxtaposées et analogues doit exercer une action collective, fédérative, représentant la somme des énergies partielles et rayonnant au loin sur les autres groupes. Tous les tissus doivent donc réagir les uns sur les autres.

Mais chez les animaux supérieurs, un tissu surtout est doué d'une grande puissance d'action, c'est le tissu nerveux, fibres et cellules. A leur tour, aussi, les autres tissus réagissent sur lui ; mais, dans l'état normal, ils subissent ordinairement son joug. Aussi, pour le pathologiste, le physiologiste et surtout le psychologiste, ce tissu, qui centralise la force vitale, est de beaucoup le plus important à étudier, puisqu'il est, dans son noyau principal, le siége des phénomènes de conscience, l'organe des facultés. Car la vieille énigme de l'âme se débrouille de plus en plus. Déjà nous pouvons, avec le docteur Luys (1), suivre les sensations, les impressions nutritives et sensitives depuis leur origine, qui est l'in-

(1) *Loc. cit.*

citation d'une ou de plusieurs des innombrables fibrilles nerveuses périphériques jusqu'au réseau des cellules conscientes, multipolaires, toutes reliées entre elles et avec le reste du système nerveux, et formant la couche grise corticale des replis externes du cerveau. Nous voyons ces incitations, modifiées pendant leur trajet par des centres cellulaires secondaires, notamment par un grand récepteur commun intermédiaire (couches optiques), aboutir enfin aux plus petites cellules de la substance grise, cellules analogues aux cellules sensitives de la moelle et probablement le siége de la sensibilité consciente. Puis l'incitation, traversant le réseau cellulaire, arrive enfin aux plus grosses cellules multipolaires, analogues aux cellules motrices de la moelle et siége probable des volitions, pour de là rayonner le long des fibres efférentes vers les muscles, en rencontrant aussi sur leur trajet un récepteur commun (corps striés). Il ne reste plus qu'à subdiviser les cellules corticales. Car il est indispensable qu'il y ait entre les petites cellules de la sensibilité consciente et les grosses cellules dites des volitions, un appareil cellulaire vraiment centralisateur, au sein duquel s'opèrent les actes intellectuels. On est porté à attribuer ce rôle aux cellules corticales, intermédiaires par leur position et leur volume, et reliant les petites aux grosses cellules.

Pour la psychologie positive, qui tâche de ne jamais perdre de vue les rapports du physique et du moral, de l'agent et de l'acte, le tissu nerveux est donc le tissu par excellence ; et, pour connaître le tempérament d'un homme, c'est-à-dire *l'énergie de son ressort vital*, pour jauger même sa valeur individuelle, idiosyncrasique, il suffirait de pouvoir mesurer exactement chez lui la puissance nerveuse dans ses divers modes d'action et de réaction, en la combinant avec la notion du volume des centres nerveux.

Un jour, la science, munie de ces indispensables notions, pourra rédiger exactement le code des lois vitales et cérébrales ; mais aujourd'hui, l'imperfection de nos connaissances nous oblige à ne faire sur cet important sujet que des inductions hésitantes, basées sur des faits particuliers, sur des caractères grossièrement apparents. Cependant, ces vues ébauchées nous permettent déjà de répondre tant bien que mal et approximativement à quelques questions principales, que je vais passer en revue.

II

Y a-t-il des caractères moraux assez tranchés et assez analogues, chez les individus et les races, pour permettre une classification des hommes (je dis des hommes blancs seulement) sur cette seule base ?

Depuis Hippocrate jusqu'à nos jours, tous ceux qui ont observé les hommes les ont classés d'après les seules données psychologiques, et, quelles que fussent leurs théories explicatives, presque tous se sont donné la main pour formuler les mêmes conclusions. Faut-il n'y voir que de l'imitation servile, la vieille histoire des moutons de Panurge ? Non. Car nous-mêmes, aujourd'hui, n'avons pas besoin de promener longtemps les yeux autour de nous pour reconnaître que, depuis l'origine des sciences anthropologiques, les grands traits moraux de l'homme n'ont guère varié, et, aujourd'hui comme au temps d'Hippocrate, nous voyons quatre types principaux :

1° Des hommes à impressionnabilité paresseuse, à imagination faible, lents à être émus et ne gardant pas longtemps l'impression morale. Chez eux, tous les actes cérébraux ont un cachet de lenteur extrême. Ne leur demandez pas un effort violent, énergique, une grande dépense instantanée de force cérébrale. Mais, s'ils agissent lentement, en revanche ils n'éprouvent guère de lassitude, d'ennui durables, et ils s'écartent difficilement de la route qu'ils se sont tracée ou qu'on leur a tracée; car rien n'a prise sur eux, et leur plus cruelle ennemie c'est l'apathie de leur nature. Leurs affections sont tièdes. Les grands dévouements, les grandes vertus aussi bien que les grands crimes ne sont pas de leur ressort. Mais, si leur intelligence et leur raison sont bien développées, comme nulle secousse ne les vient troubler, elles jouissent d'une invariable rectitude, et les guident sûrement dans la vie.

Très-faciles à vivre ; pourvu qu'on ne les attaque pas, ils n'attaqueront personne ; sujets aimés des despotes, ils se conforment partout aux lois de leur pays, aux exigences sociales, et, faisant toujours le strict nécessaire, ils évitent les grands revers et manquent souvent les hautes fortunes.

Leur peu d'excitabilité cérébrale, leur manque de ressort les asservit au sommeil, au besoin de repos.

Le trait dominant de leur caractère étant une faible impressionnabilité, leur nom psychologique doit être : les *apathiques*.

2° D'autres hommes nous offrent des traits diamétralement opposés. De la tête aux pieds, ils sont impressionnables. Tout les émeut, tout les agite, tout les fait jouir ou souffrir. Chez eux, l'action nerveuse est rapide, énergique ; mais cette impressionnabilité, qui jamais ne repose, donne à leur caractère une mobilité excessive. Leurs facultés intellectuelles, même quand elles sont bien développées, ne peuvent se fixer longtemps sur le même sujet. Nulle force d'attention. Une impression chasse l'autre, et la succession ininterrompue des émotions rend l'intelligence presque inutile. Leur imagination est ardente. Chez eux, les idées-images ont de la couleur et l'intelligence les groupe facilement, mais presque toujours en obéissant au fouet de la passion actuelle et non à la froide raison.

Les hommes dont je parle sont très-capables d'un acte vigoureux, pourvu qu'il soit exécuté promptement, aussitôt après l'excitation ; car celle-ci étant de courte durée, il n'y a aucune suite dans les idées.

N'attendez pas des hommes ainsi doués une série d'efforts énergiques, dirigés pendant longtemps vers un même objet : une grande découverte, une œuvre importante. C'est de prime saut qu'il leur faut atteindre le but, et ils y arrivent quelquefois.

Malheur à l'Etat, à l'entreprise importante qui les aura pour guides ; mais si leur intelligence est puissante, ils peuvent avoir du succès dans la littérature poétique, dans les arts, surtout dans la musique ; car aussitôt l'émotion poétique perçue, il n'est pas besoin d'un long effort pour la fixer dans une strophe brillante ou un motif mélodieux. La peinture et la sculpture, qui exigent un long travail pour traduire, matérialiser l'impression, seront moins de leur domaine. Ils s'appelleront plus souvent, s'ils sont remarquablement doués, Mozart et Rossini que Michel-Ange et Le Poussin.

Toutes les parties de leur être sont liées par une étroite sympathie, que le plus léger désordre, la plus faible excitation mettent en jeu.

Dire qu'ils sont rarement calmes, c'est dire que leur jugement est souvent faux.

Chez eux, les besoins nutritifs ont peu d'énergie, mais ils sont avides d'impressions morales. Ils dorment peu et mal. Les plaisirs de la table les touchent moins que ceux de l'amour.

Je les appellerais volontiers : les *sensitifs*.

3° La troisième classe se compose d'hommes doués d'une impressionnabilité moins développée que chez les précédents, mais vive encore. L'imagination est généralement ardente et le caractère plus vigoureux, mais inconstant.

L'acte suit rapidement l'ordre de la volonté, la volition des psychologues.

Tous les actes vitaux s'exécutant facilement, il en résulte une grande propension à la gaieté, expression d'un bien-être permanent. Il y a bien rarement de ces tristesses sans cause apparente, échos d'une nutrition pénible, qui sont si communes chez les sensitifs.

Les besoins nutritifs sont forts et tyranniques, d'où une grande propension aux plaisirs de l'amour et de la table.

Les hommes de ce type, étant excitables et ayant conscience de leur vigueur, sont généralement courageux, souvent batailleurs, actifs, entreprenants dans la jeunesse. J'en ferais volontiers des soldats.

Ils dorment comme ils mangent, comme ils boivent, beaucoup et facilement.

Leur vie affective est moins active que celle des précédents ; mais ils ont plus de persévérance, quoique ce soit rarement chez eux la qualité dominante. Ils sont violents, irascibles, contents d'eux-mêmes ; par conséquent fort enclins à l'amour-propre.

En résumé, mettez une sourdine à l'impressionnabilité affective, presque maladive du sensitif, donnez plus de force à ses besoins nutritifs ; accentuez son caractère plus énergiquement, et vous aurez l'empreinte morale que je décris.

Nous appellerons ces hommes : les *actifs*.

4° Le trait dominant dans la physionomie morale, que je vais crayonner, c'est une impressionnabilité lente à s'émouvoir, lente aussi à varier, tenace et conservant longtemps l'impulsion donnée. Ici, c'est l'impressionnabilité affective qui prime ordinairement, mais une impressionnabilité peu modifiable ; aussi les passions sont-elles très-énergiques, profondes et durables. L'imagination est forte.

Si vous réussissez à passionner les hommes de ce type pour une entreprise quelconque, la vivacité de leur impressionnabilité, leur défaut de mobilité et l'énergie de leurs désirs les rendront capables d'efforts longs, difficiles ; ils se roidissent volontiers contre les obstacles.

Quoique chez eux les besoins nutritifs ne manquent pas d'énergie, ils cèdent généralement la place aux besoins affectifs. En général, l'homme ainsi organisé est porté à la mélancolie ; c'est sous une teinte sombre qu'il regarde le monde, et cette nuance de tristesse se remarque dans toutes ses passions. Il est très-accessible à l'amour passionné, à l'ambition, à la vengeance, au fanatisme religieux ou politique. Son imagination puissante exagère la grandeur des obstacles ; mais la solidité du caractère prévient le découragement.

Généralement dominés par une idée fixe, les hommes ainsi constitués sont peu aimables. Distraits, préoccupés, ils manquent souvent dans la vie des occasions favorables, mais ils peuvent accumuler lentement une grande somme d'énergie et faire, à un moment donné, un puissant effort. Aussi sont-ils propres aux grandes fautes et aux grandes actions, si leur cerveau a de la puissance.

Ils parlent peu, s'endorment difficilement, se réveillent avec la même lenteur.

Ce sont par excellence : les *passionnés*.

III

Y a-t-il des groupes de signes physiques et appréciables, correspondant à chacun des types moraux précédemment décrits ?

Cette question serait oiseuse, si la relation nécessaire entre le physique et le moral était reconnue et avouée par tout le monde. L'homme est un, en dépit de préjugés millénaires, mais qui meurent visiblement, et l'on peut formuler la loi suivante :

A toute empreinte morale tranchée correspond une empreinte physique aussi tranchée.

Aussi, comme nous avons pu décrire quatre types moraux bien caractérisés, nous décrirons de même autant de types physiques, incontestables, et que tous les médecins ont admis dans la suite des siècles, jusqu'à notre époque, qui, justement amoureuse de la rigueur scientifique, les néglige provisoirement, en attendant que leur caractéristique anatomique et physiologique soit déterminée.

Enumérons brièvement les signes physiques, grossièrement apparents de chacun de ces types :

1° Chairs molles, tissu cellulo-graisseux développé, lâche. Traits du visage grossièrement modelés, ainsi que les extrémités. Système lymphatique riche et s'engorgeant facilement. Circulation et respiration lente. Digestion paresseuse. Membres souvent volumineux, mais avec flaccidité des tissus. Le sang est riche en globules blancs. On résiste mal à la fatigue, au froid, et l'on a besoin d'une alimentation riche et de longs sommeils.

En général, les rouages de l'organisation marchent faiblement, lentement. Les sens sont paresseux, les organes génitaux peu actifs. Les maladies inflammatoires passent facilement à l'état chronique, et les réactions se font lentement. Grande tendance aux flux muqueux. Teint modérément coloré. Cheveux souvent blonds ou châtain clair.

C'est le *tempérament lymphatique* des auteurs.

2° Le second type est caractérisé par un minime développement du tissu cellulaire, un système lymphatique peu développé, des muscles grêles, mais relativement forts, s'il s'agit d'un effort de courte durée. Parfois on peut résister à des fatigues excessives, nullement en harmonie avec l'apparente faiblesse de la constitution. Mais ce résultat, dû à une vive exaltation morale, est ordinairement suivi d'une dépression profonde.

Quoique le sang soit généralement pauvre en globules, une alimentation très-modérée et peu de sommeil suffisent.

Le pouls, ordinairement faible, est très-facilement variable. On a horreur du froid. Les sens sont doués d'une sensibilité exquise. On est peu sujet aux phlegmasies, mais très-facilement aux névroses.

Souvent les traits du visage sont finement modelés.

Le thé, le café, déterminent une exacerbation maladive de la vie cérébrale.

Le trait dominant de la constitution est une sympathie nerveuse très-développée. Aussi le plus petit désordre est vivement ressenti par toute la machine et trouble toutes les fonctions.

On a reconnu le *tempérament nerveux*.

3° Les caractères physiques du tempérament suivant

sont : une belle apparence extérieure, un teint richement coloré, des muscles forts, sans empâtement, au moins dans la jeunesse ; une circulation et une respiration qui en apparence rivalisent d'activité, un appareil digestif vigoureux et exigeant des fonctions génératrices actives.

Les muscles sont capables d'efforts vigoureux et soutenus ; les organes des sens spéciaux bien doués.

Les maladies sont rapides, violentes ; les phlegmasies, aiguës.

Le sang surabonde en globules rouges dont le mouvement nutritif ne réussit point à épuiser l'oxygène, d'où facile harmonie entre les fonctions dans la jeunesse. En vieillissant, tendance aux maladies du cœur, aux congestions céphaliques, à l'obésité, aux affections goutteuses. Il semble qu'il y ait désharmonie entre la fonction hématopoiétique excessive et la dépense.

Ordinairement le café, le thé, etc., excitent peu le système nerveux, beaucoup moins que l'alcool.

C'est le *tempérament sanguin*.

4° Le quatrième type est bien différent.

Au lieu de l'aspect séduisant du sanguin, nous voyons un teint plus ou moins pâle et subictérique, un œil ordinairement noir et expressif, des traits fortement accentués, mobiles. Ordinairement la physionomie est caractéristique et la fixité de la pensée lui a donné une expression spéciale.

C'est par exception que les cheveux et les yeux ne sont pas noirs ou d'un brun foncé. En général les éléments pigmentaires sont abondants.

Souvent le système musculaire est puissant et les fonctions digestives s'accomplissent avec activité. Le pouls est lent ; la respiration profonde et lente aussi. L'embonpoint est assez rare.

Le sang des capillaires de la peau comparé à celui du sanguin s'en distingue par la moins grande abondance des globules, qui, de plus, sont beaucoup moins rutilants, plus désoxygénés. On y remarque aussi moins de globules blancs que chez le lymphatique.

On résiste très-bien à la fatigue, pourvu que l'on soit dans de bonnes conditions d'alimentation et d'aération.

Les excitants du système nerveux (thé, café) déterminent une exaltation profonde et durable de toutes les facultés.

Sans avoir la lenteur qui les caractérise chez le lymphatique, les phlegmasies prennent rarement une marche suraiguë. Les maladies les plus à craindre sont les affections du foie, le cancer.

C'est le tempérament bilieux.

CHAPITRE III.

GÉNÉRALITÉS SUR LES TEMPÉRAMENTS.

I

Les quatre types autour desquels on peut grouper tous les hommes de la race caucasique ont été primitivement aperçus par Hippocrate, qui les rapporta aux quatre humeurs admises par lui dans le corps humain (sang, bile, pituite, atrabile). Galien, tout en admettant aussi ces quatre types, les expliqua par la prédominance de certaines qualités : le chaud, le froid, le sec et l'humide.

Stahl les crut liés à la texture des solides et à la consistance des humeurs.

Haller les accepta aussi, en les expliquant à sa manière par une dose plus ou moins forte d'irritabilité et en même temps divers degrés de solidité dans les tissus.

Cabanis commença à les considérer comme des physionomies organiques mieux localisées (1).

En admettant les quatre types hippocratiques, chacun de ces auteurs en avait créé d'autres, et reconnu des tempéraments mixtes, dont je parlerai bientôt.

Tout le monde avait vu et admis les tempéraments. La théorie explicative seule variait suivant les idées du temps. Mais les observateurs, en ne tenant compte que des modes généraux de l'organisme et nullement des

---

(1) *Rapports du physique et du moral de l'homme.*

organes isolément considérés, étaient embarrassés par un grand nombre de cas particuliers qui rentraient mal dans la loi générale, dans les classes admises. Le premier, Hallé, vit qu'en dehors des tempéraments généraux il fallait tenir compte des tempéraments idiosyncrasiques, partiels ; mais sa classification manque de précision (1).

Thomas, dominé par les mêmes raisons, tomba dans l'erreur opposée à celle des anciens, et, ne tenant aucun compte de la constitution générale, il vit partout des prédominances organiques bien localisées.

Mais sa classification des hommes en *crâniens, thoraciques, abdominaux* et *mixtes* ne remplace nullement l'utile notion de tempérament que nous ont transmise les pères de la médecine.

Bégin concilia habilement toutes les opinions en reprenant l'idée de Hallé, la développant, la précisant. Il donna les traits caractéristiques des quatre tempéraments généraux sur lesquels venaient se greffer des tempéraments partiels, liés au développement accidentel d'un organe ou d'un groupe d'organes importants (2).

Cette classification est suffisante à tous égards ; car tout homme appartient plus ou moins à un des quatre tempéraments généraux. Il est ou sanguin, ou lymphatique, etc. ; mais, en outre, il a le cerveau plus ou moins développé, telle ou telle fonction plus ou moins exigeante, etc. Aussi, malgré la conformité du tempérament général, y a-t-il une grande différence entre un sanguin dont le cerveau est vaste et un sanguin microcéphale, etc.

(1) Article Tempérament du *Dictionnaire des sciences médicales*, 1821.
(2) *Traité de physiologie pathologique.*

Le seul tort grave de Bégin, ce fut de reléguer parmi les tempéraments partiels le tempérament bilieux, qui a incontestablement un cachet de généralité.

Presque tous les auteurs qui ont décrit les tempéraments ont cru devoir ajouter qu'ils donnaient des types n'existant guère dans la réalité, et ils ont admis un très-grand nombre de tempéraments mixtes, sans caractères tranchés, à tort, selon moi ; c'est le tempérament parfaitement équilibré, le *temperamentum ad pondus*, qui est une chimère. Chez tous les hommes, une des empreintes domine plus ou moins les autres. Entre le tempérament mixte et le tempérament tranché, il n'y a qu'une différence de degré, et, en examinant attentivement, en tenant compte de toutes les nuances physiques et morales, pathologiques et physiologiques, il est presque toujours possible de classer un homme dans un des quatre cadres généraux.

Quant au tempérament partiel, son influence est secondaire. L'homme, par exemple, chez qui domine un vaste cerveau (Cuvier, Byron, Cromwell, etc.), n'en est pas moins doué de l'un des quatre tempéraments généraux. Quel que soit l'organe ou le système d'organes dominant, cerveau, muscles, organes de la génération, etc., il subit toujours l'influence générale et constitutionnelle.

Mais il est bien important de ne point se faire une fausse idée de la valeur du mot tempérament. Cette notion générale donne *la qualité du ressort vital*, et rien de plus. Pour connaître complétement l'individu, il faut donc tenir compte des organes isolément considérés.

Ainsi, en thèse générale, l'empreinte lymphatique est la plus mauvaise, la moins énergique ; cependant le crâne d'un lymphatique peut contenir le cerveau d'un Cuvier, et l'on a alors un homme supérieur, d'autant plus apte aux travaux de l'esprit, qu'il n'en est point distrait par une puissante impressionnabilité, des besoins impérieux d'ordre secondaire; mais son tempérament déterminera l'emploi qu'il fera de ses facultés.

A cerveau égal et fortement développé, le lymphatique s'adonnera aux tranquilles spéculations de la philosophie, aux paisibles recherches scientifiques; le nerveux s'occupera d'art, de poésie; le sanguin dépensera son activité dans les luttes ordinaires de la vie, aspirant aux honneurs, à la fortune, et il primera souvent des rivaux moins bien doués, tandis que le bilieux s'usera d'ordinaire dans les crises perpétuelles des passions affectives; il sera amoureux ou fanatique, ou ambitieux. S'il se consacre aux travaux intellectuels, il préférera fréquemment la littérature aux sciences et excellera à peindre en traits de feu, dans un style imagé, caractéristique, les passions souvent tristes qui l'ont si vivement agité.

C'est le tempérament qui donne à la pensée sa couleur spéciale. Les pensées du lymphatique bien doué sont justes; celles du nerveux, spirituelles; celles du sanguin, vives, fécondes; celles du bilieux, énergiques.

Je suppose mes quatre types bien doués et parfaits, chacun dans son genre; car, de même qu'un lymphatique peut avoir un cerveau d'homme de génie, il n'est rien moins que rare de trouver un nerveux, un bilieux, etc., microcéphales. Le nerveux n'est alors qu'un sot affligé d'une grande mobilité; le bilieux, qu'un sot ayant des impressions tenaces et durables.

II

Tant vaut l'organe, tant vaut la fonction. Ce que l'on appelle *caractères moraux* n'est que l'expression fonctionnelle des organes cérébraux et dépend conséquemment du tempérament général d'abord, puis de la conformation du cerveau, de son volume.

Mais le volume et le poids du cerveau sont des éléments insuffisants pour juger de son activité fonctionnelle. Comme il y a des tempéraments divers, il y a aussi diverses qualités de système nerveux.

Comparez un Allemand phlegmatique à un Italien. Chez le premier les organes, les muscles par exemple, obéissent plus lentement aux ordres de la volonté. Ou l'impulsion cérébrale est moins énergique, ou les conducteurs sont moins sensibles, mais les mouvements de l'un sont beaucoup plus rapides que ceux de l'autre.

Il en est de même pour le travail intellectuel. La pensée naît, germe, mûrit plus vite chez le nerveux que chez le lymphatique. Le sanguin et le bilieux se placent dans l'intervalle. C'est presque instantanément que la pensée jaillit chez le nerveux : c'est lentement et par un patient travail d'agrégation qu'elle arrive à maturité chez le lymphatique. L'un est homme d'intuition ; l'autre, homme de méthode.

Quelle que soit l'idée que l'on se fasse de l'être humain ; que l'on y voie une harmonieuse unité ou un composé de deux principes, cela ne change pas les faits. Certainement on n'arrive à l'idée de dualité que par abstraction, et dans la pratique, spiritualistes et matérialistes sont bien obligés de considérer l'homme comme un être parfaitement un et indivisible.

Donc, étant donné le caractère moral d'un homme, s'il offre les traits saillants d'un tempérament typique, vous pouvez hardiment en conclure qu'il en a les traits physiques et inversement. Etant connu le caractère d'un Loyola, d'un Tibère, d'un Calvin, on peut affirmer qu'ils avaient l'empreinte bilieuse fortement accusée.

La biographie d'un Louis XV indique nécessairement un sanguin, et Mozart sera toujours le type du nerveux, comme Gibbon celui du lymphatique.

III

Certes, la grossière et vague description que j'ai donnée des divers types physiques est loin d'être rigoureuse et scientifique. Il faudrait aujourd'hui, au lieu de dédaigner l'antique notion de tempérament à cause de son défaut de précision, déterminer à quel fait général d'anatomie ou de physiologie sont dues les diverses physionomies générales de l'être humain. C'est au mode de nutrition intime qu'elles doivent se rattacher.

Ainsi un petit nombre d'observations microscopiques font bientôt voir de notables différences entre le sang des capillaires chez un sanguin et un bilieux. Nombreux et rutilants chez l'un, les globules sont plus rares et d'une teinte plus sombre chez l'autre.

Chez le sanguin, les globules ne perdent au contact des tissus qu'une portion de leur oxygène, d'où la couleur rosée de la peau. Il semble y avoir disproportion entre le nombre, l'activité de ces éléments et les besoins de la nutrition intime (1).

(1) M. Claude Bernard a constaté que le degré d'avidité du sang pour l'oxygène, par conséquent la facilité avec laquelle les globules abandonnent la totalité de leur oxygène aux tissus, est en rapport avec la coloration plus ou moins noire du sang.

Les animaux hibernants ont le sang veineux rouge et consomment peu d'oxygène. Chez un animal qui se refroidit, le sang veineux devient rouge. Même alors la galvanisation des nerfs d'un membre noircit le sang des veines de ce membre. Hunter a vu, pendant la syncope, le sang des veines devenir rouge.

La section du filet cervical sympathique rend le sang rouge du même côté, tandis que la galvanisation du bout supérieur rétablit la coloration noire (Claude Bernard, *Liquides de l'organisme*).

L'alcool, ou plutôt les alcooliques, qui ralentissent si manifestement la combustion vitale, engendrent à la longue l'état dit *pléthorique à aspect artériel* (1).

Dans les pays chauds, où, sous l'influence d'une ardente insolation, le mouvement nutritif intime est plus rapide et plus actif, l'homme de race blanche a généralement le teint pâle, le sang plus pauvre en globules.

Enfin l'exagération du tempérament sanguin, l'état pléthorique longtemps continué s'accompagne évidemment d'un ralentissement du mouvement vital, se traduisant par la transformation graisseuse des éléments anatomiques (2).

De tous ces faits on est porté à conclure, sous toutes réserves, qu'un des traits physiologiques généraux du tempérament bilieux, c'est une rapide consommation d'oxygène. Le type dit *sanguin* aurait un caractère inverse.

Les traits anatomiques, physiologiques et moraux du tempérament lymphatique semblent tous se rattacher à un certain degré d'imperfection dans la structure des vaisseaux capillaires. En effet, chez le lymphatique, la paroi de ces capillaires est faible, trop extensible, peu élastique et trop facilement perméable à la portion liquide du sang. De là résulte que la circulation capillaire est paresseuse, que les échanges nutritifs entre les capillaires et les éléments anatomiques s'effectuent lentement, que le plasma sanguin transsude facilement à travers la mince paroi des capillaires et se répand dans les mailles du tissu conjonctif, en y produisant, même

---

(1) Le café doit agir en sens inverse et stimuler le mouvement vital.

(2) Th. Robin, *Étude sur la dégénérescence graisseuse des capillaires cérébraux.* — Perrin, *Études sur l'action physiologique de l'alcool.*

normalement, un certain degré d'œdème. De là la nécessité d'un système lymphatique très-développé qui recueille en partie les liquides nutritifs extravasés et les ramène dans la grande circulation ; de là vient aussi que le réseau et les glandes lymphatiques s'engorgent facilement, car ils ont à charrier péniblement une surcharge de lymphe.

Cette disposition générale s'exprime, anatomiquement, par l'empâtement et la mollesse des tissus; physiologiquement, par la langueur des fonctions ; pathologiquement, par la tendance aux engorgements des ganglions lymphatiques et à la scrofule ; moralement, par la torpeur que nous avons signalée plus haut.

IV

En dépit de toutes les critiques, la théorie darwinienne est tellement vraisemblable, qu'on est obligé de l'admettre comme vraie. Car, puisqu'il est hors de doute que la vie n'a pas toujours existé à la surface de notre petit globe terrestre, on en est réduit, au sujet de l'origine des êtres organisés, à opter entre l'hypothèse d'une innombrable quantité de générations spontanées et la doctrine de la lente évolution des formes organiques. Or, pas un esprit sensé, acculé à ce dilemme, n'hésitera à croire plutôt à la transformation lente des êtres organisés qu'à la création ou à l'apparition instantanée et féerique de chacune des espèces vivantes ou éteintes, du *trilobite*, du *mammouth* ou de *l'homme*.

Mais si l'on peut encore à la rigueur contester dans une certaine mesure la doctrine de la modification des espèces, personne n'osera nier la modification des tempéraments. L'homme n'est point un cristal immuable, et nous voyons la physionomie générale de son être changer incessamment suivant le cours des ans, les variations du genre de vie, le climat surtout, même les causes locales. Ainsi le tempérament lymphatique, très-commun dans les ruelles étroites de Gênes, où le soleil ne pénètre jamais, est très-rare dans la banlieue de la même ville. Des faits analogues s'observent chez tous ceux qui émigrent des campagnes dans les grandes cités.

Quant à l'influence plus générale du climat, elle est incontestable, même en Europe. Le Celtibère espagnol est généralement bilieux, sobre, aux formes sèches. Le Celte de l'Armorique française, qui est à peu près au même degré à l'étiage de la civilisation, est lymphatique ou sanguin, lent, mou et ivrogne.

Dans la race germanique, nous pouvons de même comparer l'habitant des humides lagunes de la Hollande, type de tempérament lymphatique, une mobile montagne de tissu cellulo-adipeux, du beurre organisé, suivant une expression citée par Diderot, à l'Allemand du Midi ou à l'Anglo-Saxon.

En général, l'Européen du Nord est lymphatique ou sanguin, l'Européen du Midi est bilieux ou nerveux.

Sous l'influence d'un air dense et très-oxygéné, les globules rouges s'accumulent dans le sang et le mouvement de nutrition intime ne peut les utiliser tous, d'où la coloration vermeille de la peau dans l'âge adulte, et plus tard, quelque chose d'analogue à ce qui se produit dans l'alcoolisme, une lente et sourde excitation de tous les tissus, provoquant d'abord une production exagérée de noyaux cellulaires, puis la régression graisseuse de tous les éléments histologiques.

La modification du tempérament, et par suite des caractères et des aptitudes passionnelles, se produit aussi dans l'acclimatation. Dans l'Inde, les rares Anglais qui s'acclimatent acquièrent le tempérament bilieux.

Transportez une tribu de Hollandais lymphatiques sur les confins du Sahara et soumettez-les au genre de vie des Arabes, mangeurs de dattes !

Il n'est pas besoin d'avoir lu les travaux des docteurs Bertillon et Boudin sur l'acclimatation, pour deviner qu'un grand nombre de nos expatriés, respirant un air rare et chaud, au lieu d'un air condensé et humide, n'ayant qu'une alimentation pauvre au lieu d'une alimentation riche, etc., ne tarderont pas à succomber. Admettons que la mort en fauche 99 pour 100, et que même la durée de la vie soit abrégée chez les survivants. Mais ces survivants seront ceux dont la constitution était le plus modifiable, et leurs enfants auront l'avantage dans la bataille pour vivre. La sélection continuant à agir à la deuxième, à la troisième, à la $n^{\text{ième}}$ génération, on aura dans un temps donné une race, qui, tout en conservant les traits généraux des ancêtres, leur squelette, aura des tissus plus secs, une peau plus pigmenteuse, des poumons moins avides d'air, un sang moins globuleux et un tempérament bilieux ou biliosonerveux.

V

Quelle est l'influence du tempérament sur la violence et la durée des passions ?

Le développement prédominant de telle ou telle faculté ou propriété fondamentale spécialise la passion.

Ainsi une impressionnabilité facile à exciter entraîne nécessairement une incessante génération de désirs, selon son mode dominant, nutritif, sensitif, affectif, intellectuel, et ces désirs sont d'autant plus vifs et durables, c'est-à-dire passionnés, que l'impression qui les engendre est plus forte et plus longue. Après l'analyse que nous avons faite de la passion cette proposition n'a pas besoin de démonstration.

Or, en examinant à ce point de vue les divers tempéraments, nous sommes amenés à conclure que le tempérament le plus propre aux passions durables c'est le tempérament bilieux, tandis que le tempérament nerveux est plus apte aux passions courtes et nombreuses. Entre ces deux extrêmes se place le tempérament sanguin.

Mais, chez chaque homme isolément considéré, l'impressionnabilité est surtout excitable par un certain ordre d'actes. Ainsi si la sensibilité proprement dite est la propriété fondamentale la plus parfaite, ce sera le jeu des sens spéciaux, qui déterminera surtout des impressions de plaisir ou de peine, et l'individu sera prédisposé aux passions sensitives, tandis que si l'entendement prédomine on prendra de préférence des passions scientifiques.

Mais l'impressionnabilité a différents modes. Il va sans dire que l'impressionnabilité nutritive favorise surtout la génération de passions de même nuance. Même réflexion pour chacun des autres modes.

Aussi, et toutes réserves faites pour de nombreuses exceptions, les passions du nerveux et du bilieux seront souvent dans le mode affectif; celles du sanguin, dans le mode sensitif et nutritif, etc.

Un riche développement du système musculaire portera à se passionner pour les exercices du corps, la chasse, la lutte, etc. Ici les tempéraments qui brilleront le plus seront, en première ligne, le sanguin; en seconde ligne, le bilieux.

Le rôle des facultés est aussi très-important dans la prédisposition passionnelle; mais ici il est difficile de formuler des généralités. Cependant, de l'analyse de la passion on peut déduire la proposition suivante :

L'aptitude à la passion est en raison directe de la puissance et de la vivacité de l'imagination (pouvoir d'imaginer). Car le désir est d'autant plus énergique que l'imagination peint plus vivement le bien désiré. Or, si nous classons les tempéraments au point de vue de l'imagination, il faut mettre en première ligne le nerveux, puis le sanguin, puis le bilieux, enfin le lymphatique.

Ce dernier tempérament, ordinairement assez déshérité relativement aux propriétés et facultés que nous venons d'examiner, se relève quand il s'agit de la volonté froide, plus ou moins bien raisonnée et à ce point de vue aussi libre qu'elle peut l'être chez un homme. Mais cette noble faculté est loin d'inspirer autant d'énergie qu'un désir passionné.

Si l'imagination et l'impressionnabilité sont les nourrices de la passion, la raison et l'entendement en sont les ennemies. Nous exceptons, bien entendu, les passions scientifiques et philosophiques, mais elles sont si rares encore dans le pauvre troupeau des humains ! Relativement à elles, le lymphatique aura souvent, à cerveau égal, l'avantage ; car l'émotion viendra rarement étourdir sa raison.

En résumé, le terrain le plus favorable au développement d'une longue et forte passion étant celui où se trouvent une impressionnabilité vive et se modifiant lentement, une imagination (pouvoir d'imaginer) ardente et des désirs durables et puissants, le tempérament le plus favorable à la passion sera, en général, le tempérament bilieux.

CHAPITRE IV.

COUP D'OEIL D'ENSEMBLE.

> « On est noble et méritant ou l'on est ignoble et dangereux, de même que l'on est beau ou laid. L'éducation, l'exemple, le précepte, servent au plus de moyens adjuvants... Le problème de la répression est tout entier dans l'utile.
> (Dally, *Remarques sur les aliénés et les criminels au point de vue de la responsabilité*. dans *Ann. méd.-psych.*, 1864.)

I

Il ne nous reste plus qu'à relier en faisceau la série d'études isolées contenues dans ce volume, et à formuler quelques propositions générales.

A ces mots dépourvus de sens précis, à ces notions vagues : la vie, l'émotion, la passion, etc., nous avons substitué par le mode analytique quelques idées bien claires, bornées sans doute, car la science, tout en grandissant chaque jour, est loin d'être faite, suffisantes cependant pour éclairer quelque peu la vie cérébrale de l'homme.

Nous avons vu que l'homme, envisagé sainement et non à travers les verres colorés de la métaphysique, n'est, au même titre que tous les êtres organisés, qu'un agrégat d'éléments histologiques, fibres ou cellules, formant une république vivante, fédérative, régie, surtout en ce qui concerne la vie de relation, par un pouvoir uniteur et intelligent, le système nerveux. Nous avons vu, que ce tout organique se renouvelle incessamment dans ses matériaux entraînés par le rapide courant du mouvement vital.

Chacun des actes, chacun des désirs, chacune des pensées de ce mammifère bimane, l'homme, le premier des êtres organisés dans le petit monde terrestre, correspond à une modification organique, à une usure des matériaux constituant l'être, usure incessamment, mais de plus en plus mal réparée par la nutrition, de la naissance à la mort.

Nous avons vu que de cette structure et du besoin de vivre commun à tous les éléments anatomiques, à tous les organes résultaient des impulsions senties, des besoins, se nuançant diversement suivant la fonction à laquelle ils correspondent, d'où leur classification naturelle en nutritifs, sensitifs, cérébraux; trépied autour duquel se peuvent grouper de même les impressions, les désirs, les émotions, les passions.

Les besoins, ces contre-coups sentis de la vie organique, se déroulant spontanément ou stimulée par le monde extérieur, sont d'autant plus puissants, énergiques, qu'ils sont plus intimement liés à la nutrition. Là, comme il arrive parfois dans la société, les plus forts ne sont pas les plus nobles, et souvent l'estomac dicte des lois au cerveau.

Mais ce despotisme de la nutrition est plus ou moins brutal suivant les races, suivant les individus; et l'examen de tout le règne animal, de tout le genre humain, du même individu aux différentes saisons de sa vie, permet d'affirmer que le despotisme nutritif s'atténue en raison du volume et de la puissance des centres nerveux.

Si l'on examine de plus près les actes cérébraux chez l'homme, on les peut diviser en faits passifs rangés sous les étiquettes *sensibilité* et *impressionnabilité*, et en faits actifs suscités par eux et que nous rapportons à quelques facultés : la mémoire, l'imagination, l'entendement, la volonté.

Chez l'homme, tous ces faits cérébraux, actifs et passifs, ont besoin de se produire. Comme l'élément histologique a besoin d'être le siège du double courant nutritif, comme les glandes ont besoin de sécréter, la fibre musculaire besoin de se contracter, ainsi la cellule cérébrale a besoin de sentir et de penser, et parfois chez l'homme bien doué les besoins cérébraux acquièrent une influence dominante.

Si même on se borne à n'envisager que les besoins affectifs proprement dits, besoin d'aimer, de haïr, etc., on les voit très-énergiques chez tous les individus ou à peu près des races supérieures, et c'est dans leur sol fécond que germent la plupart des passions.

La passion n'est, en effet, qu'un désir énergique et durable greffé sur une impression forte, quelle qu'en soit la nature.

Les besoins affectifs dont nous venons de parler trouvent assez généralement leur pâture, si l'on considère la totalité du genre humain, dans les créations religieuses.

Ces créations, que l'on peut considérer comme l'homme moral extériorisé, se simplifient et s'épurent comme leur créateur, d'autant moins grossières, d'autant plus rationnelles, intellectuelles que l'être est plus noble et plus intelligent. Enfin, alors que l'individu a fait un triage exact des faits subjectifs et des faits objectifs ; alors qu'il a appris à ne plus extérioriser, en leur donnant un corps, ses passions, ses émotions, ses conceptions ; alors qu'il se borne seulement à scruter l'immense inconnu qui l'environne, les faits religieux s'évanouissent dans la science (1).

Mais ce n'est point d'emblée et dès l'aube de sa vie, que l'homme est pourvu ainsi de tous ses besoins, de toutes ses facultés, de toutes ses tendances, et, de la naissance à l'âge adulte, on peut noter une sériation graduée. L'homme, d'abord être purement végétatif, parcourt successivement les phases nutritive, sensitive, pour s'épanouir enfin dans les phases affective et intellectuelle.

Ces étapes, par lesquelles passe tout homme, le genre humain, le groupe social paraissent aussi les parcourir.

Dans les premiers âges d'une race, et probablement de l'humanité, l'homme séjourne un long temps dans la phase nutritive, puis peu à peu il arrive à la phase sensitive, pour aboutir enfin aux glorieuses phases affective et intellectuelle.

L'Australien et Newton, voilà les deux extrêmes entre lesquels la tourbe humaine s'échelonne individuellement et socialement.

II

Ces grandes données posées, si l'on aborde l'étude des passions proprement dites, on voit d'abord que les

(1) Un écrivain, coupable d'avoir commis un acte de virile indépendance et écrit un beau livre, double crime pour lequel il fut durement frappé, a dit : « Par suite d'une illusion d'optique intellectuelle, provenant de la faculté de l'idéal, contre laquelle il a tant de peine à se tenir en garde, l'homme a transporté hors de lui, dans un être créé par lui à son image, et dont il fait l'objet de son culte et de son adoration, sa nature propre et les facultés qui lui sont essentielles, non plus restreintes et contenues dans les bornes de la réalité et du possible, mais élevées jusqu'à la notion du parfait, de l'absolu, c'est-à-dire grandes et exagérées jusqu'à l'impossible, jusqu'à l'absurde. » (*De la morale de l'Église et de la morale naturelle*, par M. E. Boutteville.)

germes des désirs passionnés se groupent suivant une série analogue à celle des besoins, et qu'à chaque groupe de tendances organiques correspond un groupe d'impressions de peine ou de plaisir.

On trouve donc, chez l'homme complet, des impressions nutritives, sensitives, affectives et intellectuelles.

Le pouvoir despotique des premières change, comme la Circé de la Fable, l'homme en bête. La prépondérance des secondes crée des amants de l'art. Les dernières, quand elles sont élevées, resserrent, épurent les liens de la famille et de la société, ou bien, par une impulsion suprême, lancent l'individu à la recherche passionnée des grandes vérités scientifiques.

Des impressions jaillissent naturellement et nécessairement les désirs, aussi avons-nous d'emblée à nous demander si le désir diffère essentiellement de la volonté.

Une étude scrupuleuse, une analyse complète, nous montrent bientôt qu'entre le désir et la volonté il n'y a pas plus de différence qu'entre une impression sensitive et une impression intellectuelle, que c'est affaire de nuance, que, parmi les tendances senties, les unes sont irraisonnées, d'autres délibérées, que les premières sont les désirs proprement dits, que les autres se rapportent à la volonté.

Du même coup est tranchée la question, tant débattue, du libre arbitre ; chaque homme étant bien obligé de vouloir conformément à sa nature, qu'il ne se donne pas, à sa raison, qui dépend de sa nature, et d'obéir, délibérément ou non, à l'attraction la plus forte.

Que le désir soit violent et durable, puissant comme un monarque oriental, nous lui donnons le nom de passion.

Donc, autant de groupes de passions que de groupes de besoins, d'impressions, de désirs, d'émotions.

Qu'il dépende de nous de prendre telle passion plutôt que telle autre, cela n'est pas soutenable. Denise' était fatalement vouée à la polyphagie, comme Michel-Ange fatalement voué aux arts, Sand aux passions sociales, d'Alembert à la science. Aussi l'étude des biographies des personnalités célèbres nous permet de voir les tendances, qui, en se développant, les ont conduites à l'ignominie ou à la gloire, saillir dès l'enfance.

En doit-on conclure que la morale n'est qu'un rêve, une illusion ? Nullement. Il faut, évidemment, une règle des rapports sociaux. Il est des penchants utiles socialement, il en est d'autres qui sont nuisibles, et il est des moyens pour multiplier, provoquer les uns, pour annihiler ou atténuer les autres.

Car l'observation nous apprend que l'exercice développe un organe, que l'inaction l'atrophie ; que la répétition des mêmes actes amène à la longue l'habitude, c'est-à-dire le besoin de répéter encore ces actes ; que les habitudes elles-mêmes deviennent à la longue héréditaires, et que l'éducation peut ainsi modeler l'homme dans une certaine mesure, même créer des tendances, des aptitudes, qui se transmettront par la voie de la génération.

Mais l'éducation, pour être aussi bonne que possible, doit être précédée d'une analyse, d'une étude des penchants innés chez l'individu à élever, afin de pouvoir varier le régime intellectuel et moral, comme le médecin varie le régime et le traitement suivant la constitution individuelle.

L'observation nous apprend encore, qu'une passion étant donnée, on peut la dompter ou la combattre en en suscitant une autre, et que c'est à ce puissant ressort que doivent souvent demander secours les parents, les maîtres et les législateurs.

Ce que l'on peut obtenir par l'éducation, même chez l'adulte, même sur des prisonniers, des condamnés, c'est-à-dire des hommes ayant presque tous des penchants ou des passions contraires au bien général, social, le colonel Montésinos, à Valence, M. Obermayer, à Munich, en Irlande, à Mountjoy, le capitaine Walter Crofton, l'ont prouvé ; mais, pour cela, il est indispensable de bien connaître le clavier passionnel.

Nos criminalistes enragés, nos législateurs inexpérimentés, pour qui la punition du criminel est une représaille, une vengeance sociale, tous ces esprits légers ou étroits, à qui il ne faut pas se lasser de répéter que, suivant l'expression de Quételet, c'est la société qui prépare les crimes, tous ces aveugles pilotes de nos sociétés, pour qui l'homme n'est ni modifiable, ni éducable, qui mettent partout la sentimentalité et la routine à la place de l'utilité sociale, pourraient voir, tout près de nous, au pénitencier de Neuchâtel (Suisse), ce que l'on peut obtenir avec le système si humain et si scientifique de W. Crofton. Là, bien loin de considérer le condamné comme un réprouvé, on s'applique à éveiller dans son cœur l'espérance, à lui montrer que l'on ne ressent contre lui ni haine ni colère, à lui bien persuader qu'il est, dans une large mesure, l'arbitre de son sort. On le traite, non pas comme un monstre, qui doit souffrir pour expier, mais comme un malade, comme un ami égaré, que l'on veut remettre dans le bon chemin. On l'instruit ; on l'élève moralement ; on lui donne une profession ; on le fait passer graduellement de la prison cellulaire à la libération conditionnelle, avec surveillance bienveillante. En un mot, on en fait un homme. Seulement, à cette besogne, il faut des philanthropes éclairés ; il est plus commode de n'avoir que des geôliers (1).

Comment le capitaine Moconochie apprivoisa et réhabilita presque le matelot Anderson, qu'une longue et horrible série de violences légales avait presque transformé en brute, c'est un fait plein d'enseignement (2).

(1) *La réorganisation du système pénal et pénitentiaire dans le canton de Berne*, par le docteur Guillaume, directeur du pénitencier de Neuchâtel. Neuchâtel, 1875.

(2) Anderson, fils d'un matelot et orphelin dès l'enfance, est élevé à la workhouse. Mousse à neuf ans, il est, à l'âge de dix-huit ans, condamné à sept années de déportation, en punition de délits commis en état d'ivresse (rixes, boutiques forcées). En captivité, le prisonnier oppose aux mesures de rigueur une indomptable résistance. A Sydney, où il a été déporté, il est signalé comme particulièrement dangereux, réfractaire ; aussi on le confine dans l'îlot des Chèvres (Goat-Island), célèbre dans les annales de la discipline. Là il est soumis à des mauvais traitements incessants, s'évade, est repris et reçoit d'abord cent coups de fouet ; puis, dans le courant de l'année, douze cents. Enfin, il est condamné à être enchaîné deux ans aux roches de Goat-Island. Là il couche en plein air dans une cavité taillée dans le roc et que tous les soirs on recouvre d'une planche percée de trous. Il est maintenu dans un isolement complet et il est formellement défendu de lui parler.

Ensuite il est envoyé à Macquarie. Un surveillant, un Français, nommé Antoine, imagine de l'employer à porter de la chaux sur son dos nu, qui s'ulcère, se couvre de plaies que la chaux irrite sans cesse. Le prisonnier parvient à s'échapper, s'unit aux indigènes, et avec eux commet divers meurtres. Il est repris et doublement fustigé. Las de vivre, il tâche de se faire condamner à mort, et pour cela il tue le surveillant Antoine, l'inventeur du supplice à la chaux. Des soldats accourent et le percent de cinq coups de baïonnette. Néanmoins, Anderson guérit et est condamné à mort, ce qui lui cause une grande joie ; aussi on ajourne l'exécution et l'on envoie le condamné à l'île de Norfolk. Là, le pénitencier est dirigé par un homme de cœur, le capitaine Moconochie, qui a l'idée d'essayer de la douceur.

Plus de mauvais traitements, plus de liens. Le prisonnier, convenablement nourri et vêtu, est employé à dompter les taureaux

Gall a écrit à ce sujet quelques réflexions bien justes et bien humaines : « Pour changer la volonté des malfaiteurs, on a cru longtemps qu'il suffisait d'infliger des peines. Il en résulta partout des lois criminelles, qui ne tendent qu'à déterminer quels sont les actes coupables et à fixer, pour chacun de ces actes matériels, une punition proportionnée, mais toujours la même, quelle que soit la différence de l'individu agissant (t. I, p. 33). »

« Pourtant, ajoute-t-il, tout homme, lorsqu'il s'agit de culpabilité intérieure, n'est pas coupable au même degré, quoique l'acte matériel et la culpabilité extérieure soient les mêmes (t. I, p. 338). »

« Les délits et les crimes sont les produits d'individus agissants ; ils reçoivent donc leur caractère de la nature et de la situation de ces individus ; et ils ne sauraient être estimés, déterminés, que d'après la nature

---

sauvages. Il s'acquitte à merveille de cet emploi. Peu à peu ses facultés intellectuelles et morales se relèvent. Enfin on lui rend le costume de matelot et on l'emploie comme vigie pour signaler les navires, ce dont il s'acquitte très-bien. En outre, il cultive avec amour un petit jardin. Cette heureuse phase dure trois ans. Mais le capitaine est obligé de partir, et le prisonnier ne tarde pas à retomber dans une irritabilité maladive. Enfin, il est mis dans un cabanon d'aliéné, où de temps en temps il parle encore avec reconnaissance de son bienfaiteur, le capitaine Moconochie.

Pénitencier de Mountjoy (Irlande). — A Mountjoy, le capitaine Walter Crofton a inauguré un système pénitentiaire consistant à améliorer graduellement la situation du prisonnier, à diminuer la durée de sa captivité, suivant qu'il fait preuve de bonne volonté, de docilité, d'amour du travail, suivant qu'il obtient de bonnes notes (Marks). A chaque délit, à chaque révolte correspond un châtiment : l'isolement, la mise aux fers, le changement de nourriture.

Bientôt le convict s'aperçoit qu'il est, dans de certaines limites, l'arbitre de son sort. A partir de ce moment, il tâche de l'améliorer et passe successivement dans trois classes, son sort s'adoucissant,

et la situation de ces mêmes individus (t. I, p. 358). »

« Ce sont précisément ces hommes, me disait le généreux monarque de Bavière (il s'agit de criminels), qui ont le plus besoin de secours en ce genre (éducation, instruction) (t. I, p. 346) (1).»

Que nous dit en effet l'observation? Que nous montre-t-elle écrit en caractères brillants et brûlants dans la vie des passionnés? C'est que le désir sensé ou insensé, noble ou abject, qui les entraîne, est tout-puissant, irrésistible, qu'il asservit et rend muets tous les autres désirs, et que punir ces êtres au nom du juste, sans tenir compte de leur fièvre morale, est absurde.

D'où nous pouvons déduire, qu'au lieu d'invoquer et de prendre comme règle une justice absolue qui n'est pas de ce monde, il faut simplement viser à l'utile, ne réprimer que dans la mesure scientifiquement démontrée du nécessaire, prévenir autant que possible les

toujours par échelons, en même temps que s'élèvent les primes d'argent qui lui sont données.

Enfin, il entre dans des ateliers libres, où l'uniforme du condamné est supprimé. Même on lui permet de travailler au dehors. Ensuite il est dirigé sur l'établissement de Lusk, où il s'emploie à défricher une lande et loge dans des baraques. Là cent convicts travaillent sous la surveillance de six surveillants, qui travaillent aussi. Le travail des convicts est actif et le produit défraye suffisamment les dépenses de l'établissement.

En dernier lieu, le condamné rentre moyennant un *ticket of leave*, et avant terme, dans la société. Il doit seulement faire connaître le district où il séjourne et comparaître une fois par mois à la *constabulary station*.

Un instituteur des prisonniers, M. Organ, s'est constitué l'intermédiaire des convicts libérés et des manufacturiers.

Les récidives sont de 10 pour 100. Les promoteurs du système irlandais croient que le succès est la règle, un certain nombre de natures réfractaires et intraitables mises à part. — (Forgues, *la Vie des prisons en Angleterre* (Revue des deux mondes, 15 juin 1866).

(1) Gall, *Sur les fonctions du cerveau et de chacune de ses parties.*

actes nuisibles par une éducation convenable et contrebalancer les penchants trop forts et dangereux en produisant des impressions fortes et des habitudes contraires aux tendances qu'il s'agit d'étouffer; cela sans cruauté ni colère et dans les limites du strict nécessaire. Car, une fois monté au paroxysme de la passion, l'homme obéit à son désir comme la boussole à l'aimant.

L'observation nous apprend encore que la passion n'a généralement qu'un temps, qu'elle naît, vieillit et meurt, que souvent elle se transforme en une autre passion généralement analogue; que parfois elle va s'engloutir dans la folie ou l'extase, deux états où les plus fougueux partisans du libre arbitre sont obligés de l'abandonner.

III

Pour achever de battre en brèche cette forteresse gothique du libre arbitre, adressons-nous à la crâniologie et à l'anthropologie.

Bientôt ces sciences nous auront prouvé, par l'étude des races et par celle des individus, que telle race a fatalement telle forme, presque tel volume de cerveau; que par suite il est un niveau intellectuel, au-dessus duquel la nature implacable ne lui permet de s'élever que par de lentes modifications à travers les siècles, le cerveau paraissant se développer avec le temps et les progrès de la civilisation (1).

Enfin nous apprendrons encore, par cette étude, que tel groupe de besoins paraît coïncider nécessairement

---

(1) M. P. Broca a vu que les crânes parisiens du douzième siècle sont plus petits que les crânes actuels.

avec le développement de telle ou telle région cérébrale.

Quant aux tendances spéciales, aux modes particuliers de sentir, à l'énergie individuelle du ressort nerveux, l'étude des tempéraments soulève un coin du voile et nous montre là, comme partout, les lois de l'organisation régentant les fonctions et réglant la durée et la violence des passions.

Si enfin, pour terminer, pour achever de détruire le mythe et pour inspirer quelque scrupule au juge, qui condamne au nom du juste absolu, nous passions en revue les diverses conceptions de la justice telles que les ont formulées les races et les hommes, dans le temps et dans l'espace, nous verrions alors se vérifier sur une vaste échelle le mot du timoré Pascal : « Vérité en deçà des Pyrénées, erreur au delà, » et nous serions tentés de désespérer de l'espèce humaine, si nous ne la considérions comme un grand tout organique en voie incessante d'évolution progressive.

Quelques siècles écoulés, quelques degrés de longitude ou de latitude franchis, et la vieille balance de Thémis a des poids divers, et l'on condamne ou l'on vénère en sens inverse.

IV

Le jour où mourra la métaphysique, où l'*à priori* ne sera plus considéré que comme un essai, une tentative, un coup de sonde dans l'inconnu, ce jour sera vraiment pour l'humanité le jour de la délivrance. Alors on verra l'homme tel qu'il est, au lieu de l'être abstrait et de pure convention que la haute métaphysique a mis à sa place. L'homme sera, non plus un reflet de la Divinité, une créature ornée, en puissance, de toutes les perfections, mais simplement un être organisé mieux doué que les autres. On ne supposera plus que Dieu ou la Nature a greffé dans son cerveau, et ce, sans exception, les conceptions abstraites et chimériques du bon, du beau, du juste absolus; et l'humanité, ayant enfin conquis le bon sens, ne verra plus dans ceux de ses membres coupables, c'est-à-dire ayant commis des actions nuisibles ou déshonorantes au point de vue humain perpétuellement variable, des monstres, qu'il est beau d'emprisonner, de torturer, d'égorger. La société éclairée sur ses intérêts véritables concertera tous ses efforts pour prévenir les délits et les crimes par une large diffusion scientifique, par une éducation bien dirigée, tant de l'enfant que de l'adulte rebelle. Alors, aux yeux du juge, le coupable sera un homme pourvu de penchants, de passions indociles; un être qu'il faut simplement transformer moralement, si cela est possible, ou tout au plus mettre hors d'état de nuire en troublant le plan social.

L'idée du bien et celle du juste innées ! rêverie dangereuse, que personne n'oserait soutenir, si dès l'enfance on ne l'inoculait à chacun; rêverie que tout démontre absurde : l'absence parfaite de ces idées chez l'enfant, chez beaucoup de races sauvages ; enfin la variabilité perpétuelle selon le temps, le pays, la race, la religion, de ce que l'on habille des noms pompeux de droit absolu, de justice absolue, de bonté absolue.

Non, les notions du bon, du juste, ne sont point innées et flamboyantes dans le cerveau humain. Ce n'est qu'un fruit de l'éducation et de l'habitude agissant sur l'individu et sur la série de ses ancêtres. Non, ce ne sont pas des idées divines et nécessaires; sans cela, à quoi bon vos prisons et vos bourreaux? A-t-on besoin de fouets pareils pour exciter, enfiévrer les désirs, les penchants vraiment innés et naturels? Le Code pénal proteste avec éclat contre la fiction philosophique.

Est-ce à dire qu'il ne faille plus réprimer et punir, quand on n'a pu prévenir, qu'il faille laisser le champ libre à tous les penchants nuisibles à l'individu et à la société? Non certes. Mais il faut châtier, non plus au nom d'une justice soi-disant invariable, en raison ou de son origine divine, ou d'une conviction purement intuitive et par conséquent infiniment muable, mais au nom de la notion beaucoup plus modeste de l'intérêt commun, de l'utile *scientifiquement déterminé* ; et nous entendons par utile tout ce qui peut favoriser le développement simultané de l'individu et de la société, tout ce qui peut élever l'individu et l'espèce le plus près possible des sommets intellectuels et affectifs.

Il y a là à faire une révolution énorme dans les idées et par suite dans les faits.

Le juge sera moins inflexible et moins dur, quand il ne maniera plus un glaive divin : de prêtre cruel, il deviendra médecin compatissant.

Puisse ce petit livre hâter quelque peu la venue de cette ère bienheureuse !

TABLE DES MATIÈRES

LIVRE I.
DE LA VIE ET DES BESOINS.

		Pages.
Chapitre I.	De la vie.	1
Chapitre II.	Etude analytique des besoins.	10
Chapitre III.	Des besoins cérébraux.	29
Chapitre IV.	Sériation des besoins.	73

LIVRE II.
DES ÉLÉMENTS DE LA PASSION.

Chapitre I.	De l'impressionnabilité	95
Chapitre II.	Désir et volonté	112
Chapitre III.	De l'émotion.	125

LIVRE III.
DES PASSIONS PROPREMENT DITES.

Chapitre I.	Définition de la passion.	139
Chapitre II.	Passions nutritives.	143
Chapitre III.	Passions sensitives.	151
Chapitre IV.	Des passions cérébrales.	173
Chapitre V.	Des passions affectives	175

	Pages.
Chapitre V *bis*. Des passions affectives (suite)	191
Chapitre VI. Des passions sociales.	215
Chapitre VII. Des passions intellectuelles.	239
Chapitre VIII. Des passions intellectuelles (suite)	249
Chapitre IX. Des passions et de la criminalité.	264

LIVRE IV.

COMMENT LA PASSION SE TERMINE ET SE TRANSFORME.

Chapitre I.	Mort naturelle de la passion.	271
Chapitre II.	Métamorphose de la passion.	277
Chapitre III.	Des maladies mentales par lesquelles peut se terminer la passion.	281
Chapitre IV.	Comment la passion arrive à l'extase.	293
Chapitre V.	L'extase racontée par sainte Thérèse.	314
Chapitre VI.	L'extase métaphysique.	327

LIVRE V.

PHYSIOGNOMONIE PASSIONNELLE.

Chapitre I.	Des races humaines.	331
Chapitre II.	Des tempéraments et de leur influence sur la passion.	343
Chapitre III.	Généralités sur les tempéraments.	354
Chapitre IV.	Coup d'œil d'ensemble	366

PARIS. — TYPOGRAPHIE A. HENNUYER, RUE D'ARCET, 7.

www.ingramcontent.com/pod-product-compliance
Lightning Source LLC
Chambersburg PA
CBHW052046230426
43671CB00011B/1807